创新驱动的
供应链信息共享

王文隆　刘天军　朱玉春　著

中国人民大学出版社
· 北京 ·

前　言

国家创新驱动发展战略的实施依赖于企业创新活力的发挥。供应链已成为当今企业生存、发展的基本环境，下游节点企业拥有的市场需求预测信息有助于上游节点企业根据行业未来发展趋势及时调整当期的创新投入。然而，一旦下游节点企业共享私有需求信息，则意味着其在与上游节点企业的后续合作中丧失了信息优势，有可能致使自身利益受损。部分下游节点企业仍然视供应链信息共享合作为一种“零和博弈”，由此决定了它们共享需求预测信息的迟疑。由于上游节点企业开展创新活动可以提高供应链整体收益，为其他节点企业创造价值，因此将上游节点企业的创新投入引入下游节点企业的需求预测信息共享中有可能摆脱零和博弈的困境。而且，上游竞争者/下游竞争者的出现和信息泄露的发生难以避免，它们均会打破供应链原有的均衡状态，对零售商的需求预测信息共享产生深刻影响。由此可见，基于制造商创新投入的视角，研究供应链上游水平竞争情形下或下游水平竞争情形下的零售商需求预测信息共享，并进一步探讨信息共享过程中的信息泄露问题具有重要的理论意义和现实意义。

本研究综合运用博弈论、贝叶斯统计和最优化理论，从制造商创新投入的视角，将双寡头竞争模型从企业层面扩展到供应链层面，建立层层递进、相互关联、互为补充的供应链信息共享研究框架。首先，本研究构建由单个上游制造商和单个下游零售商组成的供应链博弈模型（简称“单一供应链”），分析制造商和零售商在不同信息共享情形下的均衡决策，以及双向信息共享问题；然后，引入竞争者并根据竞争者在供应链位置的不同（上游或下游），分别构建上游竞争型供应链博弈模型和下游竞争型供应链博弈模型，分析上游竞争/下游竞争对零售商信息共享的影响，进一步探讨信息共享激励机制；最后，考虑需求预测信息共享过程中的信息泄露问题，探讨信息泄露对上游竞争型/下游竞争型供应链中零售商信息共享的影响。

本书涉及供应链创新与信息管理的主要方面，如创新投入、信息共享价值和信息共享激励机制等，研究内容较为全面。本书的研究有利于供应链创新水平的提升及信息化建设，从而积极推动供应链上下游企业的协同发展。本书按照层层递进、相互关联、互为补充的思路谋篇布局，力求在简明清晰的基础上逐步深入，从而形成系统化的结构体系。本书大量采用管理案例来引出问题，激发读者兴趣；通过严谨的数学推理来深度挖掘研究问题，引导读者深入思考；通过数值分析得到图表的直观展示，降低阅读难度、实现通俗易懂。

本书的撰写得到了国家自然科学基金重点项目（编号 71933005）、陕西省自然科学基础研究计划项目（编号 2020JQ－281，编号 2021JQ－518）、中央高校基本科研业务费专项资金资助项目（编号 2452021113，编号 2452020068，编号 2452021171）的资助，同时受到了西安交通大学管理学院刘新梅教授，西安建筑科技大学管理学院张涞贤教授、刘冠峰老师、李程老师、郭欣老师的大力支持。在此，作者向支持本书撰写及出版的领导、学者致以深深的谢意。

由于作者水平有限，书中不妥之处在所难免，恳请有关专家和广大读者批评指正。

王文隆

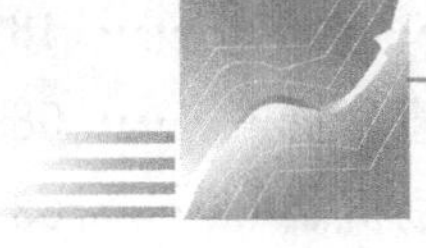

目　录

第1章 绪论

1.1 写作背景

虽然我国经济体量较大、发展速度较快，但是总体上企业创新活力不足、供应链整体竞争力不强。针对我国企业及供应链发展面临的困境，习近平总书记于 2015 年 5 月在浙江调研时指出，“促进创新链、产业链、市场需求有机衔接，争当创新驱动发展先行军”[1]，同时强调了市场需求信息对企业及供应链创新的重要作用。随后，为了转变“世界代工厂”的粗犷型经济发展方式，实现从“中国制造”到“中国创造”的战略转型，中共中央、国务院在 2016 年 5 月印发的《国家创新驱动发展战略纲要》中明确指出，“培育一批核心技术能力突出、集成创新能力强、引领重要产业发展的创新型企业，力争有一批企业进入全球百强创新型企业”[2]。为了进一步提升竞争力，制造企业开始将目光投向供应链的下游，试图促使零售企业共享需求预测信息来提升自身的创新能力。在供应链环境下，协调上下游企业之间的关系，实施需求预测信息共享，有助于上游制造商创新活动的开展，有利于国家创新驱动发展战略的实现。下游节点企业拥有的市场需求预测信息有助于上游节点企业根据行业未来发展趋势及时调整当期的创新投入。上游节点企业开展创新活动为其他节点企业创造的价值有可能使供应链摆脱信息共享的零和博弈困境。而且，上游竞争者/下游竞争者的出现和信息泄露的发生难以避免，它们均会打破供应链原有的均衡状态，对零售商的需求预测信息共享产生深刻影响。因此，有必要基于制造商创新投入的视角研究供应链上游水平竞争情形下或下游水平竞争情形下的零售商需求预测信息共享，并进一步探讨信息共享过程中的信息泄露问题。

1.1.1 现实背景

1. *需求信息共享是促进企业创新及供应链发展的有效手段*

为了实现供需有效对接，零售企业可以与制造企业实行需求信息共享，为制造企业进行创新活动提供依据，这极大地提升了整个产业链的运行效率。而引领这一模式的正是国美电器，其率先提出了打造和谐共赢供需链的发展思路，着力通过打造全产业链无缝对接的供需新生态推动整个产业创新。国美电器通过与供应商共享需求预测信息，在业内率先实践“零库存”产业新模式，推动了整个产业创新进程[3]。又比如，欧洲最大的白色家电制造企业伊莱克斯与国美电器签署深度战略合作伙伴协议，信息系统实现无缝对接，国美预测产品趋势、提供市场需求信息，从而协助伊莱克斯进行产品研发和创新[4]。然而，由于现实中必然存在的信息不对称、有限理性、机会主义、风险防范等原因，许多供应链参与者仍然将供应链信息共享视为一种“零和博弈”，不愿参与供应链的信息共享合作，影响了供应链的运行效率。

曾经的手机巨头诺基亚公司由于需求预测信息的匮乏导致其在创新投入决策上的失误，逐渐失去昔日光辉，2013年9月被微软公司收购[5]。虽然智能手机已悄然进入触屏时代，但是诺基亚公司对市场变化反应迟钝，依然固守塞班系统、固守手机物理按键。这是因为诺基亚总是与其经销商处于剑拔弩张的对立关系中，例如2009年，经销商集聚长沙，商讨“彻底扫除”诺基亚的“霸王条款”，打出“拒卖诺基亚”的口号，诺基亚与其经销商的矛盾逐渐升级[6]。诺基亚难以从经销商处获得市场需求预测信息，错误地认为触屏手机市场需求太小，消费者仍然偏好物理按键手机。由于未能及时觉察市场的变化，严重低估消费者对安卓智能手机的需求，诺基亚在相关技术创新上投入不足，再加上营销策略失误，导致自身市场占有率迅速下降，企业走向衰落。诺基亚的衰落史也是苹果手机的成长史。苹果公司非常重视市场需求的变化趋势和用户体验，主要通过以下两种途径收集市场需求信息。(1) 为了最大限度地贴近消费者，扩大“果粉”以外的消费者对苹果产品的认知，苹果公司在全球15个国家建立了423个体验店。苹果体验店打造的是数字生活全面体验的空间，店内的区域都以“方案解决区域”与用户进行直接、有效的交互。苹果体验店实际就是苹果与用户零距离交互的场所，它提供了一种企业与用户之间最便捷的沟通方式，在用户体验中收集需求，体验即交互，实现了企业与用户最大限度的无缝对接[7]。(2) 苹果公司注重与经销商建立良好的合作关系，主要是通过计算机联网和电子数据交换系统来获取经销商掌握的市场信息，从而建立伙伴关系[8]。其中最典型的例子就是苹果公司与其在中国的主要经销商（长虹佳华和佳杰科技）就建立一个全新的制造商和零售商关系达成了协议，其中最重要的成果是基于互联网的信息共享，即苹果公司可以通过网络监测其产品在经销商各分店的销售及存货情况，定期获得经销商对未来市场需求的预测信息，据此调整企业对下一代苹果手机相关技术的创新投入。由此可见，与诺基亚公司相比，苹果公司通过搭建苹果生态圈和打造苹果体验店，并与下游经销商共享信息，实现了对市场需求的准确把握，从而使得几乎每一代苹果手机都取得了良好的市场反应。

通过分析诺基亚和苹果公司的案例可以发现，市场需求信息对上游制造商的创新投入决策至关重要。制造商处于供应链上游，与消费者相距较远，其获取市场需求信息的成本较高，难以掌握准确的市场需求预测信息。而处于供应链下游的零售商与市场接触的深度与广度相对较大，容易掌握市场需求信息。零售商共享需求预测信息，一方面能够为制造商的新产品开发提供方向，另一方面能够为制造商成本降低创新或质量改进创新提供动力。然而，私有需求信息的存在使得零售商在与制造商进行博弈时能够获得一定的信息租金，因此，零售商可能不愿共享私有信息。虽然上游制造商通过降低供应链运营成本或者提高产品质量等方面的创新活动能够产生一定的创新红利，提升供应链整体竞争能力，并使下游零售商有机会从中受益，但是由于创新红利分配机制的缺失，零售商不愿通过共享需求预测信息来支持制造商的创新活动。特别是在由多个上游制造商和单个下游零售商构成的竞争型供应链中，零售商的私有需求信息成为多个制造商争夺的稀缺资源。零售商在与多个制造商博弈时处于有利地位，可以选择与某个制造商或部分制造商共享需求预测信息。此时，制造商的创新投入决策不仅受自身信息状态的影响，更受竞争对手信息状态的影响。需求预测信息的缺失是制造商创新投入决策失误的重要原因之一。

成功的供应链管理在于供应链成员之间进行充分的信息共享以及开展降低供应链成本和提高产品质量的创新。制造商的创新投入决策和零售商的需求预测信息共享决策不再是单个企业的内部问题，已跨越了组织边界，成为供应链成员企业共同思考、相互影响的战略问题。因而，研究制造商在不同信息共享情形下的创新投入决策，不仅有助于弥补供应链信息共享研究的不足，而且能够为供应链上游企业的创新投入决策提供有益的建议。

2. 竞争者的存在使得制造商难以获得零售商的需求预测信息

企业在进行上下游合作时，竞争对手的出现不可避免，由此构

成了两个制造商-一个零售商或一个制造商-两个零售商（简称上游竞争型或下游竞争型）的供应链结构。如国内家电龙头企业海尔、格力与国美电器商城组成的上游竞争型供应链，又如手机企业美国苹果公司通过长虹佳华和佳杰科技两个代理企业在中国销售苹果手机所组成的下游竞争型供应链。竞争型制造商或竞争型零售商打破了供应链原有的均衡状态，各成员企业的合作关系发生变化，各主体的决策行为变得复杂。在存在多个主体的竞争型供应链中，信息共享难以实现。Terry (2015)[9] 开展的一项关于供应链信息共享的调查表明，当存在多个上游制造企业时，仅有2.7%的零售企业会向其上游所有的制造企业共享需求信息。当存在多个下游零售企业时，仅有14%的制造企业能够获得下游所有零售企业共享的需求信息。

在上游竞争型供应链中，由于制造商存在竞争对手，拥有市场需求预测信息的零售商具有多种不同的信息共享策略。零售商可以选择不共享需求预测信息，仅与制造商共享需求预测信息，仅与制造商的竞争对手共享需求预测信息，或同时与制造商、竞争者共享需求预测信息。此时，制造商需要向零售商提供比竞争对手更低的批发价格或支付更高的信息共享费用才能获得市场需求信息。因此，在上游竞争型供应链中，制造商获取零售商需求预测信息的难度增加。在下游竞争型供应链中，虽然制造商有机会通过多个零售商获得需求预测信息，但多个零售商之间关于信息共享的博弈有可能陷入囚徒困境，即任一零售商均不会共享需求预测信息。此时制造商为了获得未来市场需求信息需要制定一定的激励机制，打破零售商关于信息共享博弈的支付矩阵，促使共享需求信息成为每个零售商新的均衡决策。

在供应链信息传递的过程中，需求预测信息在从下游零售企业沿供应链向上游制造企业传递时，受到竞争者的影响，各级成员之间无法进行有效的信息交流与共享，上游制造企业无法准确把握市场变化，从而造成库存积压，最终使供应链系统运行失去平衡。因此，迫切需要将传统供应链中企业间的竞争对立关系转变成以消费者需求为导向、供应链创新为中心，具有高效运作和快速回应市场的合作关系。通过在供应链中各节点企业间实现信息共享，建立良好的信息共享激励机制不但可以使供应链中信息更顺畅准确地传递，还能协调节点企业间的关系，变原来的零和博弈为各节点企业长期的战略合作伙伴关系，充分发挥互补优势，塑造供应链的整体竞争优势，形成共赢局面。

3. 需求信息共享过程中的信息泄露难以避免

当供应链中存在竞争者时，信息泄露难以避免。信息泄露指的是在共享信息时，信息发送方有意或无意地将私有信息传递给非预期接收方的过程。出于自利动机，接收共享信息的企业具有理性背叛行为，会有意或者无意地将共享的信息泄露给其他企业[10-11]。信息共享过程中的信息泄露问题严重影响了供应链合作，不仅会造成信息共享的失败，还可能导致供应链合作关系的破裂[12]。

比如，Newbury Comics 音乐唱片公司发现自己共享的销售数据被 Sound Scan 公司泄露给了竞争对手，给自身造成了巨大损失。因此，Newbury Comics 音乐唱片公司中止了和 Sound Scan 公司的信息共享合作[13]。同样，沃尔玛发现自己共享的信息被一些合作伙伴泄露给了它的竞争对手，随后沃尔玛宣布不再和这些公司共享销售数据[14]。又如 2014 年，微软公司关于游戏机 Xbox One 的中国定价被渠道商提前泄露，自身的营销计划被打乱[15]。据网上流传的 Xbox One 价格截图，微软 Xbox One 首发版价格定在 3 999 元，包括主机、手柄、Kinect 感应器和 3 款免费游戏。内部消息认为微软公司会因定价信息泄露而中止相关合作，并清理违规渠道商。由此可见，信息泄露严重阻碍了供应链的正常运行。

以上关于信息泄露的例子并非个案，Zhang 和 Li 的调查表明，64%的供应链经理指出其有价值的信息曾经被供应商泄露[16]。相关调查表明，信息泄露现象在很多行业都存在，并且十分常见。如一项针对美国 447 家汽车零配件供应商所做的调查发现，超过 28%的公司在过去 5 年内发生过知识产权泄露事件，其中有 16%是由其设备制造商泄露相关信息造成的[17]。事实上，只要供应链中存在信息流动和信息共享，信息泄露就有可能发生。由于担心信息泄露会降

低自身在供应链中的议价能力或同行中的竞争力，很多企业不愿意与供应链中其他成员企业进行信息共享。比如，为了有效解决需求不确定问题和最小化彼此的销售损失及库存成本，服装制造商 Liz Claiborne 公司要求零售商提供有关流行产品的销售及市场预测信息，但由于担心这些信息有可能被泄露给竞争者，零售商坚持不和 Liz Claiborne 公司共享信息[18]。

由此可见，信息共享对供应链而言是一把双刃剑。虽然信息共享可以为供应链成员企业带来共同的利益，但信息泄露削弱了信息拥有者控制或限制信息扩散的能力，甚至会造成严重的经济损失，由此导致了信息拥有者对信息共享的迟疑，阻碍了供应链合作关系和信息共享机制的建立，同时制约了信息接收方相关创新活动的开展。

在上游竞争型供应链中，由于制造商存在竞争对手，当其获得零售商共享的需求预测信息时，竞争对手在掌握了制造商生产成本、生产能力等充分信息的条件下，能够通过制造商的决策推断出其所获得的需求预测信息，从而使得信息泄露发生在制造商与竞争对手之间。作为需求预测信息拥有方的零售商并未与制造商的竞争对手达成信息共享协议，信息泄露的发生使得零售商在与竞争者签订订购契约时丧失信息优势、利益受损，因此上游竞争者造成的信息泄露削弱了下游零售商的信息共享意愿。零售商需求预测信息共享意愿的降低会直接影响制造商创新投入决策的制定，从而阻碍了供应链整体竞争能力的提升。

在下游竞争型供应链中，由于零售商存在竞争对手，当其与制造商共享需求预测信息时，竞争对手有可能通过制造商的批发价格决策推断出零售商的需求预测信息，从而使得信息泄露发生在两个零售商之间。信息泄露加剧了两个零售商的市场竞争，削弱了信息拥有方的信息优势和市场竞争能力，因此下游竞争者造成的信息泄露有可能会降低零售商原本的信息共享意愿，进而对上游制造商的创新活动产生不利影响。

综上所述，在供应链信息共享过程中，信息泄露难以避免，有必要探讨信息泄露对供应链成员均衡决策的影响，尤其是对零售商需求预测信息共享的影响。

1.1.2 理论背景

1. 零售商需求信息共享相关研究尚未考虑制造商创新投入

学者们对零售商需求信息共享进行了大量研究，可将这些研究分为两大类：（1）零售商需求信息共享对上游制造商及供应链的影响。如 Bourland，Powell 和 Pyke（1996）[19]，Chu 和 Lee（2006）[20]，Yan 和 Wang（2012）[21] 等发现零售商共享私有需求信息能够有效降低制造商库存。Jeong（2012）[22] 等建立了包含单个生产商-单个零售商的供应链需求信息共享模型，发现需求信息共享可以大幅降低“牛鞭效应”，从而改善供应链的整体运作绩效。Jeong 和 Leon（2012）[23]，Prajogo 和 Olhager（2012）[24]，Chengalur-Smith，Duchessi 和 Gilgarcia（2012）[25] 等讨论了需求信息共享对提高供应链运作绩效的作用，其研究表明节点企业甚至终端客户都能从需求信息共享中受益，制造商通过信息共享可以降低库存成本，获得更高的利润。（2）上游制造商的运营决策对零售商需求信息共享的影响。Lee，So 和 Tang（2000）[26] 分析了制造商库存、提前期对零售商需求信息共享价值的影响。Ren，Cohen 和 Ho 等（2010）[27] 发现上游企业能够通过多阶段回顾策略（multiperiod review strategy）来判断下游企业是否如实共享私有信息。Li 和 Zhang（2008）[28] 发现当制造商对零售商共享的需求信息保密时，零售商会共享需求信息，供应链可以实现系统最优。

由上述文献可知，现有研究一方面将零售商需求信息共享作为前因变量，分析其对上游制造商库存/成本、“牛鞭效应”和上游制造商绩效等的影响，另一方面将零售商需求信息共享作为结果变量，分析供应链运营决策对零售商需求信息的影响。相关研究尚未考虑供应链上游制造商创新与下游零售商需求信息共享的相互影响：（1）下游零售商共享需求预测信息有助于上游制造商根据未来市场状况及时调整创新投入，如当零售商预测到未来某种产品需求增加且将此信息与制造商共享时，制造商可以增加该产品的（成本降低或质量提升）创新投入，从而使供应链各方在未来市场需求实现时有可能获得更多利润。（2）制造商创新投入决策的改善能够为供应链整体创造更多利润，零售商有可能从中获益。因此，零售商考虑到制造商创新带来的收益，有可能自愿共享私有需求信息。然而，制造商根据获得的需求预测信息如何调整自身的创新投入决策，以及制造商的创新投入决策会对零售商的需求预测信息共享产生怎样的影响有待探究。

2. 竞争型供应链中的制造商创新投入研究亟待拓展

供应链中的成员企业创新问题一直备受关注，部分学者主要在基于单个上游企业和单个下游企业的供应链结构中，探讨了契约[29]、混合渠道[30]和合作创新[31]等方面对创新主体的影响。有学者进而对竞争型供应链中的成员企业创新问题进行了研究，但他们的研究主要围绕上游竞争型供应链。如 Sun 和 Guo（2007）[32]研究了上游制造商竞争型供应链中，制造商通过提供价格承诺契约来激励下游零售商进行成本降低创新的问题。Li 和 Wan（2015）[33]分析了不同信息结构和承诺能力条件下上游供应商竞争和供应商成本降低创新的相互影响，发现两个相同的供应商会选择相同的创新努力，并且会产生不对称的均衡结果。上游竞争和成本降低创新的关系取决于创新努力是否能观测到。当创新努力可观测时，上游竞争会降低供应商的创新努力。Wang 和 Shin（2015）[34]探讨了供应链契约和上游竞争对供应商创新的影响，发现存在上游竞争时，批发价格契约可以有效提升下游企业利润。而且，当上游供应商同质时，收入共享契约可以实现供应商创新决策最优。Chen（2016）[35]分析了制造商将生产外包给两个竞争型供应商，并且供应商进行产品质量提升创新的问题。当制造商分担供应商的质量提升创新投入时，将生产外包给单个供应商是制造商的占优策略；当制造商不愿分担供应商的质量提升创新投入时，将生产外包给两个供应商是发包方的占优策略。Chakraborty，Chauchan 和 Ouhimmou（2016）[36]探讨了制造商竞争型供应链中，基于制造商质量提升创新的供应链协调机制。研究结果表明成本共担契约可以实现供应链协调，上游竞争可以有效促进产品质量提升创新、增加供应链利润。

通过以上文献可知，虽然目前已有对两个竞争型上游企业和单个下游企业组成的供应链创新进行的研究，但这些研究一方面仅关注供应链上游竞争，忽视了存在多个零售商的供应链下游竞争；另一方面主要关注上游竞争和供应链契约对制造商或零售商创新投入决策的影响，尚未考虑竞争型供应链中零售商的需求预测信息对制造商创新投入决策的影响。在上游竞争型供应链结构中，两个上游制造商开展创新活动压缩成本从而通过制定较低的批发价格来竞争从而争取零售商更多的订购量。但由于竞争对手的存在，制造商在与下游零售商的信息共享博弈中处于不利地位，有可能难以获得需求预测信息。同样，在下游竞争型供应链结构中，两个下游零售商不仅会通过销售价格的竞争来争夺更大的市场份额，而且会通过信息共享的博弈来获得制造商较低的批发价格。然而，由于零售商之间关于信息共享的博弈有可能陷入囚徒困境，上游制造商难以获得需求预测信息。综上可知，在不同的竞争型供应链中制造商获得的下游创新支持不同，其创新决策亦不同，然而，在竞争型供应链中，上游制造商如何制定创新投入决策和激励机制来获得下游零售商的信息支持缺乏系统的研究。

3. 供应链信息泄露相关研究尚未涉及制造商创新投入

虽然信息共享过程中的信息泄露问题已引起学者的广泛关注，但是目前对供应链信息泄露的理论研究相对滞后。比如，部分学者[37-39] 指出两个进行数量竞争或价格竞争的零售商和制造商共享需求预测信息时，没有参与信息共享的零售商能够通过制造商的批发价格推断出共享信息的内容，将之纳入自己的决策过程并从中获利。这种现象被称为信息共享的“间接作用”，它会泄露参与共享的零售商的私有信息，降低其收益从而影响其参与信息共享的积极性。信息共享的“间接作用”是在信息泄露的基础上发生的，因此，可以将没有参与信息共享的零售商从供应商的批发价格推断出共享信息

的过程称为信息泄露过程。学者们分别研究了信息泄露对零售商信息共享意愿[40]、交易行为与市场效率[41]、拍卖价格[42]、差别定价[43]、零售商的信息隐藏策略[44]和供应链协调契约[45-46]等的影响。

通过上述文献可知，现有相关研究大多是在原有供应链模型基础上考虑信息泄露对供应链传统决策的影响，如信息共享意愿、价格策略和供应链契约等，缺乏对制造商创新投入决策和创新红利分配等问题的探讨。信息泄露改变了供应链各主体原有的信息状态，从而会对制造商的创新投入决策产生影响。而且现有研究大多局限于一对多的供应链结构，分析多个下游零售商之间的信息泄露问题，尚未涉及存在多个上游制造商的信息泄露问题。

1.2　问题的提出

1. 供应链上下游的界定

在两级供应链中，供应链上游称为制造商、供应商或者卖方，安排规律性的生产计划，以一定契约的形式（如批发价格契约、数量折扣契约和回购契约等）向下游提供大批量的商品；供应链下游称为零售商、分销商或者买方，从上游企业处购买成品或半成品，将其直接或者经过加工后再销售[47-48]。本研究所涉及的供应链上游和下游分别指的是制造商和零售商。

竞争型供应链可分成两大类[49]：两条或多条非重叠的竞争型供应链和两条或多条重叠的竞争型供应链。其中，第一类竞争型供应链可认为是由一个企业集群正式地或非正式地形成的经济实体与另外一个企业集群进行竞争，而且它们之间不存在任何重叠节点。第二类竞争型供应链的特点是在一条供应链中的同一节点位置存在多个竞争型企业，现实中更多的是此种情况。因此，本研究主要针对第二类竞争型供应链。借鉴前人对竞争型供应链的相关研究（Chen，Li 和 Zhou 等，2012；Lee 和 Yang，2013；计国君和王东，2016）[50-52]，为了模型构建及求解的便利性，我们主要探讨存在两个竞争主体的供应链，进一步根据竞争者在供应链中所处位置的不同，将竞争型供应链划分为上游竞争型供应链和下游竞争型供应链两种类型。

2. 创新投入的界定与分类

创新投入是指支持企业开展创新活动的全部投入，包括资金、技术、人员、设备等。创新活动的主要内容包括研究与开发活动、创新成果的转化和应用以及创新评价等。创新投入是企业创新活动的物质基础和重要保障，是体现企业综合创新能力的基本要素[53]。Durmusoglu（2003）[54] 认为企业的创新投入可分为内部和外部两个维度，内部创新投入主要由企业内部创新投入组成，外部创新主要包括从市场上购买相关技术所支出的成本和合作研发支出的成本。我国学者李武威（2012，2013）[55-56] 从衡量企业创新投入指标方面定义了企业创新投入，他认为可以用研发支出的投入情况和对企业内部研发人员的投入来衡量企业创新投入。通过对相关文献的梳理发现，创新投入包含以下三个维度：一是内部创新投入，主要包括购买和引进的硬件设施、为研究开发投入的所有资金、引进相关研发人员等；二是通过外部市场交易获得相关核心技术、技术许可等所支付的成本；三是与外部合作研发所涉及的各种费用的投入。借鉴前人对创新投入的相关研究（蔡洪文和张旭辉，2012；张红等，2017）[57-58]，本研究所指的创新投入为技术创新投入，是指企业通过新技术发明的应用，改善经济福利的商业活动过程，包括资金、人力、物力的投入，涉及新设想从产生、研究、开发、商业化生产到扩散这一系列的技术经济活动。

根据 Levin 和 Reiss（1988）[59] 的研究，创新通常可分为“需求刺激”和“成本降低”两种类型。前者侧重于产品创新（例如新产品开发、产品质量提升等）活动，而后者则更侧重工艺流程的改进。Levin 和 Reiss 通过建立模型对两种类型的研发进行了描述。尽管现实中的研发活动常与产品创新密切相关，但是在研究中多采用成本降低的刻画方法，例见 Katz（1986）[60]，Amir，Evstigneev 和 Wooders（2003）[61]。无论如何，在创新活动或管理中上述两种类型

确实存在很大不同。但是，Zhang，Wan和Shi（2004）[62] 通过对两种模型进行研究并模拟后发现，二者在本质上是相同的。正如Spence所言，“事实上，在很大程度上投资者并不区分产品革新和流程改进”[63]。而后来的Bernstein和Nadiri[64] 的实证研究即是对Spence观点的例证。因此，本研究沿用现有文献的做法，创新的产出度量为对生产成本的降低水平。

对于两级供应链中的成员企业创新投入研究，可以根据创新投入主体的不同大致分为两类：一类是供应链中的上游成员企业进行创新投入，主要考虑的是制造商通过创新投入降低其产品的单位生产成本；另一类是供应链中的下游成员企业进行创新投入，主要讨论的是零售商通过创新投入降低其商品的单位运作成本。在由上游制造商和下游零售商构成的两级供应链中，涉及的创新投入主体为制造商和零售商。相比零售商，制造商的创新活动在很大程度上决定了顾客所购买产品的价格和质量。制造商创新不仅有利于提升自身竞争力，也有助于零售商向顾客提供质优价廉的产品和服务，从而提升整条供应链的市场竞争力。由于制造商创新对供应链整体影响相对较大，我们选取两级供应链中的制造商作为创新投入主体进行研究。本研究所涉及的制造商创新投入，可以理解为制造商通过在信息技术、流程调整、生产与分拣系统优化、库存空间节约等方式上进行的资金投资，从而实现单位产品生产成本减少的目标。

在上游竞争型供应链中，制造商的创新投入决策同时受竞争对手和下游零售商的影响。率先进行创新活动的制造商，相比竞争对手，能够制定较低的批发价格或提供较高的产品质量，且易与零售商建立良好的合作关系。与此同时，单个制造商的创新活动能够刺激竞争对手也开展创新活动，从而提升整条供应链的创新水平。在下游竞争型供应链中，制造商创新会同时影响两个零售商的决策行为。例如，当制造商进行成本降低创新时，其制定的批发价格较低，那么两个零售商据此能够制定较低的零售价格，从而提升整条供应链的市场竞争力。由此可见，无论是在一个制造商和一个零售商组成的供应链（以下简称“单一供应链”）中，还是在（上游或下游）

竞争型供应链中，制造商的创新投入都不仅会影响供应链各主体的决策行为，还会对供应链整体竞争优势产生重要影响。

本研究虽然仅将制造商的成本降低型创新作为研究对象，但分析思路及研究方法对制造商其他类型的创新（如质量改进创新）研究具有一定的适用性，研究结论对供应链下游零售商的创新活动也具有一定的启示。

3. 信息泄露

从信息接收方行为模式的视角出发，大致可将信息泄露分为以下两类[65]：一是未参与信息共享的供应链成员通过其他成员的决策行为和一些已知的公共信息，间接推断出共享信息的主要内容，称为间接信息泄露；二是共享信息的接收方考虑到自身利益而做出“理性背叛”，将参与共享一方的私有信息泄露给其他企业，称为直接信息泄露。信息发送方可以通过供应链契约、长期合作等手段制约信息接收方的“理性背叛”行为从而避免信息接收方的直接信息泄露，然而间接信息泄露是由供应链各主体的决策顺序和公共信息造成的，在供应链实践中较为普遍。因此，本研究主要考虑供应链信息共享过程中的间接信息泄露。在上游竞争型供应链中，如果两个制造商进行主从博弈，跟随制造商有可能根据主导制造商的决策间接推断出共享的需求预测信息，从而导致信息泄露。在下游竞争型供应链中，制造商向下游两个零售商提供产品且制造商先行制定批发价格决策，零售商有可能根据批发价格间接推断出竞争对手向制造商共享的需求预测信息，从而导致信息泄露。

本研究将以制造商、零售商和竞争者（制造商或零售商）组成的供应链为研究对象，考虑制造商的成本降低创新，求解各主体在不同的竞争型供应链中的均衡决策，分析制造商开展的成本降低创新对零售商需求预测信息共享的影响，同时为了实现帕累托改进，探寻上游制造商对下游零售商的信息共享激励机制。此外，探讨了零售商需求预测信息共享过程中可能发生的信息泄露对供应链各主体均衡决策的影响。本研究的主要研究问题如下：

（1）在单一供应链中，当制造商进行成本降低创新时，如何根据获取的需求预测信息制定创新投入决策？制造商进行成本降低创新会对零售商的信息共享价值产生什么影响？

在主从博弈中，制造商决定批发价格和创新投入，随后零售商决定订购量，通过博弈使得供应链达到均衡状态。在这场由制造商主导的博弈中，零售商不能直接影响制造商的批发价格和创新投入，但是其掌握的未来市场需求信息有助于制造商制定当期的创新投入决策。需求预测信息可以为上游制造商的创新投入决策提供支撑，其作为零售商的私有信息能够产生信息租金，但以个体利润最大化为目的的下游零售商通常不会主动共享需求预测信息，这可能会阻碍上游制造商的创新活动，影响其创新投入决策，甚至导致供应链整体绩效欠佳。事实上，对于供应链上游制造商而言，在制定批发价格决策和创新投入决策时，需要考虑零售商的需求预测信息共享策略。如果零售商共享需求预测信息，制造商则能够根据未来市场需求的变化调整当期的创新投入。对于供应链下游零售商而言，在制定订购决策时，可以通过不同的需求预测信息共享策略来影响制造商的批发价格决策和创新投入决策从而优化自身收益。因此，我们在单一供应链中，分析制造商在不同信息共享情形下的创新投入决策，讨论制造商开展的成本降低创新对零售商信息共享价值的影响。

(2) 在竞争型供应链中，不同供应链节点位置存在的竞争会对制造商在不同信息共享情形下的创新投入决策产生怎样的影响？制造商开展成本降低创新所产生的供应链整体收益增量对零售商信息共享价值的影响是什么？

供应链上游（或下游）存在多个制造商（或零售商）时，它们之间相互竞争并向同一个零售商提供（或同一个制造商订购）产品或半成品。在上游竞争型供应链中，制造商和其竞争对手通过批发价格进行竞争，争夺零售商的订购量。竞争者的存在使得下游零售商有多种信息共享策略。零售商可以选择不共享需求预测信息，或仅与制造商共享需求预测信息，或仅与制造商的竞争对手共享需求预测信息，或同时与制造商、竞争者共享需求预测信息。制造商在制定创新投入决策时，不仅要考虑竞争对手的批发价格对零售商订购量的影响，更要考虑自身及竞争对手的需求预测信息共享状态。在下游竞争型供应链中，零售商和其竞争对手在产品市场上进行古诺数量竞争或伯兰特价格竞争。虽然制造商有机会从零售商或其竞争对手处获得市场需求预测信息，但是两个零售商之间的竞争有可能造成信息共享博弈的囚徒困境，加大制造商获得未来市场需求信息的难度。因而，制造商在制定创新投入决策时，需要考虑两个零售商之间的竞争。

与此同时，制造商在不同信息共享情形下开展的成本降低创新对供应链整体利润增量（创新红利）的影响不同。零售商在何种条件下能够获得足够的创新红利，弥补因共享私有信息造成的损失，进而自发共享需求预测信息？

基于此，我们考虑在单一供应链中引入竞争者（一个上游竞争型制造商或一个下游竞争型零售商），首先分析当制造商开展成本降低创新时制造商在不同信息共享情形下的创新投入决策，然后探讨制造商投入对零售商的信息共享价值的影响，最后进一步探寻实现竞争型供应链帕累托改进的信息共享激励机制。

（3）在上游竞争型供应链或下游竞争型供应链结构中，信息泄露会对制造商的创新投入决策和零售商的信息共享价值产生怎样的影响？

在竞争型供应链中，由于存在多个供应链主体，零售商共享需求预测信息时，需求预测信息有可能被制造商或零售商的竞争对手获知，即产生信息泄露。在上游竞争型供应链中，信息泄露发生在两个竞争型制造商之间。由于获得的需求预测信息面临被泄露的风险，制造商的信息共享价值会发生变化。在下游竞争型供应链中，发生在两个竞争型零售商之间的信息泄露会改变它们的信息共享价值。与此同时，信息泄露的发生打破了供应链三方原有的博弈均衡，制造商的创新投入决策变得较为复杂。基于此，我们分别在上游竞争型和下游竞争型供应链中，考虑制造商创新投入，探讨信息泄露对供应链信息共享价值的影响。

1.3　写作意义

1. 现实意义

在新竞争时代，企业之间的竞争已经转变为企业所在供应链的竞争。为了能够更好地应对全新的竞争环境，打造供应链竞争优势，企业迫切需要提高供应链管理水平。但由于难以准确掌握市场需求预测信息，处于供应链上游的制造商在进行创新时面临较大风险。因此，掌握需求预测信息的下游零售商是否以及如何与上游制造商进行信息共享，在很大程度上影响了上游制造商的创新投入决策。与此同时，供应链中的竞争关系影响着供应链成员的决策。因而，在竞争型供应链中，考虑上游制造商的创新投入，分析供应链各主体的信息共享价值，具有非常重要的现实意义。

在快速变化的经济形势下，供应链各节点企业只有紧跟社会发展的步伐，培养自身的持续创新能力，才能不被日益激烈的竞争环境所淘汰。创新是关系到企业存亡、产业升级和生产力发展的重要问题。供应链中的成员企业创新除了受创新主体自身经济条件和技术条件的影响外，更会受到供应链上其他主体的影响。尤其是当市场需求波动剧烈时，供应链中的创新主体需要及时应对需求波动带来的变化。此时，供应链下游企业的需求预测信息共享显得尤为重要。供应链上游企业通过下游企业的信息共享能够获得市场需求相关信息，不仅可以合理安排生产、减少市场需求波动造成的缺货或库存积压，更能为上游企业进行创新活动指明方向，增强上游企业进行创新的意愿和信心。

研究结果将对竞争型供应链中基于制造商创新投入的各主体均衡决策的制定起到指导作用，帮助供应链下游零售商进行需求预测信息共享管理，引导供应链上游制造商根据需求预测信息状态调整创新投入决策，并指导其制定相关激励机制以获取下游零售商的需求预测信息进而实现帕累托改进。

2. 理论意义

本研究对竞争型供应链创新管理理论和信息共享管理理论的丰富和发展具有一定的贡献。零售商的需求预测信息共享改变了供应链的信息结构，加上上游制造商的创新行为，两者共同打破了供应链原有的均衡状态，因此，在新竞争时代，考虑上游制造商的创新投入决策，分析供应链各主体的信息共享价值及激励机制等相关问题是非常有必要的。

目前国内外已有众多学者对供应链中的需求预测信息共享问题进行了探讨，然而已有研究中尚未考虑上游制造商创新投入。由于竞争型制造商或竞争型零售商的存在，需求预测信息共享的形式变得复杂化、主体变得多元化。具体来说：在上游竞争型供应链中，由于存在两个竞争型制造商，下游零售商可以选择向两个竞争型制造商共享或不共享需求预测信息，或仅向一个制造商共享需求预测信息，因而需求预测信息共享的形式变得复杂；在下游竞争型供应链中，由于存在两个竞争型零售商，它们都有可能向上游制造商共享各自的需求预测信息，因而需求预测信息共享的主体由原来的单一零售商变为两个竞争型零售商。此外，由于上游制造商开展创新活动，供应链相关主体除了制定通常的运营决策（如批发价格决策和订购量/零售价格决策等）外，还需要制定创新投入决策和信息共享决策。因此，竞争型供应链中基于制造商创新投入的各主体均衡决策亟须探讨。

本研究将在不同信息共享情形下，求解竞争型供应链中基于上游制造商创新投入的各主体均衡决策，重点分析供应链各主体的信息共享价值，以及上游制造商对下游零售商的信息共享激励机制。研究成果将为供应链的需求信息共享及创新管理提供理论支持，指导竞争型供应链健康发展。

1.4 写作思路

本研究的重点是竞争型供应链中基于制造商创新投入的零售商

需求预测信息共享，关注上游制造商如何激励下游零售商共享需求预测信息，从而优化自身创新投入决策及实现供应链的帕累托改进。

单个制造商和单个零售商构成的两级供应链模型，其结构简单明了，上下游关系清晰，易于分析企业决策行为的相互关系，长期以来备受学者青睐。因此，本研究首先构建了由单个制造商和单个零售商组成的两级供应链模型（如图1-1中的①），并以此为基准分析制造商的创新投入决策，探讨制造商开展的成本降低创新对单一供应链信息共享价值的影响。在此基础上将单向信息共享拓展为双向信息共享，分析创新驱动的单一供应链双向需求预测信息共享。然而，上游竞争型或下游竞争型供应链结构在企业实践中更为普遍。因此，在单一供应链模型基础上，本研究分别构建上游竞争型供应链决策模型（如图1-1中的②）和下游竞争型供应链决策模型（如图1-1中的③）。以按照订单生产的制造商为供应链主导者、以面对随机需求的零售商为供应链跟随者，采用斯塔克伯格（Stackelberg）主从博弈模型来诠释供应链上下游企业间的博弈行为。与此同时，由于竞争对手的存在，本研究采用纳什同时博弈模型来诠释供应链水平企业（如两个竞争型制造商或两个竞争型零售商）间的竞争行为，重点分析在不同竞争型供应链中，供应链各主体在不同信息共享情形下的均衡决策。然而分散决策下的均衡决策通常只能实现供应链成员的各自最优，并不能使供应链达到整体最优。为了实现供应链的帕累托改进，我们进一步探讨制造商通过制定一定的转移支付机制与零售商分享创新红利，以此激励零售商共享私有需求信息。

需求预测信息在供应链多个成员间的流动有可能造成零售商私有信息被泄露。因此，我们分别构建考虑信息泄露的上游竞争型供应链模型和下游竞争型供应链模型（如图1-1中的④），分析供应链各主体在需求信息泄露情形下的均衡决策，探讨信息泄露对供应链信息共享价值的影响。在上游竞争型供应链中，如果两个竞争型制造商之间采用的是斯塔克伯格主从博弈并且主导制造商已经获得零售商的需求预测信息，那么跟随制造商可以通过主导制造商的决策推断出该信息，从而使得零售商的私有需求信息在两个竞争型制造商之间发生泄露。在下游竞争型供应链中，零售商有可能根据制造商的批发价格决策推断出竞争对手是否与制造商共享需求预测信息以及竞争对手的需求预测量，从而使得需求预测信息在两个竞争型零售商之间发生泄露。由此可见，竞争型制造商之间的主从博弈和供应链上下游各主体的决策顺序均有可能导致需求预测信息泄露问题。综上所述，本研究的写作思路如图 1-1 所示。

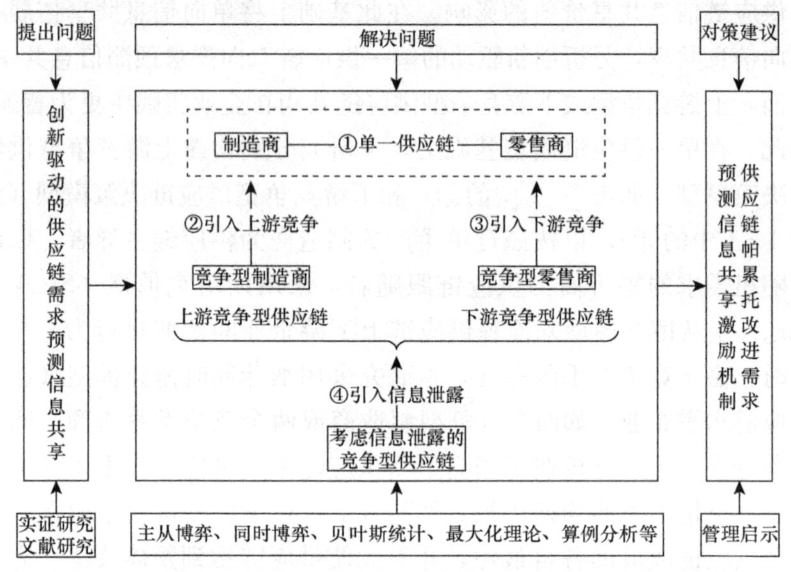

图 1-1　写作思路

根据以上研究思路，本书一共分为八章，各章的主要内容如下所示：

第 1 章，绪论。阐述写作背景，提出主要研究问题——两级竞争型供应链中基于制造商创新投入的零售商需求预测信息共享，分别从理论拓展与实践应用的角度论述该问题的理论意义和现实意义。同时，从解决问题的角度阐述全书的研究思路、研究方法以及框架结构。

第 2 章，国内外相关研究综述。阐述国内外已有的相关研究，通过梳理和总结，分析现有研究的不足，对研究问题进行定位。

第3章，创新驱动的单一供应链单向需求预测信息共享。首先，在由单个（进行成本降低创新的）制造商和单个（拥有需求预测信息的）零售商构成的供应链中，建立制造商和零售商的斯塔克伯格主从博弈模型；然后，通过均衡求解，讨论制造商创新投入对供应链双方信息共享价值的影响；最后，通过构建制造商与零售商之间的广义纳什讨价还价博弈，求解制造商对零售商关于信息共享的激励机制，实现供应链帕累托改进。

第4章，创新驱动的单一供应链双向需求预测信息共享。制造商与零售商均拥有部分需求信息，本章分析双向需求信息共享四种情形下供应链各主体的决策均衡解，进而分析零售商创新模式（RI模式）和制造商创新模式（MI模式）对于制造商与零售商均衡决策的影响。进一步地，探寻了基于RI模式和MI模式下的供应链双向需求信息共享价值及信息共享激励机制。分别通过求解RI模式和MI模式下供应链上下游主体的事前利润来探讨制造商与零售商的双向需求信息共享价值，并通过在不同创新主体下设计相应的转移支付机制促使供应链实现双向需求信息共享，从而引导供应链提升整体运作效率。

第5章，创新驱动的上游竞争型供应链中零售商需求预测信息共享。首先，在由两个（进行成本降低创新的）竞争型制造商和单个（拥有需求预测信息的）零售商构成的供应链中，建立两个制造商之间的纳什同时博弈及它们与零售商的斯塔克伯格主从博弈模型；然后，通过均衡求解，分析两个竞争型制造商在零售商不同信息共享情形下的创新投入决策，讨论制造商创新投入对上游竞争型供应链各主体信息共享价值的影响；最后，探讨两个竞争型制造商如何制定信息共享激励机制来获取零售商的私有需求信息。

第6章，创新驱动的下游竞争型供应链中零售商需求预测信息共享。首先，在单个（进行成本降低创新的）制造商和两个（拥有需求预测信息的）竞争型零售商构成的供应链中，建立单个制造商和两个零售商的斯塔克伯格主从博弈模型及两个竞争型零售商的古诺博弈；然后，通过均衡求解，分析制造商在两个零售商不同信息共享情形下的创新投入决策，讨论制造商创新投入对下游竞争型供应链各主体信息共享价值的影响；最后，探讨制造商如何制定信息共享激励机制来获取两个竞争型零售商的私有需求信息，从而实现供应链三方的帕累托改进。

第 7 章，考虑信息泄露和创新驱动的竞争型供应链需求预测信息共享。在第 4 章和第 5 章模型基础上，引入零售商需求预测信息共享过程中出现的信息泄露问题，分别构建考虑信息泄露的上游竞争型供应链博弈模型和下游竞争型供应链博弈模型，分析供应链各主体在信息泄露情形下的均衡决策，探讨信息泄露对竞争型供应链各主体信息共享价值的影响。

第 8 章，结论与展望。根据以上研究内容，总结本研究的创新性成果和不足，并指出未来可能的研究方向。

第 2 章 国内外相关研究综述

本章按照不同的供应链结构（单一供应链、上游竞争型供应链和下游竞争型供应链）对本研究所涉及的成员企业创新、需求信息共享和信息泄露三个方面的主要研究进行综述（如图 2－1 所示），通过对相关文献的分析，梳理现有研究脉络，并对其进行评述。

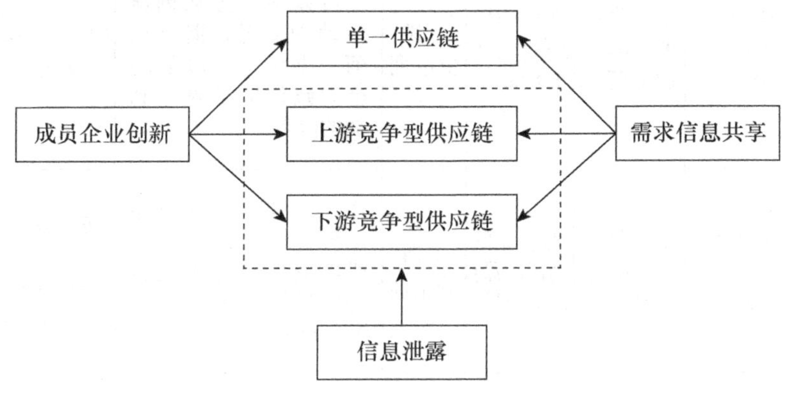

图 2－1　文献综述思路

2.1 单一供应链中的成员企业创新及需求信息共享相关研究

1. 单一供应链中的成员企业创新相关研究

虽然供应链中单个企业的创新投入将会使整个供应链受益，但是由于供应链各成员企业通常是利益独立的主体，双重边际化现象致使单个企业的创新投入无法实现供应链整体最佳。一些学者开始研究基于成员企业创新的供应链运作问题。单一供应链中成员企业创新的主要相关研究如表 2-1 所示。

表 2-1 单一供应链中成员企业创新的主要相关研究

作者	供应链结构	创新类型	创新主体	主要研究结论	发表刊物
Kim (2000)[66]	单个供应商-单个制造商	成本降低创新	上游供应商	当供应商的成本降低创新能够增加市场需求时，协调策略对制造商和供应商均有利	*European Journal of Operational Research*
Corbett 和 Decroix (2001)[67]	单个供应商-单个制造商	降低辅助原料消耗的创新	上游供应商	虽然“成本节约”契约可以使双方从创新活动中获益，但是任何一方成本的降低均会导致供应链整体利润的降低	*Management Science*
Gilbert 和 Cvsa (2003)[68]	单个供应商-单个分销商	成本降低创新，需求增加创新	下游分销商	溢出效应（创新收益的外部性）以及担心供应商的机会主义行为阻碍了下游分销商的创新行为	*European Journal of Operational Research*

续表

作者	供应链结构	创新类型	创新主体	主要研究结论	发表刊物
Krishnan, Kapuscinski 和 Butz (2004)[29]	单个制造商-单个分销商	营销创新	下游分销商	回购契约不能协调分销商在市场随机需求条件下的营销创新努力，并且回购价格越高，供应链整体利润越小。如果需求可以观测，附加创新成本共享协议的回购契约能够实现供应链协调	*Management Science*
Cho 和 Gerchak (2005)[69]	单个制造商-单个分销商	成本降低创新	下游分销商	基于报童模型探讨了回购契约、收益共享契约和运营补贴契约对供应链协调的影响	*European Journal of Operational Research*
孙国岩和郭耀煌 (2007, 2008)[70-71]	单个供应商-单个制造商	成本降低创新	下游制造商	在信息对称时，通过增加合约重谈机制，双方能够在一定程度上弥补不完全性。通过设计协调机制，即签订初始合约并允许事后重谈可以激励制造商达到供应链最优创新投资水平。此外，当分配因子满足一定条件时，制造商在利益共享合约下的创新投资水平高于在普通合约下的创新投资水平	《工业技术经济》《科研管理》
石岿然，盛昭瀚和马胡杰 (2014)[72]	单个制造商-单个零售商	质量提升创新	上游制造商	在不考虑质量投资成本的情形下，制造商的质量投资能够达到帕累托最优。为了激励零售商付出最优促销努力水平，销售契约中规定销售成本分摊比例与惩罚措施，由于讨价还价，实际的销售成本分摊比例低于对制造商最有利的成本分摊比例	《中国管理科学》

续表

作者	供应链结构	创新类型	创新主体	主要研究结论	发表刊物
田巍，蒋侃和王东红(2014)[30]	单个制造商-单个零售商	成本降低创新	下游零售商	分析了零售商创新成本系数信息对称和不对称两种情形下供应链各方的均衡决策和利润受创新成本系数、创新信息不确定性、需求转移系数、市场潜力及创新潜力等因素的影响情况	《运筹与管理》

由表2-1可知，在单一供应链中的成员企业创新研究中，部分学者关注下游企业的创新决策，如 Gilbert 和 Cvsa（2003）[68]，Krishnan，Kapuscinski 和 Butz（2004）[29]，孙国岩和郭耀煌（2007，2008）[70-71]，田巍，蒋侃和王东红（2014）[30]。由于上游生产性企业对产品质量或成本的影响更大，我们主要关注上游制造商的创新投入决策。但与 Kim（2000）[66]，Corbett 和 Decroix（2001）[67]，石岿然，盛昭瀚和马胡杰（2014）[72] 关于上游成员企业创新的研究不同，我们引入了零售商的风险偏好。在传统商业实践以及学术研究中，通常认为企业的目标是追求利润最大化。实际上，在市场参与者众多、市场化程度愈加深化的现状下，企业越来越难以通过自身的能力来调控市场需求，市场的不确定性导致了企业在组织生产过程中的决策风险。即使身处供应链之中的企业，也仍然面临诸如环境风险、行业风险、组织风险、问题特定性风险、决策者风险等经营风险[73]。在复杂多变的市场环境下，企业单纯追求利润最大化已经不再现实，许多企业首要面对的问题是如何在激烈的市场竞争中存活下去，因此现实中它们不再将追求利润最大化作为决策的唯一标准，而是将市场风险纳入决策过程中，以做出更加合理可行的判断，达到自身效用的最大化。在这样的情况下，将利润最大化与风险偏好共同纳入决策考量的企业，其决策的制定和选择必然与传统只考虑利润最大化的企业有着很大的不同。如果零售商具有一定的

风险偏好，上游制造商在制定创新投入决策时所要考虑的问题必然较以往产生很大变化。零售商的风险偏好在一定程度上决定了其订购量，从而会影响上游制造商的创新投入决策。

2. 单一供应链中的需求信息共享相关研究

供应链信息共享指的是供应链成员之间进行需求（预测）信息、库存信息、生产进度信息和成本信息的相互传递和共享。供应链各成员企业利用信息共享可以相互了解，逐步建立信任关系，实现彼此的相互支持，因此，信息共享是供应链得以高效运行的基础。单一供应链中的需求信息共享引起了学者的广泛关注，主要研究如表2-2所示。

表2-2 单一供应链中需求信息共享的主要相关研究

作者	供应链结构	信息共享主体	主要研究结论	发表刊物
Bourland, Powell 和 Pyke (1996)[19]	单个制造商-单个零售商	下游零售商	当零售商共享需求信息时，制造商的库存水平大幅降低，能够从26.2%下降到11.3%	*European Journal of Operational Research*
Lee, So 和 Tang (2000)[26]	单个制造商-单个零售商	下游零售商	上下游企业间共享需求信息确实有较高的经济价值，而且如果市场需求与时间呈现高度相关关系、需求变化幅度较大或提前期较长，需求信息共享的价值就更高	Management Science
Cachon 和 Lariviere (2001)[74]	单个供应商-单个制造商	下游制造商	承诺契约可以促使制造商如实揭示自身拥有的需求信息，因此，供应商可以根据制造商提供的信息构建产能	*Management Science*
Chu 和 Lee (2006)[20]	单个制造商-单个零售商	下游零售商	零售商共享历史销售数据和市场需求预测信息，可以降低制造商的库存水平和成本，从而增加利润。供应链的成本也下降了23%	*European Journal of Operational Research*

续表

作者	供应链结构	信息共享主体	主要研究结论	发表刊物
侯琳琳和邱菀华(2007)[75]	单个供应商-单个制造商	下游制造商	运用信号传递博弈理论，设计了一种分离均衡的利润共享契约机制，利润共享参数起到了传递信息的信号作用	《控制与决策》
Ren，Cohen和Ho等(2010)[27]	单个供应商-单个下游企业	下游企业	在单次合作中，由于下游企业不会如实共享需求信息，上游企业将会根据自身的产能配置低估需求预测量，从而导致帕累托次优。在多次合作中，上游企业能够通过多阶段回顾策略来判断下游企业是否如实共享私有信息	*Operations Research*
Özalp和Chen(2011)[76]	单个供应商-单个制造商	下游制造商	相比于环境的不确定性，信任损失对下游企业的预测信息共享合作影响更大。上游企业通过降低信任损失可以避免下游企业的信息夸大，进而增加供应链整体效率。此外，只有当信任损失较高时，降低市场不确定性才能提高上下游企业的信息共享合作	*Management Science*
Kurtulus，Ulku和Toktay(2012)[77]	单个供应商-单个零售商	上游供应商，下游零售商	探讨了供应商和零售商通过批发价格契约和回购契约实施需求信息预测合作、实现帕累托改进的条件	*Manufacturing & Service Operations Management*
张菊亮和章祥荪(2012)[78]	单个供应商-单个生产商	上游供应商，下游生产商	当生产商和供应商都拥有部分需求信息时，双方都不愿意共享需求信息是唯一的均衡，发现了不完全确定情形下供应链的利润比完全确定情形下的供应链利润还高	《中国管理科学》

续表

作者	供应链结构	信息共享主体	主要研究结论	发表刊物
Yan 和 Wang (2012)[21]	高科技企业－特许经销商	上游高科技企业，下游经销商	供应链成员通过签订特许经营契约可以从共享需求信息中获益，其中供应商的成本降低，零售商可以从供应商处以更低的价格获得产品，客户可以获得更高的服务水平	*Industrial Marketing Management*
Chengalur-Smith，Duchessi 和 Gilgarcia (2012)[25]	单个制造商－单个零售商	下游零售商	节点企业甚至终端客户都能从需求信息共享中受益，制造商通过信息共享可以降低库存成本，客户通过信息共享可以享受到更低的产品价格和更好的服务质量	*Information & Management*
Choi，Li 和 Wei (2013)[79]	单个供应商－单个零售商	上游供应商	供应商只有在退货协议下才会向零售商共享信息，并且通过恰当的退货协议供应链双方可以实现双赢	*Decision Support Systems*
Zhang 和 Chen (2013)[80]	单个供应商－单个零售商	上游供应商，下游零售商	当供应商和零售商均拥有部分需求信息时，在单一价格契约下，一方的信息共享行为取决于双方信息的质量和相关性，以及另一方的信息共享行为。在收益共享契约下，双方共享各自的需求信息，供应链实现协调	*International Journal of Production Economics*
高洁 (2015)[81]	单个制造商－单个零售商	上游制造商	制造商希望零售商需求估计的均值（即信息趋势）尽可能地低，并且复杂的合同并不能提供更多的激励去促使制造商共享需求信息	《运筹与管理》
Lee，Padmanabhan 和 Whang (1997，2015)[82-83]	单个供应商－单个零售商	下游零售商	在零售商和供应商无法就共享需求信息达成一致的情形下，订单信息成为企业传递的唯一信号，“牛鞭效应”必然发生，而信息共享可以有效降低“牛鞭效应”	*Sloan Management Review*，*IEEE Engineering Management Review*

续表

作者	供应链结构	信息共享主体	主要研究结论	发表刊物
Zhu，Shamir 和 Shin (2011)[84]	单个制造商-单个零售商	下游零售商	当信息共享价值较高或市场需求不确定性较大时，零售商才会如实共享需求预测信息，从而增加双方利润	*SSRN Electronic Journal*

由表 2-2 可知，学者们从不同方面对单一供应链中的需求信息共享问题进行了研究。其中：(1) Kurtulus，Ulku 和 Toktay (2012)[77]，张菊亮和章祥荪 (2012)[78]，Choi，Li 和 Wei (2013)[79]，Yan 和 Wang (2012)[21]，Zhang 和 Chen (2013)[80]，高洁 (2015)[81] 等研究中涉及的需求信息共享主体包括但不限于供应链上游企业。(2) 在研究供应链下游企业需求信息共享的研究中：①Bourland，Powell 和 Pyke (1996)[19]，Chu 和 Lee (2006)[20]，Lee，Padmanabhan 和 Whang (1997，2015)[82-83] 主要探讨了下游企业需求信息共享对上游企业库存及牛鞭效应的影响；②Lee，So 和 Tang (2000)[26]，Chengalursmit，Duchessi 和 Gilgarcia (2012)[25]，Chu，Shamir 和 Shin (2011)[84] 分析了下游企业的需求信息共享价值；③Cachon 和 Lariviere (2001)[74]，侯琳琳和邱菀华 (2007)[75]，分析了承诺契约和利润共享契约对需求信息共享的影响；④Ren，Cohen 和 Ho 等 (2010)[27]，Özalp 和 Chen (2011)[76] 分别探讨了供应链需求信息共享中的重复合作和信任问题。

以上关于单一供应链中的需求信息共享研究均未考虑下游零售商的风险偏好。面对市场需求的不确定性，零售商往往具有一定的风险偏好，当其作为需求信息共享主体时，风险偏好在一定程度上会改变零售商的需求信息共享意愿，从而对供应链双方的均衡决策及利润产生影响。此外，在关于下游企业需求信息共享的研究中，虽然有部分学者探讨了供应链契约（承诺契约、利润共享契约和特许经营契约）对零售商需求信息共享的激励作用，但尚未有学者研究考虑零售商风险偏好特性下的需求信息共享激励机制。基于此，本研究第一个模型部分（第 3 章）在现有关于单一供应链下游零售商需求信息共享的研究中引入零售商的风险偏好，并进一步探讨零售

商风险偏好下的需求信息共享激励机制。

更为重要的是，综合分析表 2-1 和表 2-2 可知，供应链中的成员企业创新与需求信息共享两个研究主题相对孤立，缺乏整合研究。在两级供应链中，下游零售商需求信息共享可以为上游制造商创新指明方向、提供动力，与此同时，上游制造商创新形成的成本降低或质量提升等优势可以提升整体供应链的收益从而使得零售商受益。因此，有必要将两级供应链中的上游制造商创新和下游零售商需求信息共享有机融合，纳入同一个研究框架，分析制造商如何根据获得的需求预测信息制定创新投入，探讨制造商开展成本降低创新对零售商需求信息共享策略的影响，进一步探讨基于制造商创新投入的零售商需求信息共享激励机制。

2.2　上游竞争型供应链中的成员企业创新及需求信息共享相关研究

在上游竞争型供应链中，学者们主要分析了权利结构[85]，供应链契约[86-87]、产品替代性[88]、信息甄别和供应链均衡决策[52, 90]。如 Choi（1991）[85] 首次研究了两个上游竞争型制造商和一个下游零售商的供应链模型，分析了不同权利结构下制造商和零售商的非合作博弈。Victor 和 Guillaume（2007）[86] 研究了多个上游供应商关于零售商货架空间的竞争问题。在批发价格契约下，分散式决策会造成供应链的绩效损失。多个供应商与零售商通过签订特定契约（如 pay-to-stay fee）可以实现供应链的协调。Cachon，Rard 和 Kök（2010）[87] 主要探讨了存在上游竞争情形下的供应链契约问题。研究发现在普通的单一供应链结构中，与批发价格契约相比，制造商在数量折扣契约和两部制契约下，一方面可以刺激下游零售商销售更多的产品从而减弱双重边际效应，另一方面可以最大限度地从零售商处收取租金。然而，在由两个制造商和一个零售商组成的供应链竞争结构中，与批发价格契约相比，在数量折扣契约和两部制契约下，制造商间的竞争加剧从而导致制造商收益降低、零售商收益增加。Zhang（2008）[88] 在Wang，Jiang和Shen（2004）[90] 的基础上引入了制造商之间的竞争，发现产品替代性越高，零售商收益越高。而只有当产品替代性较低时，制造商才能获利。Lee和Yang（2013）[51] 构建了一个存在两个竞争型供应商的两阶段信息甄别模型。在阶段一，两个供应商同时并相互独立地向零售商提供契约集合，零售商根据市场信息选择具体契约，随后供应商准备原材料进行生产；在阶段二，零售商制定销售价格。研究发现虽然在数量折扣契约下信息租金较高，但是在两部制契约下供应商利润较高。Giri，Chakraborty和Maiti（2015）[89] 探讨了多个制造商和一个零售商组成的供应链价格决策和质量决策。研究发现对于供应链而言，多个制造商制定相同的批发价格是最不利的策略；对于消费者而言，多个制造商制定不同的批发价格是最有利的策略。计国君和王东（2016）[52] 研究了两个竞争制造商和一个零售商共同面临成本信息不对称风险时的供应链决策问题。在制造商和零售商分别拥有私人成本信息的情形下，探讨了供应链成员的三方博弈机制以及博弈结果对供应链系统绩效的影响。

1．上游竞争型供应链中的成员企业创新相关研究

上述研究均未涉及成员企业创新，上游竞争型供应链中成员企业创新的主要相关研究如表2-3所示。

表2-3　上游竞争型供应链中成员企业创新的主要相关研究

作者	供应链结构	创新类型	创新主体	主要研究结论	发表刊物
Sun和Guo（2007）[32]	多个供应商-单个零售商	成本降低创新	下游零售商	当市场需求变动较小时，上游供应商会通过事先批发价格承诺来增加下游零售商的创新投入。然而，当市场需求变动较大时，上游供应商为了灵活应对需求变动不会向下游零售商提供事先批发价格承诺	*International Conference on Transportation Engineering*

续表

作者	供应链结构	创新类型	创新主体	主要研究结论	发表刊物
Li 和 Wan (2015)[33]	两个供应商-单个下游企业	成本降低创新	上游供应商	两个相同的供应商会选择相同的创新努力，并且会产生不对称的均衡结果。当创新努力无法被观测时，上游竞争会降低供应商的创新努力	*SSRN Electronic Journal*
Wang 和 Shin (2015)[34]	两个供应商-单个制造商	质量提升创新	上游供应商	存在上游竞争时，批发价格契约可以有效提升下游企业利润。而且，当上游供应商同质时，收入共享契约可以实现供应商创新决策最优	*Production and Operations Management*
Chen (2016)[35]	两个供应商（接包方）-单个制造商	质量提升创新	上游供应商	当制造商分担供应商的质量提升创新投入时，将生产外包给单个供应商是发包方的占优策略；当制造商不愿分担供应商的质量提升创新投入时，将生产外包给两个供应商是发包方的占优策略	*Mathematical Problems in Engineering*

虽然本研究第三个模型部分（第 5 章）涉及上游竞争型供应链中的制造商创新投入，但与以上研究均不同：①Sun 和 Guo（2007）[32] 研究中的创新主体为下游零售商，而本研究中的创新主体为上游制造商；②Wang 和 Shin（2015）[34] 与 Chen（2016）[35] 探讨的是质量提升创新，而本研究中的创新类型为成本降低创新；③Li 和 Wan（2015）[33] 的研究与本研究最为相近，但他们假定市场需求是确定的，并且上游企业仅决策创新努力，而本研究中假定市场需求是随机的，并且上游企业同时决定批发价格和创新投入。

2. 上游竞争型供应链中的信息共享相关研究

上游竞争型供应链中信息共享的主要相关研究如表 2－4 所示。

表 2－4　上游竞争型供应链中信息共享的主要相关研究

作者	供应链结构	信息共享主体	主要研究结论	发表刊物
Zhang (2006)[91]	两个供应商－单个制造商	上游供应商	分析了两个供应商之间的水平信息共享，发现库存信息共享有可能降低分散式供应链利润	*Manufacturing & Service Operations Management*
Shang，Ha 和 Tong (2016)[92]	两个制造商－单个零售商	下游零售商	零售商的需求信息共享意愿受制造商的非线性生产成本、竞争强度和信息契约类型影响	*Management Science*

在 Zhang (2006)[91] 的研究中，信息共享主体为上游供应商，并且两个供应商之间共享的是库存信息，而本研究第三个模型部分（第 5 章）的研究中所指的信息共享主体为下游零售商，并且下游零售商与上游制造商共享的是需求预测信息；本研究是对 Shang，Ha 和 Tong (2016)[92] 研究的拓展，他们虽然探讨了上游竞争对零售商需求信息共享的影响，但在上游竞争型供应链中未考虑制造商的创新投入。上游竞争型供应链中的零售商需求信息共享存在以下问题亟待探讨。

存在竞争对手时，制造商如何根据自身和竞争对手可能获得的需求预测信息调整创新投入决策？制造商如何激励零售商从而获得需求预测信息？在上游竞争型供应链中，竞争者的存在使得下游零售商有多种信息共享策略可选择。制造商在制定创新投入决策时，不仅要考虑竞争对手的批发价格对零售商订购量的影响，更要考虑自身及竞争对手的需求信息共享状态。如果制造商获得而其竞争对手未获得零售商的需求预测信息，则制造商可以根据未来市场状况决定当期创新投入从而获得比竞争对手更多的利润；相反，如果制造商未获得而其竞争对手获得了零售商的需求预测信息，则制造商制定的创新投入决策相比其竞争对手具有一定的盲目性，尤其当未

来市场需求波动较大时，可能会造成较大的利润损失。

此外，在上游竞争型供应链中，制造商开展成本降低创新对零售商需求信息共享策略的影响是什么？制造商根据需求预测信息制定的创新投入决策能够为供应链整体创造更大的收益增量，并且当存在竞争者时，零售商能够获得较低的批发价格从而分享到较多的创新红利。因此，两个制造商开展成本降低创新有可能激发零售商的信息共享动机。

基于此，本研究将制造商创新投入纳入上游竞争型供应链中的需求信息共享研究，分析存在竞争对手时制造商在不同信息共享情形下的创新投入决策，探讨上游竞争和制造商创新对零售商需求信息的影响。

2.3　下游竞争型供应链中的成员企业创新及需求信息共享相关研究

在下游竞争型供应链中，学者们主要分析了供应链契约[93-96]、协调策略[97-98]、均衡决策[50, 99-101]。

关于下游竞争型供应链契约的主要研究有：Dana 和 Spier (2001)[93] 发现，与两部制契约不同，在需求随机波动或系统性变化情形下收入共享契约通过减弱零售价格竞争，保证了零售商库存决策的最优性从而可以实现供应链的帕累托最优。Yao，Leung 和 Lai (2008)[94] 研究了一个制造商和两个竞争型零售商在随机需求下的收入共享契约。制造商作为博弈主导者向两个竞争型零售商提供收入共享契约，作为博弈追随者的零售商制定订购量决策，并在销售季到来后制定零售价格决策。基于贝叶斯纳什博弈，分析了供应链三方在收入共享契约下的均衡决策，并分别探讨了需求波动性、价格敏感性和竞争强度对零售价格、订购量和利润分享的影响。Shin 和 Tunca (2010)[95] 研究了不同契约形式下，下游零售商之间进行古诺竞争时零售商需求预测投资均衡决策问题。研究表明当零售商的需求预测投资不可观测时，指数价格（index-price）契约可以实现供应链的协调；当零售商的需求预测投资可观测时，零售商的需求预测投资陷入“军备竞赛”的不利局面。Adida 和 Ratisoontorn (2011)[96] 分析了零售商竞争在不同寄售契约形式下对供应链各主体决策和利润的影响。研究结果表明在寄售价格契约下零售商的收益较高。与此同时，如果下游零售商差异化程度较高，供应商在基于收益共享的寄售契约下的收益较高；如果下游零售商差异化程度较低，供应商在寄售价格契约下的收益较高。通过进一步分析可知，下游零售商差异化程度越低，上游供应商在两种寄售契约下的利润越高。

关于下游竞争型供应链协调的主要研究有：Bernstein 和 Federgruen（2003)[97] 研究了一对多的供应链竞争结构中的价格和补货决策，分析了集中式决策和批发价格契约下，下游零售商分别在伯兰特价格竞争和古诺产量竞争下供应链各方的均衡决策，并提出了基于批发价格的折扣契约可以实现古诺产量竞争下的供应链协调。Tian，Gong 和 Sun（2009)[98] 构建了多个零售商的动态竞争模型，探讨了线性需求情形下多个零售商在市场上进行价格和服务竞争时纳什均衡解的存在性和唯一性。当市场需求满足一定条件时，可以采用批发价格契约实现供应链协调。

关于下游竞争型供应链均衡决策的主要研究有：Bernstein 和 Federgruen（2005)[99] 研究了一个垄断供应商和多个竞争型零售商在不确定需求下的均衡决策。研究发现在随机需求的概率分布取决于零售商自身零售价格和竞争对手零售价格的条件下，通过组合运用批发价格契约和回购契约可以实现分散式供应链的协调。Chen，Li 和 Zhou 等（2012)[50] 研究了在一个制造商和两个竞争型零售商组成的供应链中制造商的批发价格决策。研究发现，当零售商的销售成本信息对称时，制造商根据每个零售商的销售成本信息制定批发价格对自身更有利；当零售商的销售成本信息不对称时，制造商根据行业平均销售成本信息制定批发价格对自身更有利。Guan 和 Zhao（2011)[100] 研究了当多个竞争型零售商面对的随机需求服从泊松分布并采用（r，Q）补货策略的供应链均衡决策。他们在古诺竞争下，提出了一种库存成本近似计算方法，并探讨了供应链系统的价格决策和库存决策。黄宗盛，聂佳佳和胡培（2015）[101] 探讨了竞争性零售商的闭环供应链系统的最优回收控制策略。通过构建零售商回收的闭环供应链微分对策模型，利用微分对策理论求解模型并得到了制造商和零售商的最优控制策略。此外，Moorthy（2005）[102] 探讨了多个零售商关于多品牌商品的竞争问题。Olivares 和 Cachon（2009）[103] 以美国通用汽车公司 200 个经销商 6 个月的库存和销售数据为样本，通过实证分析方法，研究了下游竞争对经销商库存的影响。

1. 下游竞争型供应链中的成员企业创新相关研究

下游竞争型供应链中的成员企业创新问题逐渐引起了学者的关注，主要相关研究如表 2－5 所示。

表 2－5　下游竞争型供应链中成员企业创新的主要相关研究

作者	供应链结构	创新类型	创新主体	主要研究结论	发表刊物
陈树桢，熊中楷和李根道等（2009，2011）[104-105]	双渠道供应链	成本降低创新	下游零售商	研究了创新投入及其策略性创新补偿对混合渠道供应链的影响，发现利用创新补偿可以实现制造商与零售商收益的帕累托改进	《管理科学》《管理工程学报》
李星北和齐二石（2013）[106]	单个制造商－两个零售商	成本降低创新	下游零售商	溢出效应、竞争效应有利于提高企业的创新投入和增加最优销售量。分散决策下零售商的创新投入和最优销售量都低于集中供应链最优的水平，利用两部定价合同可以实现供应链协调	《西安电子科技大学学报（社会科学版）》

续表

作者	供应链结构	创新类型	创新主体	主要研究结论	发表刊物
Chen，Liang和Yang (2015)[107]	单个供应商-两个制造商	质量提升创新，合作创新	上游供应商，下游制造商	在合作质量创新策略实施过程中，供应商总是偏好拥有完全控制权。虽然合作质量创新投资策略对供应链是有利的，但是如果制造商在制定质量创新决策时不能拥有较大控制权，则其利润受损	International Journal of Production Economics

由表2-5可知，部分学者对存在多个零售商的下游竞争型供应链的成员企业创新问题进行了探讨。现有研究主要分析了竞争型零售商的创新决策，忽视了上游制造商创新。虽然Chen，Liang和Yang（2015）[107] 的研究涉及了上游企业的创新决策，但是其研究的是质量提升创新且是合作创新模式。与此不同，本研究第四个模型部分（第6章）探讨的是成本降低创新，创新主体是上游制造商。下游竞争型供应链中的上游制造商如何制定创新投入决策，以及下游零售商竞争对制造商创新投入决策的影响等问题尚待研究。

当供应链下游存在多个零售商时，制造商的创新投入决策必然会受到多个零售商竞争的影响。制造商创新投入的变化会直接影响生产成本或产品质量，并反映在其制定的批发价格上。如果下游多个零售商的竞争导致制造商增加创新投入，制造商如何平衡创新带来的批发价格下降（由成本降低创新投入的增加引起）和下游竞争导致的批发价格的上升这二者的关系？反之，如果下游多个零售商的竞争导致制造商降低创新投入，由于在与多个零售商博弈时占有一定的优势，制造商可能提高批发价格进而导致零售商抬高销售价格，由此将会造成社会福利的损失和供应链整体绩效的降低。开展下游竞争型供应链的制造商创新投入研究有助于我们掌握供应链各

主体的决策规律，在明确了下游竞争对上游制造商创新投入决策的影响后，可以制定相应措施保证供应链高效运行提升社会福利。

2. 下游竞争型供应链中的需求信息共享相关研究

下游竞争型供应链中多个零售商之间的水平信息共享问题已成为需求信息共享领域的研究热点，主要相关研究如表 2-6 所示。

表 2-6　下游竞争型供应链中需求信息共享的主要相关研究

作者	供应链结构	信息共享主体	主要研究结论	发表刊物
Li (2002)[38]，Li 和 Zhang (2002)[108]	单个制造商-多个零售商	下游零售商	发现了垂直信息共享的直接效应和间接效应：直接效应总会阻碍零售商共享需求信息和成本信息；间接效应虽然会阻碍零售商共享需求信息，但能够促使零售商共享成本信息	*Management Science*，*Supply Chain Structures*①
Zhang (2002)[39]	单个制造商-两个零售商	下游零售商	制造商的最优价格与获得的随机需求预测量线性相关，而与下游零售商竞争类型（古诺竞争或伯兰特竞争）无关。虽然需求信息共享能够增加制造商的事前利润，但也会降低零售商的事前利润，因此不共享需求信息是唯一均衡决策	*Production & Operations Management*
Machuca 和 Barajas (2004)[109]	单个供应商-多个零售商	下游零售商	需求信息共享能够大幅降低成本，而成本的大幅降低又会进一步激励供应链合作伙伴间开展需求信息共享合作	*Transportation Research Part E-logistics and Transportation Review*
张波和黄培清 (2008)[110]	单个供应商-多个制造商	下游制造商	虽然信息共享能够提高供应链的整体绩效，但隐藏信息却是下游企业的最优策略	《上海交通大学学报》

① 为书名。

续表

作者	供应链结构	信息共享主体	主要研究结论	发表刊物
Li 和 Zhang (2008)[28]	单个制造商-多个零售商	下游零售商	当制造商对零售商共享的需求信息保密时，其他零售商可以从制造商的批发价格推断出所共享的需求信息，从而使得制造商的均衡价格降低。而且，当所有零售商共享需求信息并且制造商保密时，供应链可以实现系统最优	*Management Science*
Shamir (2012)[111]	单个制造商-多个零售商	下游零售商	通常情况下，零售商之间会共享需求信息，然而零售商不会与制造商共享需求信息。在特定条件下，零售商与制造商共享需求信息时的成本更低	*International Journal of Production Economics*
Lei，Liu 和 Deng 等 (2014)[112]	单个制造商-多个零售商	下游零售商	在双渠道供应链结构中，零售商之间会进行需求信息共享，但不会与上游制造商共享需求信息	*International Journal of Production Research*
Zhang 和 Cheung (2015)[113]	单个供应商-多个零售商	下游零售商	在每个零售商面对不同的市场需求却拥有相同的成本结构的情形下，供应商通过两个因素获取利益：一是已观测到的终端顾客的需求信息；二是调整补货次序的决策	*Production & Operations Management*

由表 2-6 可知，学者们对下游竞争型供应链中的需求信息共享问题展开了研究，如需求信息共享效应[38, 108]、制造商的批发价格决策[39]、零售商的需求信息共享策略[111-112]和订购决策[113]、信息隐藏[110]和保密性[28]等。然而，对下游竞争型供应链中的需求信息共享激励机制研究不足。在下游竞争型供应链中，多个零售商关于信息共享的博弈有可能陷入囚徒困境，即所有零售商均不愿共享信息，

制造商难以获得需求预测信息。此时制造商制定的决策（如批发价格决策）必然会与未来市场需求产生一定的偏差，导致自身利润受损、供应链整体效率低下。本研究第四个模型部分（第 6 章）将探讨制造商如何激励下游两个相互竞争的零售商共享需求预测信息，从而实现供应链的帕累托改进。

更为重要的是，综合分析表 2-5 和表 2-6 可知，尚未有学者将下游竞争型供应链中的制造商创新与零售商需求信息共享结合起来，进行系统研究。在下游竞争型供应链中，由于存在多个信息共享主体——下游零售商，上游制造商的创新投入决策较为复杂。下游零售商不同的需求信息共享策略（所有零售商均共享各自的需求信息、部分零售商共享需求信息、所有零售商均不共享需求信息）直接影响着上游制造商能够获得的需求信息，从而影响了制造商的创新投入决策。对于进行创新活动的制造商而言，何种需求信息共享策略是最优的？此外，如果零售商之间关于信息共享的博弈陷入囚徒困境，制造商如何激励零售商共享需求信息？这些问题迫切需要将上游竞争型供应链中的制造商创新与零售商需求信息共享纳入一个研究范畴，为供应链各主体决策的制定提供指导。

2.4 竞争型供应链中的信息泄露相关研究

随着供应链合作程度的加深，信息共享的边际效用越来越小，其负面作用越来越明显，信息泄露必将成为供应链高效运作的瓶颈。而目前对供应链信息泄露的理论研究却相对滞后。信息泄露最早见诸经济学文献，Stiglitz 和 Grossman (1980)[114] 认为在市场中价格有信息收集者的功能，因此，可以将信息从拥有信息的企业传递给没有信息的企业，尽管作者没有明确指出，但根据信息泄露的内涵，可以将这个传递过程认为就是信息泄露的过程。有学者（Lee 和 Whang，2000；Li，2002；Zhang，2002）[37-39] 指出，两个进行产量竞争或者价格竞争的零售商中的一个和制造商共享需求信息或者成本信息时，没有参与信息共享的零售商会从制造商的批发价格推断出共享信息的内容，并将之纳入自己的决策过程，从而导致其收益的变化。Brunnermeier（2005）[41] 研究了信息泄露对于交易行为（trading behavior）和市场效率的影响。Baccara（2007）[115] 发现在企业委托承包商生产产品时，承包商有可能将产品技术泄露给企业的竞争者。若要委托承包商生产产品，就需要其了解产品的生产技术，承包商就有了将委托企业的技术泄露给竞争者的机会。一般而言，承包商会通过以下两种途径把委托企业的信息泄露给其他企业：一是由于承包商没有很好地控制所掌握的信息而通过溢出效应泄露给其他企业；二是承包商将自己掌握的信息标价出售给其他企业。供应链信息泄露的主要相关研究如表 2-7 所示。

表 2-7　供应链信息泄露的主要相关研究

作者	供应链结构	信息共享主体	主要研究结论	发表刊物
Anand 和 Goyal (2009)[116]	单个供应商-两个下游企业	下游企业	需求信息会因订购信息泄露而在整个供应链中传播，信息不对称也随之消失	*Management Science*
Chen 和 Vulcano (2009)[42]	单个供应商-两个分销商	下游分销商	在信息泄露情形下，二级价格拍卖对供应链各方更有利	*Manufacturing & Service Operations Management*
张志清，董绍辉和西宝等 (2010)[117]	单个供应商-两个零售商	下游零售商	建立了需求信息泄露条件下订货过程中零售商之间的信号博弈模型，对不同均衡状态下零售商的最优订货策略和各方收益进行了分析	《运筹与管理》
Jain，Seshadri 和 Sohoni (2011)[43]	单个制造商-多个零售商	下游零售商	当多个零售商面对的批发价格相同时，如实信息共享不是博弈的均衡结果。提出了两种定价机制来刺激零售商如实共享需求信息	*Production and Operations Management*

续表

作者	供应链结构	信息共享主体	主要研究结论	发表刊物
田丽娜，但斌和董绍辉（2011）[118]	单个供应商－两个零售商	下游零售商	研究了需求信息泄露的产生机理，指出供应商为了获得更多收益，会将具有需求信息优势的零售商的私有信息泄露给其他零售商，并在此基础上探讨了需求状况以及零售商销售产品的类型对需求信息泄露行为的影响	《华东经济管理》
Kong，Rajagopalan 和 Zhang（2013，2017）[45-46]	单个供应商－两个零售商	下游零售商	当收益共享比例较高、需求波动较大时，相比批发价格契约，收益共享契约能够协调供应商和零售商目标，有效防止信息泄露，从而实现供应链三方的帕累托改进	*Management Science*，*Handbook of Information Exchange in Supply Chain Management*①
Jain 和 Sohoni（2015）[44]	单个供应商－两个下游企业	下游企业	如果上游供应商制定相同的批发价格，信息隐藏是主导零售商的绝对占优策略；如果上游供应商制定不同的批发价格，信息隐藏并不是主导零售商的绝对占优策略。此外，主导零售商与跟随零售商私有信息相关性越高、两者竞争越激烈，主导零售商越倾向于隐藏自身私有信息	*Naval Research Logistics*
Shamir（2013）[119]	单个制造商－多个零售商	下游零售商	在不确定需求环境下，为了规避反托拉斯法规，多个零售商通过与共同的制造商共享私有信息，然后利用制造商制定的批发价格推断出市场状况，从而形成卡特尔联盟	*SSRN Electronic Journal*

① 为书名。

以上研究是发生在信息共享过程中的信息泄露现象，还有一种信息泄露现象发生在更为一般的信息传递过程中。比如，Yue 和 Liu (2006)[40] 在对具有一个传统的零售渠道和一个直销渠道的制造商-零售商供应链中的需求预测信息共享价值进行研究时，发现在没有信息共享时零售商可以从制造商制定的批发价格推断出制造商对市场需求的预测信息。在上述情况中，零售商从批发价格推断出制造商的市场预测信息以及供应商推断出零售商的需求信息的现象都可以归结为信息泄露。此外，肖群 (2014)[120] 研究了信息泄露情形下多供应商供货协同问题。通过引入安全多方保密排序方案，设计了一个安全的信息共享机制，使得供应链各供应商在不泄露任何产能信息情况下的决策与完全信息下的最优决策一致。为了吸引各供应商参与信息共享，提出了一个基于讨价还价的补偿机制，根据每个参与方的议价能力将信息共享得到的额外利润进行分配，确保各参与方收益增加。王文隆，刘新梅与刘祺 (2015)[121] 针对研发外包中的信息泄露问题，基于研发项目信息市场价值的高低，探讨委托方企业应如何制定发外包合同的支付机制，从而有效避免代理方的机会主义行为。史浩和李健 (2015)[122] 探讨了大数据背景下私有信息泄露对供应链成员企业竞合关系的影响。在大数据私有信息泄露背景下，当情报获取成本较高时，供应链成员企业会选择合作；当情报获取成本较低时，供应链成员企业会选择竞争并最终形成单一中间代理的供应链成员企业结构。

综上可知，供应链信息共享过程中的信息泄露问题已引起了学者的广泛关注，相关研究分别探讨了信息泄露对零售商信息共享意愿[40]、交易行为与市场效率[41]、拍卖价格[42]、差别定价[43]、零售商的信息隐藏策略[44] 和供应链协调契约[45-46] 等的影响。但现有研究局限于零售商之间的信息泄露，忽视了制造商之间的竞争，而且缺乏对信息泄露情形下的制造商创新投入决策的研究。在上游竞争型供应链中，由于担心共享的需求信息被接收信息的制造商泄露给其他制造商，零售商的信息共享意愿降低，供应链难以达成信息共享合作。制造商无法根据未来市场预测信息及时调整当期的创新投入。在下游竞争型供应链中，零售商的需求信息共享意愿同时受到竞争对手和信息泄露的影响。零售商与上游制造商共享的私有需求信息有可能被其竞争对手获知，从而使其在与其他零售商竞争时处于不利地位。因此，当零售商存在竞争对手时，其可能不愿共享需求预测信息。并且上游制造商的创新投入决策会因零售商信息共享意愿的降低而发生变化。无论是在上游竞争型供应链中还是在下游竞争型供应链中，信息泄露均有可能破坏供应链的信息共享合作、扭曲制造商的创新投入决策，从而降低供应链整体绩效。因此，亟待探讨信息泄露对零售商需求信息共享和制造商创新投入的影响。

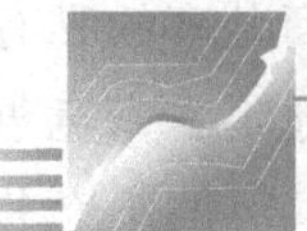

第 3 章 创新驱动的单一供应链单向需求预测信息共享

当前市场竞争日益激烈，供应链上的企业通过创新来降低物流、库存和运营成本，从而提高竞争力[123-124]。在供应链环境中，上游制造商的创新活动不仅受自身技术水平等因素的制约，还会受到未来市场需求的影响。市场需求预测信息一方面能够为上游制造商的新产品开发提供方向，另一方面能够为上游制造商成本降低创新或质量改进创新提供动力。虽然市场需求预测信息对供应链上游制造商的创新活动至关重要，但由于上游制造商不直接参与最终市场活动，通常情况下难以获得相关信息。而且，虽然下游零售商掌握了充分的市场需求预测信息，但是其通常不愿与上游制造商共享信息，由此造成了制造商创新投入不足、供应链整体绩效欠佳的不利局面。

例如，昔日手机巨头诺基亚公司（上游制造商）缺乏与经销商（下游零售商）关于市场需求变化的沟通，低估了消费者对安卓智能手机需求的爆炸式增长，导致其在安卓相关技术上的创新投入严重不足，企业逐渐衰败，严重影响了上下游企业的绩效。如何避免类似诺基亚的悲剧再次发生是理论界和实务界共同关注的问题。

又比如，新飞通光电子技术有限公司（以下简称“飞通光电”）是光子集成电路器件、模块及子系统的垂直整合生产商，作为华为的优秀供应商之一，多次被华为授予最佳质量奖。飞通光电现今的成功主要得益于其对需求的重视。在发展早期，飞通光电的突出问题是研发与市场需求脱节，不能快速对市场需求做出响应，产品质量不稳定，生产成本高、利润率低。飞通光电进行了研发体系的重建，彻底打破过去技术部门“关起门来搞科研”的思路，通过与下游节点企业（华为）的合作，及时掌握市场趋势的变化，建立了面向市场需求的研发管理机制，通过加大对未来市场主流产品的研发投入，提高了产品质量、降低了生产成本。飞通光电目前业务规模世界前十，成为世界一流企业供应链伙伴①。

根据以上关于诺基亚和飞通光电的企业案例可知，未来市场需求信息作为供应链成员企业开展创新活动的战略资源，直接关乎企业存亡。对于上游制造商而言，当其开展创新活动时，下游零售商是否愿意向其共享需求预测信息？制造商如何根据获得的需求预测信息制定创新投入决策？如果零售商不愿共享需求预测信息，制造商应当制定何种激励机制来刺激其共享需求预测信息从而实现供应链的帕累托改进？

关于供应链成员企业创新的研究主要关注的是下游成员企业创新[29, 68, 70-71]，仅有 Kim（2000）[66]、Corbett 和 Decroix（2001）[67]探讨了上游成员企业的创新问题，但他们均未考虑下游零售商的需求预测信息共享以及零售商的风险偏好。而且，虽然已有学者对单一供应链中的需求预测信息共享进行了大量研究，但是他们主要探

---

① 详见 http://www.best-consulting.cn/jingdiananli/shenxinfeitongguangdianzijishu-youxiangongsi.html。

讨了信息共享激励[74-75, 125]、“牛鞭效应”[22]、上游制造商库存[19]和供应链绩效[21, 23]等问题，尚未涉及上游制造商创新，同时也没有考虑下游零售商的需求信息共享以及零售商的风险偏好。换言之，目前的研究没有将制造商创新与零售商需求预测信息共享结合起来，分析上游制造商在不同信息共享情形下的创新投入决策，探讨制造商开展的创新活动对零售商信息共享的影响。众所周知，面对市场需求的不确定性，零售商往往具有一定的风险偏好，当其作为信息共享主体时，风险偏好在一定程度上改变了零售商的需求预测信息共享意愿。需求信息共享意愿的变化不仅对上游制造商的创新投入决策产生影响，而且对供应链双方的均衡决策及利润也会产生影响。因此，将两级供应链中的上游制造商创新和下游零售商需求预测信息共享有机融合，纳入同一个研究框架，分析制造商如何根据获得的需求预测信息制定创新投入，探讨制造商开展的成本降低创新对具有一定风险偏好零售商的需求预测信息共享的影响是十分必要的。

基于此，本章首先构建由单个进行成本降低创新的上游制造商和单个下游零售商组成的供应链决策模型，分析供应链双方在不同信息共享情形下的均衡决策；然后，通过比较供应链双方在不同信息共享情形下的事前利润来分析制造商创新投入对零售商需求预测信息共享价值的影响；最后，探寻基于制造商创新投入的供应链需求预测信息共享激励机制以实现供应链的帕累托改进。

3.1 模型构建

3.1.1 问题描述及模型假设

考虑由一个上游制造商 M 和一个下游零售商 R 组成的单一供应链。逆需求函数为

$$p=a+\theta-q \tag{3-1}$$

式中，p 表示零售价格；a 表示基准需求，即需求的确定性部分；θ 表示随机需求，即需求的波动部分（均值为零，方差为 σ^2）；q 表示零售商的订购量。制造商为风险中性，零售商具有一定程度的风险厌恶。其中，λ 为风险厌恶系数，λ 越大表明零售商风险厌恶程度越高。当 $\lambda=0$ 时，零售商为风险中性。制造商 M 进行以降低生产成本为目标的创新活动，创新投入为 e。零售商 R 有能力对随机市场需求 θ 进行预测，预测量为 Y。单一供应链模型结构如图 3－1 所示。

图 3－1　基于制造商创新投入的单一供应链模型结构

在供应链模型结构图 3－1 中，w 表示批发价格。在进行后续分析之前，对该模型做出以下假设：

假设 3－1：线性期望信息结构。

假设随机变量 θ 和随机需求预测量 Y 满足以下条件[126-127]：

(a) $E(Y\mid\theta)=\theta$；

(b) $E(\theta\mid Y)=\alpha_0+\alpha_1 Y$，其中，$\alpha_0$ 和 α_1 是常数。

条件 (a) 表明预测量 Y 是随机变量 θ 的无偏估计量。条件 (b) 表明随机变量 θ 的条件期望是预测量 Y 的线性组合。根据 Shang，Ha 和 Tong (2016)[92] 的研究，定义预测准确性为 $t=\dfrac{1}{E(\mathrm{Var}(Y\mid\theta))}$，它表示零售商预测随机需求的能力。由随机需求预测信息的非完美性可得 $E(\mathrm{Var}(Y\mid\theta))>0$。Ericson (1969)[128] 在其研究中得出

$$E(\theta|Y)=\frac{t\sigma^2}{1+t\sigma^2}Y \tag{3-2}$$

由于随机变量 θ 的均值为零、方差为 σ^2，因此，博弈均衡解有可能存在于总需求 $a+\theta$ 为负的区间上。然而 Li 和 Zhang (2008)[28] 的研究表明，只要满足一定的条件，博弈均衡解总是存在于总需求

为正的区间上。例如，若随机变量 θ 服从正态分布，标准差 σ 相对 a 较小时，博弈均衡解为正。

假设 3－2：制造商的创新成本为$\frac{1}{2}ke^2$。

根据边际成本递增原理，借鉴 Rogerson（2003）[129]、Chu 和 Sappington（2009）[130]、Li 和 Wan（2015）[33]、Veldman 和 Gaalman（2015）[131] 等学者的研究，将制造商的创新成本设定为二次函数形式，其中 k 表示制造商的创新能力，k 越小表明制造商的创新能力越强，即制造商为了降低一定的单位可变成本所承担的创新成本越少。该假设表明，制造商承担$\frac{1}{2}ke^2$ 的创新成本可将自身的单位可变成本降低 e。

假设 3－3：$e<c$，$a>c$，σ 相对较小，$k>\frac{1}{4}$。

借鉴田巍，张子刚和刘宁杰（2008）[132] 的研究，c 为制造商的单位可变成本，$e<c$ 保证制造商的一部分成本是不可控制的。通常来说，单位可变成本 c 小于基准需求，即 $a>c$。σ 相对较小，可以保证博弈均衡解总是存在于总需求为正的区间上。$k>\frac{1}{4}$保证了制造商和零售商的利润/效用函数是关于决策变量的凹函数。

在单一供应链中，制造商 M 的创新投入决策、批发价格决策和零售商 R 的需求预测信息共享决策、订购量决策存在如图 3－2 所示的先后顺序。

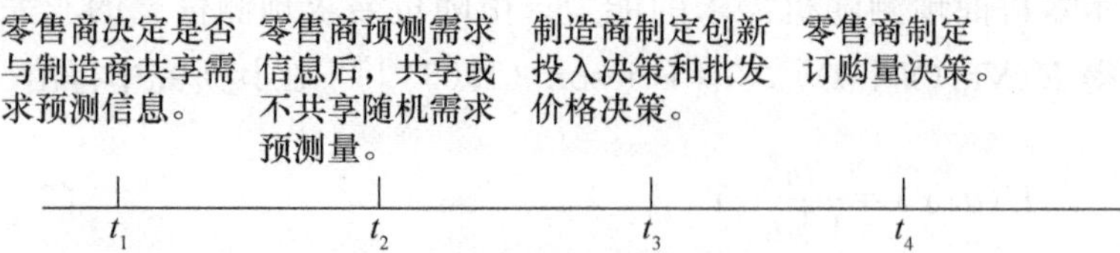

图 3－2　单个制造商与单个零售商的决策顺序

（1）零售商 R 在预测需求信息之前，决定是否与制造商 M 共享需求预测信息。S 表示共享需求预测信息，N 表示不共享需求预测

信息。

(2) 零售商 R 预测随机需求后，如果其之前决定共享需求预测信息（S），则向制造商 M 如实共享随机需求预测量 Y；如果其之前决定不共享需求预测信息（N），则不向制造商 M 共享随机需求预测量 Y。

(3) 制造商 M 根据自身的信息状态和成本结构，制定创新投入决策 e 和批发价格决策 w。

(4) 零售商 R 根据制造商 M 的批发价格 w 和随机需求预测量 Y 制定订购量决策 q。

通过分析上述决策过程可知，制造商 M 通过在 t_3 阶段制定批发价格决策 w 和创新投入决策 e 来最大化自身利润，其利润函数为

$$\Pi_M=(w-c+e)q-\frac{1}{2}ke^2 \tag{3-3}$$

借鉴 Winkler（1981）[133]，王聪，杨德礼和程兴群（2017）[134]的研究，考虑零售商风险偏好时，零售商 R 通过在 t_4 阶段制定订购量决策 q 来最大化自身条件期望效用，其条件期望效用函数为

$$E(U_R|Y)=[E(p|Y)-w]E(q|Y)-\lambda E(q|Y)\sqrt{V} \tag{3-4}$$

式中第二项表示零售商因风险厌恶而减少的效用，其中 $V=\frac{\sigma^2}{1+t\sigma^2}$。

下面将分别构建零售商 R 与制造商 M 在不共享需求预测信息（N）情形下和共享需求预测信息（S）情形下的决策模型，分析供应链双方在两种信息共享情形下的均衡决策。

3.1.2　模型分析及均衡决策求解

根据逆向分析求解方法，首先分析零售商 R 的均衡订购量决策，最后分析制造商 M 在两种信息共享情形下的均衡批发价格决策和均衡创新投入决策。分析零售商 R 的决策行为——在制造商 M 的批发价格 w 和创新投入 e 给定，并且观测到随机需求预测量 Y 的条件下，

结合式可得零售商 R 的优化问题为

$$\underset{q\geqslant 0}{Maximize}U_R=[E(p|Y)-w]E(q|Y)-\lambda E(q|Y)\sqrt{V} \quad (3-5)$$

通过对上述优化问题的分析，可得引理 3-1。

引理 3-1：在给定制造商 M 的批发价格 w 和创新投入 e，并且零售商 R 观测到随机需求预测量 Y 的条件下，零售商 R 的效用函数 U_R 是关于订购量 q 的凹函数；其均衡订购量的反应函数为 $q(w)=\frac{1}{2}[a-w+\lambda\sqrt{V}+E(\theta\mid Y)]$。

证明：分析零售商 R 的效用函数 U_R 关于订购量决策 q 的凹凸性。求解 U_R 关于订购量 q 的二阶导，可得 $\frac{\partial^2 U_R}{\partial q^2}=-2<0$，所以零售商 R 的条件期望效用函数 U_R 是关于订购量 q 的凹函数。根据零售商 R 的效用函数 U_R 关于订购量 q 的一阶条件可得，零售商 R 的均衡订购量反应函数为 $q(w)=\frac{1}{2}[a-w+\lambda\sqrt{V}+E(\theta\mid Y)]$。证毕。

由引理 3-1 可知，在给定制造商 M 的批发价格 w 和创新投入 e，并且观测到随机需求预测量 Y 的条件下，零售商 R 的均衡订购量与制造商 M 制定的批发价格 w 呈单调递减的函数关系、与随机需求预测量 Y 呈单调递增的函数关系。而且，零售商 R 的风险厌恶程度越高，订购量越少。引理 3-1 所阐述的零售商决策规律与供应链实践一致，通常而言，当零售商能够以较低的批发价格获得产品时，其订购量较大。而且，如果零售商预测到未来的市场需求较大时，其也会向制造商订购较多的产品。

制造商 M 在零售商 R 两种不同信息共享策略（共享需求预测信息、不共享需求预测信息）下的均衡决策不同，需要分别加以探讨。如果仅考虑零售商共享需求预测信息的情形，则认为零售商一定会向制造商共享需求预测信息，即零售商在共享需求预测信息情形下的事前（ex ante）效用一定比不共享需求预测信息情形下的事前效用大，这一点无法通过理论分析得出，必须通过比较零售商不同的信息共享策略（包括不共享需求预测信息）才能进行分析。由此可

见，仅分析零售商共享需求预测信息有失偏颇，有必要考虑零售商是否共享需求预测信息的问题。

1. 零售商不共享需求预测信息情形

制造商 M 首先决定批发价格 w 和创新投入 e，并在接受零售商 R 的采购订单后安排生产。当零售商 R 不与制造商 M 共享需求预测信息时，制造商 M 无法获知随机需求预测量 Y，其面对的订购量为 $E(q(w))$。因此，结合式（3-3）可得制造商 M 在未获得需求预测信息情形下的优化问题为

$$\underset{w\geqslant 0,e\geqslant 0}{Maximize}\ E(\Pi_M)=(w-c+e)E(q(w))-\frac{1}{2}ke^2 \qquad (3-6)$$

综合分析制造商 M 和零售商 R 的决策行为，可得供应链双方在不共享需求预测信息情形下的均衡决策，如命题3-1所示。

命题3-1：当零售商 R 不与制造商 M 共享需求预测信息时，制造商 M 存在唯一均衡批发价格决策 w^{N*} 和唯一均衡创新投入决策 e^{N*}，零售商 R 存在唯一均衡订购量决策 q^{N*}。其中，$w^{N*}=\frac{2k(a+c)-a}{4k-1}$，$e^{N*}=\frac{a-c}{4k-1}$，$q^{N*}=\frac{k(a-c)}{4k-1}+\frac{\lambda\sqrt{V}}{2}+\frac{1}{2}E(\theta\mid Y)$。上标 N 表示制造商 M 未获得需求预测信息情形。以下类似，不再赘述。

证明：制造商面对的订购量为 $E(q(w))$，因 $E(E(\theta\mid Y))=0$ 且 $E(\theta)=0$，根据引理3-1可得 $E(q(w))=\frac{1}{2}(a-w)$。利用两步优化法[135]求解 $E(\Pi_M)$ 关于批发价格 w 和创新投入 e 的联合均衡解。

(1) 因 $\frac{\partial^2 E(\Pi_M)}{\partial w^2}=-1<0$，则由制造商的期望利润函数 $E(\Pi_M)$ 关于批发价格 w 的一阶条件可得

$$w(e)=\frac{a+c-e}{2} \qquad (3-7)$$

(2) 再将 $w(e)$ 代入 $E(\Pi_M)$，求解制造商的期望利润函数

$E(\Pi_M(w(e)))$ 关于创新投入 e 的二阶导，可得$\frac{\partial^2 E(\Pi_M(w(e)))}{\partial e^2}=\frac{1-4k}{4}<0$。因 $k>\frac{1}{4}$，该式成立。制造商的期望利润函数 $E(\Pi_M(w(e)))$ 是关于创新投入 e 的凹函数，则由一阶条件，可得 $e^{N*}=\frac{a-c}{4k-1}$。将 e^{N*} 代入 $w(e)$，可得 $w^{N*}=\frac{2k(a+c)-a}{4k-1}$ 和 $q^{N*}=\frac{k(a-c)}{4k-1}+\frac{\lambda\sqrt{V}}{2}+\frac{1}{2}E(\theta\mid Y)$。证毕。

命题 3-1 展示了当零售商 R 不与制造商 M 共享需求预测信息时，制造商 M 的均衡批发价格决策和均衡创新投入决策，以及零售商 R 的均衡订购量决策。通过分析命题 3-1 可知，零售商 R 的均衡订购量 q^{N*} 与随机需求预测量 Y 正相关。然而，由于零售商 R 不与上游制造商 M 共享需求预测信息，制造商 M 的均衡批发价格决策 w^{N*} 和均衡创新投入决策 e^{N*} 均不受随机需求预测因素和零售商风险厌恶程度的影响。从供应链实践角度而言，当零售商有能力对随机市场需求进行预测时，其订购量不仅受上游制造商批发价格的影响，也受需求预测量的影响。零售商预测的需求量越大，其订购的产品越多。由于上游制造商无法通过零售商获得市场需求的预测信息，其创新投入决策的制定只能依托于市场基准需求（即需求的确定性部分）、自身生产成本及创新成本等因素。

2. 零售商共享需求预测信息情形

当零售商 R 与制造商 M 共享需求预测信息时，制造商 M 可以获知随机需求预测量 Y，故其面对的订购量为 $E(q(w)\mid Y)$。结合式（3-3）可得制造商 M 的优化问题为

$$\underset{w\geqslant 0,e\geqslant 0}{Maximize}\ E(\Pi_M|Y)=(w-c+e)E(q(w)|Y)-\frac{1}{2}ke^2 \tag{3-8}$$

综合分析制造商 M 和零售商 R 的决策行为，可得供应链双方在共享需求预测信息情形下的均衡决策，如命题 3-2 所示。

命题 3-2： 当零售商 R 与制造商 M 共享需求预测信息时，制造商 M 存在唯一均衡批发价格决策 w^{S*} 和唯一均衡创新投入决策 e^{S*}，零售商 R 存在唯一均衡订购量决策 q^{S*}。其中，$w^{S*}=\frac{2k(a+c)-a}{4k-1}+\frac{(2k-1)\left[\lambda\sqrt{V}+E(\theta\mid Y)\right]}{4k-1}$，$e^{S*}=\frac{a-c}{4k-1}+\frac{\lambda\sqrt{V}+E(\theta\mid Y)}{4k-1}$，$q^{S*}=\frac{k(a-c)}{4k-1}+\frac{\lambda\sqrt{V}+E(\theta\mid Y)}{4k-1}$。

证明：制造商面对的订购量为 $E(q(w)\mid Y)$，因 $E(E(\theta|Y)|Y)=E(\theta\mid Y)$，根据引理 3-1 可得 $E(q(w)\mid Y)=\frac{1}{2}\left[a+\frac{\lambda\sqrt{V}}{2}+E(\theta\mid Y)-w\right]$。又因 $\frac{\partial^2 E(\Pi_M|Y)}{\partial w^2}=-1<0$，则由制造商的条件期望利润函数 $E(\Pi_M\mid Y)$ 关于批发价格 w 的一阶条件可得

$$w(e)=\frac{a+c-e}{2}+\frac{\lambda\sqrt{V}}{2}+\frac{E(\theta|Y)}{2} \tag{3-9}$$

再将 $w(e)$ 代入制造商的条件期望利润函数 $E(\Pi_M\mid Y)$，求解 $E(\Pi_M(w(e))|Y)$ 关于创新投入 e 的二阶导，可得 $\frac{\partial^2 E(\Pi_M(w(e))|Y)}{\partial e^2}=\frac{1}{4}-k<0$。则由制造商的条件期望利润函数 $E(\Pi_M(w(e))\mid Y)$ 关于创新投入 e 的一阶条件，可得 $e^{S*}=\frac{a-c}{4k-1}+\frac{\lambda\sqrt{V}+E(\theta\mid Y)}{4k-1}$。将 e^{S*} 代入 $w(e)$，可得 $w^{S*}=\frac{2k(a+c)-a}{4k-1}+\frac{(2k-1)\left[\lambda\sqrt{V}+E(\theta\mid Y)\right]}{4k-1}$。将 w^{S*} 代入零售商的均衡反应函数，可得 $q^{S*}=\frac{k(a-c)}{4k-1}+\frac{\lambda\sqrt{V}+E(\theta\mid Y)}{4k-1}$。证毕。

命题 3-2 展示了当零售商 R 与制造商 M 共享需求预测信息时，制造商 M 的均衡批发价格决策和均衡创新投入决策，以及零售商 R 的均衡订购量决策。通过分析命题 3-2 可知：

（1）制造商 M 制定的均衡批发价格 w^{S*} 与随机需求预测量 Y 之间的关系为：①当 $k\leqslant\frac{1}{2}$ 时，均衡批发价格 w^{S*} 和随机需求预测量 Y 负相关；②当 $k>\frac{1}{2}$ 时，均衡批发价格 w^{S*} 和随机需求预测量 Y 正相关。这是因为当制造商 M 的创新能力较强时，其可以通过制定较低的批发价格来获得零售商 R 更多的订购量，从而增加自身利润。然而，当创新能力较弱时，制造商 M 进行成本降低创新所承担的成本较高。制造商 M 需要通过制定较高的批发价格将部分创新成本转移给零售商 R 从而保证自身利润。虽然较高的批发价格会降低零售商 R 的订购量，但是制造商 M 通过转移部分创新成本最终能够增加自身净利润。

（2）零售商 R 制定的均衡订购量 q^{S*} 与随机需求预测量 Y 正相关。这是因为在随机需求预测准确性一定的条件下，预测的随机需求越大，说明零售商 R 可以通过向制造商 M 订购更多的产品来获得大的收益。

（3）由命题 3－2 可知 $e^{S*}=\frac{a-c}{4k-1}+\frac{\lambda\sqrt{V}+E(\theta\mid Y)}{4k-1}$，即制造商在零售商共享需求预测信息（$S$）情形下制定的均衡创新投入不仅与基准需求 a、单位生产成本 c、创新能力 k 有关，而且与随机需求预测量 Y 正相关。这是因为预测的随机需求越大，零售商 R 的订购量也会随之增加，制造商进行生产成本降低创新所获得的总收益增加。此外，零售商的风险厌恶程度越高，制造商在零售商共享需求预测信息情形下的创新投入越大。

此外，比较制造商 M 在两种信息共享情形下的均衡创新投入决策，可得

$$\Delta_e=e^{S*}-e^{N*}=\frac{\lambda\sqrt{V}+E(\theta|Y)}{4k-1} \tag{3-10}$$

根据式（3－7）和式（3－9）有 $e^N=a+c+\lambda\sqrt{V}-2w^N(e)$ 和 $e^S=a+c+\lambda\sqrt{V}-2w^S(e)$，可将式（3－10）表示为

$$\Delta_e = 2(w^{N*} - w^{S*}) + E(\theta|Y) \tag{3-11}$$

根据式（3-11），可将制造商 M 的均衡创新投入增量分解为均衡批发价格和随机需求预测量的变化。随机需求预测量 Y 的正负会直接影响创新投入增量的正负，以 $Y>0$（即市场不确定信息显示未来需求增加）为例来诠释制造商 M 的均衡创新投入决策在零售商 R 两种信息共享策略下的变化。（1）对于均衡批发价格的变化而言：①当 $k \leqslant \frac{1}{2}$ 时，虽然制造商面对增加的随机需求会制定较高的批发价格，但是由于制造商的创新能力较强，其可以大幅降低单位生产成本，所以制造商最终并不会增加反而会降低批发价格，即制造商在零售商共享需求预测信息情形下的批发价格较低（$w^{S*} \leqslant w^{N*}$），制造商会增加创新投入；②当 $k > \frac{1}{2}$ 时，制造商面对增加的随机需求会制定较高的批发价格，并且其创新能力较低、单位生产成本降低较少，所以制造商最终会增加批发价格，即制造商在零售商共享需求预测信息情形下的批发价格较高（$w^{S*} > w^{N*}$），制造商会减少创新投入。（2）对于随机需求预测量的变化而言，当零售商 R 共享需求预测信息时，市场不确定信息显示需求增加，制造商会增加创新投入。

综上可知，虽然随着创新能力的减弱（k 逐渐增加），均衡批发价格的变化由正变负，但是随机需求预测量的变化始终为正，并且对制造商均衡创新投入的影响较大。同理可得，当 $Y<0$（即市场不确定信息显示未来需求减少）时，制造商会减少创新投入。由以上分析易得推论 3-1。

推论 3-1：在单一供应链中，制造商在共享需求预测信息情形下的创新投入增量与随机需求预测量 Y、零售商风险厌恶程度 λ 正相关，而与 k 负相关。

推论 3-1 表明，制造商在获得市场需求预测信息后会调整当期的创新投入。创新投入的增量与未来市场需求的增减一致，即如果未来市场需求增加（降低），制造商会增加（减少）创新投入。制造商的创新能力越强（k 越小），其创新投入增量越大。此外，零售商的风险厌恶程度越高，其订购量越低，制造商获得的利润也会随之减少。因此，当零售商的风险厌恶程度较高时，制造商为了降低零售商风险厌恶的不利影响、获得更多利润，会增加创新投入、降低生产成本进而制定较低的批发价格刺激零售商增加订购量。

3.2 单一供应链的需求预测信息共享价值分析

上一节通过构建基于制造商创新投入的零售商需求预测信息共享模型，分析了制造商和零售商在两种信息共享情形下的均衡决策，探讨了制造商的均衡创新投入决策在零售商不同信息共享策略下的变化。虽然零售商共享需求预测信息能够帮助制造商根据未来市场需求状况调整创新投入，但是制造商和零售商在共享需求预测信息情形下的利润/效用不一定更高，也就是说制造商或零售商的需求预测信息共享价值可能为负。根据 Ha，Tong 和 Zhang（2011）[136]，Yan 和 Pei（2015）[137] 的研究，需求预测信息共享价值指的是制造商获得（或零售商共享）需求预测信息后事前利润（或事前效用）的增量。因此，为了提高制造商创新投入决策的科学性，本节通过求解制造商和零售商在两种信息共享情形下的事前利润/事前效用来分析制造商和零售商的需求预测信息共享价值。

由于零售商 R 在博弈的第一阶段需要决定是否与制造商 M 共享需求预测信息，而此时随机需求预测量 Y 尚未实现，故需通过求解制造商 M 和零售商 R 在两种信息共享情形下的事前利润/事前效用来分析它们的信息共享价值。

3.2.1 制造商的需求预测信息共享价值

将由命题 3-1 和命题 3-2 得到的制造商 M 在两种信息共享情形下的均衡决策代入利润函数——式（3-3），再对其求期望，可得

制造商 M 在 N 情形下和 S 情形下的事前利润分别为

$$E(E(\Pi_M^N))=\frac{k(a-c)^2}{2(4k-1)} \tag{3-12}$$

$$E(E(\Pi_M^S|Y))=\frac{k\left[a-c+\lambda\sqrt{V}\right]^2}{2(4k-1)}+\frac{kt\sigma^4}{2(4k-1)(1+t\sigma^2)} \tag{3-13}$$

比较制造商 M 在 N 情形下和 S 情形下的事前利润——式（3-12）和式（3-13），可得

$$E(E(\Pi_M^S|Y))-E(E(\Pi_M^N))>0 \tag{3-14}$$

根据式（3-14）可知，进行成本降低创新的制造商在零售商共享需求预测信息情形下的事前利润较高，因此，制造商的需求预测信息共享价值为正。制造商在两种情形下的事前利润差的解析式较为复杂，难以直接分析，我们对相关参数进行赋值并将其代入式（3-12）和式（3-13），利用 Matlab 软件通过数值分析的方法来探讨制造商的需求预测信息共享价值关于主要参数的变化规律。

图 3-3 表明无论各主要参数如何变化，制造商的需求预测信息共享价值均大于零。更为重要的是，图 3-3 揭示了制造商的需求预测信息共享价值关于主要参数的变化规律。图 3-3（a）表明制造商在两种信息共享情形下的事前利润差关于零售商的风险厌恶程度单调递增，即零售商越厌恶风险，制造商获取需求预测信息的价值越大。图 3-3（b）表明制造商在两种信息共享情形下的事前利润差关于 k 单调递减，即制造商的创新能力越强，其需求预测信息共享价值越高。图 3-3（c）表明制造商在两种信息共享情形下的事前利润差关于零售商的随机需求预测准确性单调递减，即零售商的随机需求预测准确性越高，制造商获取需求预测信息的价值越大。图 3-3（d）表明制造商在两种信息共享情形下的事前利润差关于随机需求波动性单调递增，即随机需求越大，制造商获取需求预测信息的价值越大。对于制造商的生产实践而言，当其自身的创新能力较强，或其面对的下游零售商风险厌恶程度较高，或零售商的随机需求预测准确性

较高，或未来市场需求波动较大时，制造商通过获取下游零售商的需求预测信息可以实现较大的利润增量。

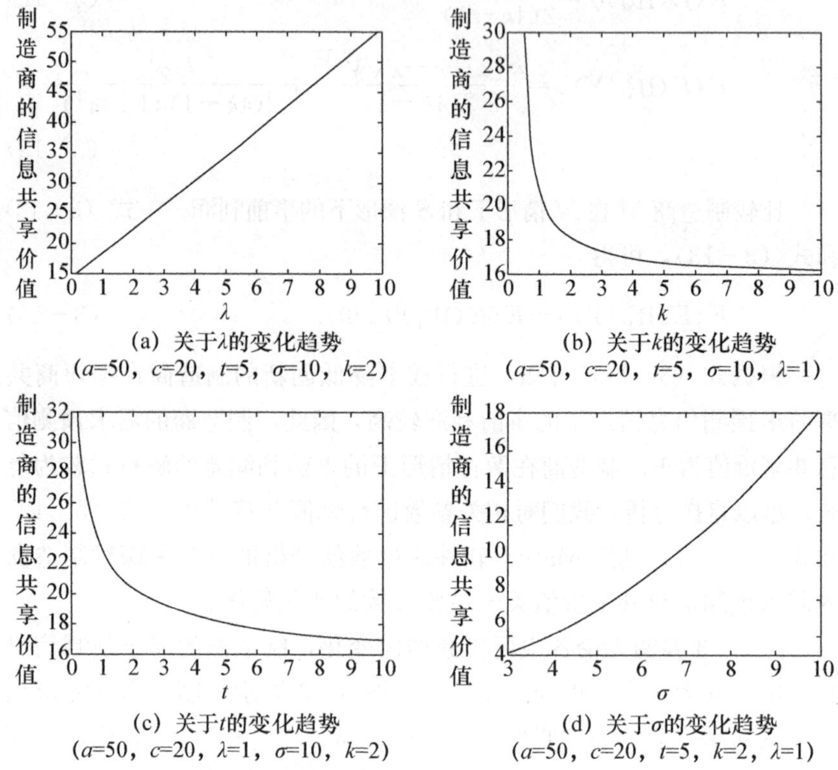

图 3-3　制造商的需求预测信息共享价值关于主要参数的变化趋势

3.2.2　零售商的需求预测信息共享价值

由于零售商 R 在博弈的第一阶段需要决定是否与制造商 M 共享需求预测信息，而此时随机需求预测量 Y 尚未实现，故需通过求解零售商 R 在两种信息共享情形下的事前效用来分析信息共享价值。

将命题 3-1 和命题 3-2 得到的零售商 R 在两种信息共享情形下的均衡决策代入效用函数——式（3-4）中，再对其求期望，可得零售商 R 在 N 情形下和 S 情形下的事前效用分别为

$$E(U(\Pi_R^N|Y))=\frac{[2k(a-c)+(4k-1)\lambda\sqrt{V}]^2}{4(4k-1)^2}+\frac{t\sigma^4}{4(1+t\sigma^2)} \tag{3-15}$$

$$E(U(\Pi_R^S|Y))=\frac{k^2(a-c-\lambda\sqrt{V})^2}{(4k-1)^2}+\frac{tk^2\sigma^4}{(4k-1)^2(1+t\sigma^2)} \tag{3-16}$$

通过比较零售商 R 在 N 情形下和 S 情形下的事前效用——式（3-15）和式（3-16），可得

$$E(U(\Pi_R^S|Y))-E(U(\Pi_R^N|Y))=\frac{(6k-1)(1-2k)t\sigma^4}{4(1+t\sigma^2)(4k-1)^2}+\frac{[(6k-1)\lambda\sqrt{V}+4(a-c)](1-2k)k\lambda\sqrt{V}}{4(4k-1)^2} \tag{3-17}$$

由式（3-17）可知：当 $k>\frac{1}{2}$ 时，$E(U(\Pi_M^S|Y))<E(U(\Pi_R^N|Y))$；当 $k\leqslant\frac{1}{2}$ 时，$E(U(\Pi_M^S|Y))\geqslant E(U(\Pi_R^N|Y))$。这说明，当且仅当制造商的创新能力较强（$k\leqslant\frac{1}{2}$）时，零售商的需求预测信息共享价值为正，即零售商存在一定的需求预测信息共享意愿。我们对相关参数进行赋值并将其代入式（3-17），利用 Matlab 软件通过数值分析的方法来展示零售商的需求预测信息共享价值如图 3-4 所示。

图 3-4 展示了零售商在两种信息共享情形下事前效用的相对大小。当 $k\leqslant\frac{1}{2}$ 时，零售商在 S 情形下的事前效用相对较大，其需求预测信息共享价值为正；然而，当 $k>\frac{1}{2}$ 时，零售商在 N 情形下的事前效用相对较大，其需求预测信息共享价值为负。由此说明，当制造商的创新能力较强时，零售商存在共享需求预测信息的意愿。

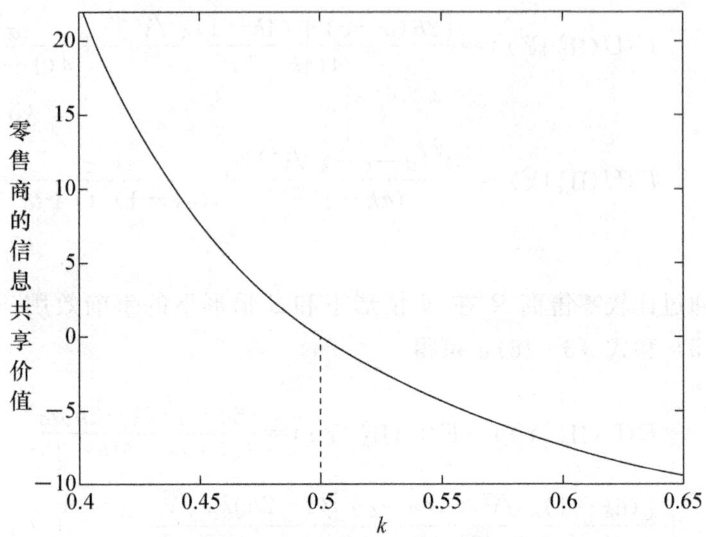

图 3-4　零售商的需求预测信息共享价值关于 k 的变化趋势
($a=50$，$c=20$，$t=5$，$\sigma=10$，$\lambda=1$)

本节通过对单一供应链中制造商和零售商在不同信息共享情形下事前利润/事前效用的分析可得推论 3-2。

推论 3-2：在单一供应链中，当制造商进行成本降低创新时：(1) 制造商的需求预测信息共享价值总为正。(2) 零售商的需求预测信息共享价值随着制造商创新能力的增强由负变正，即当制造商的创新能力较强（$k\leqslant\frac{1}{2}$）时，零售商的需求预测信息共享价值为正。

推论 3-2 表明，对于上游制造商而言，其通过获取下游零售商的需求预测信息可以有效增加自身利润。获取未来市场需求信息后，上游制造商可以据此安排生产、调整创新投入，在销售季来临之前将产品提供给零售商。在整个运营过程中，由于提前获得了市场预测信息，制造商能够更好地满足市场需求，实现更高的利润。对于下游零售商而言，共享需求预测信息有可能增加自身效用。Zhang 和 Chen (2013)[80] 的研究表明，当制造商不进行成本降低创新时，信息共享虽然能够提升制造商利润，但会降低零售商利润，并且降

低供应链整体利润。然而，通过本章的分析，我们拓展了 Zhang 和 Chen（2013）[80] 的研究，发现当制造商进行成本降低创新且创新能力较强时，需求预测信息共享反而能够提升零售商的事前效用。

综合分析制造商和零售商的需求预测信息共享价值可知，供应链双方在各自利益最大化的条件下能够自发实现的信息状态为：当创新能力较强时，制造商愿意获取需求预测信息且零售商愿意共享需求预测信息，供应链能够自发实现需求预测信息共享，此时制造商的创新投入较大；当创新能力较弱时，虽然制造商愿意获取需求预测信息，但是零售商不愿意共享需求预测信息，供应链不能自发实现需求预测信息共享，此时制造商无法根据需求预测信息调整自身的创新投入决策。

3.3　单一供应链的需求预测信息共享激励机制

虽然零售商共享需求预测信息有助于制造商调整创新投入、实现更高的利润水平，但是当制造商的创新能力较弱时，需求预测信息共享会损害零售商的利益，其只对制造商有利。因此，制造商为了制定更为合理的创新投入需要通过让渡部分收益、支付一定的费用来激励零售商共享需求预测信息进而增加供应链双方的利润。

当制造商 M 通过向零售商 R 支付一定的费用 T 来获取需求预测信息时，根据式（3-13）和式（3-16）可得制造商 M 和零售商 R 的事前利润/事前效用分别为

$$E(E(\Pi_M^{S,T}|Y))=E(E(\Pi_M^S|Y))-T$$

$$=\frac{k(a-c+\lambda\sqrt{V})^2}{2(4k-1)}+\frac{kt\sigma^4}{2(4k-1)(1+t\sigma^2)}-T \tag{3-18}$$

$$E(E(U_R^{S,T}|Y))=E(U(\Pi_R^S|Y))+T$$

$$=\frac{k^2(a-c-\lambda\sqrt{V})^2}{(4k-1)^2}+\frac{tk^2\sigma^4}{(4k-1)^2(1+t\sigma^2)}+T \tag{3-19}$$

通过分析式（3-18）和式（3-19）可知，只有当信息共享费用满足条件 $E(E(U_R^N \mid Y))-E(E(U_R^S \mid Y))\leqslant T\leqslant E(E(\Pi_M^S \mid Y))-E(E(\Pi_M^N \mid Y))$ 时，双方才能实现信息共享。该条件由 $E(E(\Pi_M^{S,T} \mid Y))\geqslant E(E(\Pi_M^N \mid Y))$ 且 $E(E(U_R^{S,T} \mid Y))\geqslant E(E(U_R^N \mid Y))$ 易得。只有信息共享费用 T 在此区间内变动时，双方才能就需求预测信息共享达成一致。当信息共享费用大于区间上限时，信息共享协议能够增加零售商的事前效用，但会降低制造商的事前利润。当信息共享费用低于区间下限时，信息共享协议能够增加制造商的事前利润，但会降低零售商的事前效用。只有当信息共享费用在此区间内时，双方收益才都会因需求预测信息共享而增加，从而实现帕累托改进。

制造商和零售商在信息共享费用的合理取值范围内，通过谈判确定信息共享费用解 T^*。假设双方之间的谈判过程是广义纳什讨价还价博弈，双方不仅考虑需求预测信息共享所产生的收益，而且考虑无信息共享时各自的收益。根据 Nagarajan 和 Sošić（2008）[138] 的研究，广义纳什讨价还价博弈的信息共享费用解为

$$T^*=\operatorname{argmax}[E(E(\Pi_M^{S,T}|Y))-E(E(\Pi_M^N|Y))]^{\alpha}$$
$$[E(E(U_R^{S,T}|Y))-E(E(U_R^N|Y))]^{1-\alpha} \tag{3-20}$$

式中，α 和 $1-\alpha$ 分别表示制造商 M 和零售商 R 的议价能力，且 $0\leqslant\alpha\leqslant 1$。$[E(E(\Pi_M^{S,T} \mid Y))-E(E(\Pi_M^N \mid Y))]$ 和 $[E(E(U_R^{S,T} \mid Y))-E(E(U_R^N \mid Y))]$ 分别表示相比于不共享需求预测信息，制造商和零售商在谈判过程中因共享需求预测信息获得的相对利润。

命题 3-3： 在单一供应链中，制造商可以通过向零售商支付信息共享费用 T^* 来激励其共享需求预测信息，从而根据随机需求预测量制定创新投入决策实现供应链双方的帕累托改进。其中，基于广义纳什讨价还价博弈的信息共享费用解为

$$T^*=(1-\alpha)\left[E(E(\Pi_M^S|Y))-E(E(\Pi_M^N))\right]$$
$$-\alpha\left[E(U(\Pi_R^S|Y))-E(U(\Pi_R^N|Y))\right]$$

证明：为了求解的便利性，对式取对数，令其关于 T 的一阶导等于零：

$$\frac{\partial\log\left[E(E(\Pi_M^{S,T}|Y))-E(E(\Pi_M^N|Y))\right]^{\alpha}\left[E(E(U_R^{S,T}|Y))-E(E(U_R^N|Y))\right]^{1-\alpha}}{\partial T}=0$$

$$-\alpha\left[E(E(U_R^{S,T}|Y))-E(E(U_R^N|Y))\right]$$
$$+(1-\alpha)\left[E(E(\Pi_M^{S,T}|Y))-E(E(\Pi_M^N|Y))\right]=0$$

解得 $T^*=(1-\alpha)\left[E(E(\Pi_M^S|Y))-E(E(\Pi_M^N))\right]-\alpha\left[E(U(\Pi_R^S|Y))-E(U(\Pi_R^N|Y))\right]$。

又因

$$\frac{\partial^2\log\left[E(E(\Pi_M^{S,T}|Y))-E(E(\Pi_M^N|Y))\right]^{\alpha}\left[E(E(U_R^{S,T}|Y))-E(E(U_R^N|Y))\right]^{1-\alpha}}{\partial T^2}$$

$$=\frac{-\alpha}{\left[E(E(\Pi_M^S|Y))-E(E(\Pi_M^N|Y))-T\right]^2}$$
$$-\frac{1-\alpha}{\left[E(E(U_R^S|Y))-E(E(U_R^N|Y))+T\right]^2}\leqslant 0$$

所以 T^* 是式（3-20）的最大值。证毕。

命题3-3刻画了制造商和零售商通过广义纳什讨价还价博弈所确定的信息共享费用解。从供应链实践角度而言，上游制造商向下游零售商支付信息共享费用以弥补零售商因共享需求预测信息而放弃的信息租金，是实现供应链帕累托改进的有效手段。信息共享费用的多少主要取决于双方的谈判因素（如议价能力）、制造商的创新因素（如创新能力）和零售商风险厌恶有关。例如，拥有较强议价能力的制造商在谈判过程中可以争取到有利的合同条款，从而可以通过支付较低的费用获得零售商的需求预测信息。又如，虽然制造商的创新成本随着创新能力的减弱而增加，但是零售商因共享需求预测信息所造成的收益损失也会随之增加，因此，为了弥补零售商的损失从而获得需求预测信息，制造商支付的信息共享费用关于创新能力单调递减。此外，当零售商具有较高程度的风险厌恶时，会制定相对较低的订购量，制造商利润也随之降低。由图 3-3（a）可知，制造商的需求预测信息共享价值随着零售商的风险厌恶程度的增加而增加，因此制造商为了消除零售商风险厌恶对自身的不利影响，会支付较多的信息共享费用来获取需求预测信息。

3.4 案例分析

在智能汽车行业，蓝思科技作为特斯拉的一级供应商，主要为特斯拉供应中控显示屏和两侧壁柱产品的整体组件。中控显示屏是车载电子的灵魂部件，也是特斯拉在操控体验与效果等方面与其他传统车企差异化竞争的关键。蓝思科技是全球消费电子功能视窗和外观部件领域的龙头，在汽车电子领域与特斯拉等高端新能源汽车厂商建立了长期稳定的深度战略合作关系。受益于新能源汽车行业的快速发展以及对市场需求预测信息的快速响应，蓝思科技的汽车电子部件业务保持着稳定发展的势头。

在应用行业，车载玻璃领域需要较高的技术储备和工艺要求，蓝思科技多年来深耕技术与研发创新，已掌握了视窗防护玻璃产品生产的核心技术和工艺诀窍，提高了产品质量，降低了生产成本，通过了多家国际知名消费电子品牌厂商的供应链认证。在为特斯拉工厂交付批量产品以来，蓝思科技与特斯拉在多款畅销车型的汽车电子零部件开展了技术创新、工艺研究和批量生产合作，通过及时获取下游企业（特斯拉）的需求预测信息，快速响应市场需求，在长期服务大客户的过程中积累了强大的综合实力与良好的业界口碑，提高了收益。同时，2020 年 5 月特斯拉国产 Model3 销售 11 095 辆，位居新能源汽车销量第一。

目前新能源汽车产业进入黄金时代，车控电子成为蓝思科技增长全新引擎。蓝思科技积极整合垂直产业链，及时掌握市场需求与发展趋势，从外观零部件到外观零部件组装快速响应市场需求变化。作为全球消费电子玻璃盖板龙头，其凭借在消费电子领域长期积累的技术、工艺、客户与产能规模以及管理效率等优势，成功切入汽车车载电子行业。蓝思科技还全力打造零部件＋模组＋整机组装的新平台发展模式，上升空间巨大。

在智能手机行业，2020年是全球5G大规模商用第一年，面对疫情造成的不利影响，华为公司的主要制造商蓝思科技以技术创新提升核心竞争力，靠产品创新抢占发展先机，在市场环境整体低迷情况下实现了"智造＋5G"的企业愿景。目前，蓝思科技通过工业互联设备的技术和视觉改造，实现了深度学习在工业领域的成功应用，通过人工智能找到最优工艺曲线和最优工艺管控，在节约生产资源的同时，有效提高产品质量、降低成本和加速交付，大幅提升了企业的资产资源管理与运营能力。蓝思领先于竞争对手的工艺能力也使其能够满足客户大批量交货的需求。

华为P40系列采用蓝思科技供应的业界首款四曲满溢屏，展现完美曲面，进一步保证显示效率达到最优，这一技术使蓝思科技作为行业龙头的优势凸显。蓝思科技与华为公司在技术创新、研发储备和规模生产等领域的深度互信合作。蓝思科技注重技术创新与市场需求的有效衔接，考虑所在行业领域的市场需求，关注华为在未来5G市场的领先地位，及时获取华为公司的需求预测信息，及时掌握市场需求与发展趋势，进而大幅提升了自身的资产资源管理与运营能力。虽然2020年一季度行业受到疫情影响，但公司凭借高效、稳定的运营保障了复工复产的有序开展，行业地位进一步提升。与此同时，华为公司的收益也进一步增加。

3.5　本章小结

本章在由单个（进行成本降低创新的）制造商和单个零售商组成的单周期两级供应链模型中，分析了零售商和制造商在两种信息共享（N 和 S）情形下的均衡决策，主要探讨了单一供应链的需求预测信息共享价值和激励机制。本章的研究克服了 Zhang 和 Chen (2013)[80] 关于两级供应链需求预测信息共享研究中未考虑制造商创新投入和零售商风险偏好的不足。他们发现，当制造商不进行成本降低创新时，需求预测信息共享虽然能够提升制造商利润，但会降低零售商利润，并且降低供应链整体利润。此时，零售商不会自愿共享需求预测信息。在供应链双方签订收益共享契约的条件下，制造商能够激励零售商共享需求预测信息。我们在 Zhang 和 Chen (2013)[80] 的研究基础上引入了制造商的创新投入决策和零售商的风险厌恶，探讨了制造商创新投入对零售商需求预测信息共享的影响。通过研究得到以下结论：

（1）当制造商的创新能力较强时，需求预测信息共享可以同时增加供应链双方的事前利润，制造商能够无偿获得零售商的需求预测信息并据此制定更为合理的创新投入决策。制造商的均衡创新投入与随机需求预测量、零售商的风险厌恶程度、制造商的创新能力正相关。

（2）当制造商的创新能力较弱时，尽管需求预测信息共享能够增加制造商的事前利润，但会降低零售商的事前效用。通过构建广义纳什讨价还价博弈，发现制造商可以通过支付信息共享费用的方式来激励零售商共享需求预测信息从而制定更为合理的创新投入。信息共享费用随着制造商议价能力的提高和创新能力的增强而减少，随着零售商风险厌恶的增加而增加。

本章的研究结论表明，当上游制造商进行成本降低创新时：①如果制造商的创新能力较强，下游零售商通过共享需求预测信息能够影响上游制造商的创新投入，进而增加自身及上游制造商的利润。因此，上游制造商可以将自身创新相关信息传递给下游零售商从而获得零售商的支持——共享需求预测信息。②如果制造商的创新能力较弱，需求预测信息共享虽然能够增加上游制造商的利润水平，却会损害零售商的利益。在此情形下，制造商需要向零售商支付一定的信息共享费用才能激励其共享需求预测信息，进而根据随机需求预测量调整自身的创新投入、提升供应链整体竞争力。

第4章

创新驱动的单一供应链双向需求预测信息共享

在双方均拥有市场需求信息的情况下，企业独立抉择是否共享需求信息，因此整体供应链的需求信息共享分为：两个方向，即上游企业向下游企业传递需求信息和下游企业向上游企业传递需求信息；四种情形，即双方均不共享需求信息、制造商单方共享需求信息、零售商单方共享需求信息、相互共享需求信息。本研究考虑供应链双方的双向需求信息共享。

零售企业制定库存成本及物流成本创新投入决策，可以促使制造企业共享需求信息给零售企业，帮助零售企业更好地把握市场需求，明确发展方向，针对性地制定战略以迎合市场，并增强产品与市场的融合度。目前国内经济快速发展，国民购买力显著提高，市场环境瞬息万变，产品库存量及物流服务成为供应链零售企业的核心竞争要素。零售企业针对库存、物流等分销成本开展创新活动，同时也急需市场需求信息制定产品订购量决策。例如海尔集团下游零售企业根据市场需求针对库存及物流业务进行成本降低创新，上游企业积极响应，将获取的市场需求信息共享给下游企业，集团内部实现信息无缝对接，使得海尔集团建立了“一流三网”管理模式。这一模式提升了产品的销售效率，进而减少了上游企业的资金回笼时间，同时也极大地提高了下游企业的工作效率，帮助下游企业降低了库存成本，提高了物流业务的准确率。海尔的核心竞争能力也由此提高。零售商开展创新活动有助于产品更好地传递市场，加快产品的销售速度，率先抢占市场份额，增强制造企业共享需求信息的动力，提升供应链的整体利润。

制造企业的创新是供应链可持续发展的核心要素，无论是改善产品性能还是降低生产成本，均可以发挥产品在市场的竞争优势。因此，制造企业进行创新投入可以促使零售企业共享市场需求信息。零售企业将围绕制造企业的创新决策制定未来的发展策略，促进自身利益的最大化。例如美的公司针对电器产品进行创新投入，迎合市场变化，进而促使供应链信息管理模式实现需求信息共享，与下游经销商合力将一般家电企业 MTS 模式转变为 MTO 模式，实现突破式的管理改革，为供应链可持续发展提供坚实的基础。制造企业的创新投入引发供应链的需求信息共享在当前的市场环境下已形成一种趋势，例如惠普公司与上游供应商提出“价值协同供应链”。惠普公司与上游供应商之间相互配合，上游供应商负责产品研发及创新，提高惠普公司的销售竞争力，惠普公司预测市场需求，并与上游供应商共享，减少供应链的生产浪费，同时制定精确订购量，提高了供应链的运作效率，完善了供应链运营环境。供应链上游企业的创新活动提升了整体供应链的竞争力，有助于供应链的可持续发展，进而促使供应链成员需求信息共享，实现供应链企业间的和谐共赢。

本研究旨在为帮助制造企业和零售企业更好地应对激烈的市场竞争，为双方的均衡决策提供科学的决策依据，增强供应链的整体竞争力，帮助企业实现可持续发展，改善供应链的整体运营环境，引导供应链实现帕累托改进。本研究具体的研究目标包括：

(1) 分别构建考虑制造商创新的供应链双向需求信息共享模型和考虑零售商创新的供应链双向需求信息共享模型，求解两种模型下制造商与零售商的均衡决策解；

(2) 分析创新投入决策对企业其他决策造成的影响，深入挖掘企业在双向需求信息共享四种情形下均衡决策变化的规律；

(3) 探索不同主体创新下制造商与零售商的双向需求信息共享价值，研究供应链自发运行情形下供应链上下游企业的双向需求信息共享策略。

(4) 为实现供应链双向需求信息共享，设计不同创新主体下的供应链双向需求信息共享激励机制。

4.1　RI模式下考虑双向信息共享的供应链均衡决策

本节假定在由制造商与零售商组成的两级单一供应链模型中零售商制定创新投入决策，通过构建需求函数引入零售商的创新投入参数。由于假定制造商与零售商均拥有部分市场需求信息，在供应链进行双向需求信息共享时存在四种情形：均不共享需求信息、制造商单方共享需求信息、零售商单方共享需求信息、相互共享需求信息。不同的需求信息共享情形下，制造商与零售商的均衡决策均发生变化，对供应链产生不同的影响，因此本节首先构建供应链确定型模型，在此基础上分别对双向需求信息共享四种情形下供应链主体的均衡决策进行求解，并深入分析制造商与零售商在双向需求信息共享情形下最优均衡决策的变化规律，归纳总结后得出本章结论。

4.1.1　模型构建

1. RI模式下双向需求信息共享问题描述

本节假定在两级单一供应链中，下游零售企业针对分销成本研发创新，并向制造商订购产品，之后将该产品在市场上销售。制造

商与零售商同时预测市场需求，并展开需求信息共享博弈，模型假设制造商生产该产品边际成本为0。零售商的需求函数为

$$q=\alpha-\beta p \tag{4-1}$$

式中，q 是零售商的订购量；α 是市场规模；β 是该商品的市场弹性；p 是该商品的零售价格。此外，制造商 M 的批发价格为 w，零售商 R 的创新投入为 I。制造商 M 与零售商 R 的市场需求信息预测量分别为 f_1、f_2。基于此，构建 RI 模式下的供应链双向需求信息共享模型如图 4-1 所示：

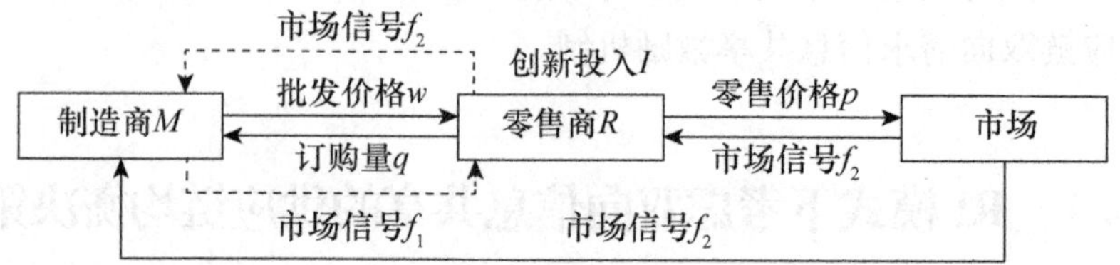

图 4-1　考虑零售商创新的供应链双向需求信息共享模型结构

市场规模 α 是不确定的，并且服从于均值为 $\bar{\alpha}$、方差为 v 的正态分布。企业 i（假设制造商为企业 1，零售商为企业 2）将得到一个带有噪声的市场信号：

$$f_i=\alpha+\varepsilon_i,\quad i=1,2 \tag{4-2}$$

2. 基本假设及符号说明

为进行后续分析，本章节对以下方面提出三点假设：

假设 4-1：假设 ε_1、ε_2 是独立同分布的，且服从均值为 0、方差为 σ 的正态分布；并且与 α 相互独立。

(a) $E(\alpha \mid f_i)=(1-t)\bar{\alpha}+tf_i$，$i=1，2$；

(b) $E(f_j \mid f_i)=E(\alpha \mid f_i)$，$i=1，2，i\neq j$；

(c) $E(\alpha \mid f_1，f_2)=\bar{\alpha}+g(f_1-\bar{\alpha})+g(f_2-\bar{\alpha})$。

其中，信息精度 $t=\dfrac{v}{v+\sigma}$，$g=\dfrac{t}{1+t}$。若 $\sigma=o$，这时企业 i 获得了不带噪声的市场规模信息，$t=1$，$E(\alpha \mid f_i)=f_i$。随着 σ 的增大，企业 i 获得的信息精度降低。若 σ 趋于$+\infty$，企业 i 获得了所有

关于市场规模的信息，则 $t=0$，$E(\alpha \mid f_i)=\bar{\alpha}$。此外，根据 (a)、(b)、(c) 易得：

(d) $E(f_i-\bar{\alpha})=0$；

(e) $E(f_i-\bar{\alpha})^2=E(f_i)^2-2\bar{\alpha}E(f_i)+\bar{\alpha}^2=E\alpha^2+E\varepsilon_i^{\ 2}-\bar{\alpha}^2=v+\sigma$。

假设 4-2：零售商的成本降低创新投入费用为 I^2。

借鉴陈树桢，熊中楷和李根道等 (2009)[104] 的研究，根据边际成本递增原理，将零售商的创新成本设定为二次函数形式，其中 I 表示零售商的创新投入水平，I 的取值大小与零售商的创新效率正相关，即零售商的创新投入可以减少初始分销成本 I。

假设 4-3：$I<c$，$\bar{\alpha}>c$，$0<\beta<4$，方差 σ 相对较小。

c 为零售商的初始边际分销成本，$I<c$ 表明零售商的成本降低创新无法消除成本。初始边际分销成本 c 是远远小于市场平均需求 $\bar{\alpha}$ 的，即 $\bar{\alpha}>c$ 且 $\bar{\alpha}>\beta c$。$0<\beta<4$ 确保制造商和零售商的均衡决策存在最优解，同时方差 σ 相对较小，防止双方的均衡决策出现负值。

制造商 M 和零售商 R 在 RI 模式双向需求信息共享情形下的决策顺序如下：

(1) 制造商 M 与零售商 R 在产品研发阶段，收集市场需求信息，并决定是否与对方共享需求信息。

(2) 制造商 M 依据市场需求信息判断产品饱和度以及考虑生产成本制定批发价格决策 w。

(3) 零售商 R 根据成本结构及市场需求量制定创新投入决策 I，同时结合批发价格制定零售价格决策 p。

本节涉及的所有符号及含义见表 4-1。

表 4-1　符号及含义

符号	含义
α	潜在的市场规模
β	商品的市场弹性
c	零售商的初始边际分销成本
w	批发价格

续表

符号	含义
I	零售商的创新投入
p	零售价格
f_1	制造商获取的市场需求信息
f_2	零售商获取的市场需求信息
ε_1	制造商获取市场需求信息的误差
ε_2	零售商获取市场需求信息的误差
t	信息精度
σ	信息精度的方差
π_M	制造商的利润
π_R	零售商的利润

4.1.2 模型分析及均衡决策求解

1. *确定型模型*

本节假定 α 是确定的，可以被制造商和零售商同时收集到。考虑单周期静态主从博弈，零售商首先确定成本降低的创新投入 I，接着制造商确定批发价格 w，之后零售商确定零售价格 p，最后市场需求实现，制造商与零售商均获得利润。制造商与零售商的利润函数如下：

$$\pi_M=(\alpha-\beta p)w \tag{4-3}$$

$$\pi_R=(\alpha-\beta p)(p-w-c+I)-I^2 \tag{4-4}$$

由式（4-4）可知，零售商 R 的利润函数是关于零售价格 p 和创新投入 I 的凹函数，零售价格 p 和创新投入 I 存在最优点使得零售商 R 的利润函数最大，即 $I(w)=\dfrac{\alpha-\beta c-\beta w}{4-\beta}$，$p(w)=\dfrac{2\beta c-\beta\alpha+2\beta w+2\alpha}{(4-\beta)\beta}$。同时，根据式（4-3）可知，制造商 M 的利润函数是关于批发价格 w 的凹函数，将 $I(w)$、$p(w)$ 代入式（4-3）

中可得批发价格为 $w^*=\frac{\alpha-\beta c}{2\beta}$，制造商 M 的利润最大。进一步分析可知，零售商创新投入的最优决策为 $I^*=\frac{-\beta c+\alpha+8X}{\beta-16}$，零售商的最优零售价格为 $p^*=\frac{(\alpha-c)\beta-3\alpha}{(\beta-4)\beta}$。由此可得制造商 M 和零售商 R 的利润为 $\pi_M^*=\frac{(\alpha-\beta c)^2}{2\beta(4-\beta)}$，$\pi_R^*=\frac{(\alpha-\beta c)^2}{4\beta(4-\beta)}$。这时供应链达到最理想状态。

2. RI 模式下双方均不共享需求信息时的均衡决策

RI 模式下，当供应链双方均不共享需求信息时，根据逆向分析求解方法，求决策均衡解应根据制造商与零售商的决策顺序调整，首先根据零售商的事前利润函数求零售价格均衡解以及创新投入均衡解，之后分析制造商的批发价格均衡解，再将批发价格均衡解代入创新投入解，最后代入零售价格解中，得出制造商与零售商的均衡决策。

命题 4-1：RI 模式下，当供应链双方均采取不共享需求信息策略时，制造商与零售商的均衡决策如下所示：

制造商的批发价格均衡解：

$$w^{NN*}=\frac{(\beta t^2-\beta t-2t^2+4t)(f_1-\bar{\alpha})+2\bar{\alpha}-2\beta c}{4\beta}$$

零售商的创新投入均衡解：

$$I^{NN*}=\frac{(-\beta t^2+\beta t+2t^2)(f_1-\bar{\alpha})+4t(f_2-\bar{\alpha})+2\bar{\alpha}-2\beta c}{4(4-\beta)}$$

零售商的零售价格均衡解：

$$p^{NN*}=\frac{\begin{array}{c}(\beta t^2-\beta t-2t^2+4t)(f_1-\bar{\alpha})+(4t-2\beta t)(f_2-\bar{\alpha})\\+6\bar{\alpha}+2\beta c-2\beta\bar{\alpha}\end{array}}{2\beta(4-\beta)}$$

上标 NN 表示均不共享需求信息情形。

证明：RI 模式制造商与零售商在均不共享需求信息的情形下只

能根据自己拥有的部分信息进行决策。零售商无法获得制造商的信息，所以其制定的订购量是$E(\alpha-\beta p \mid f_2)$。结合式（4-4）可得零售商在RI模式均不共享需求信息情形下的事前利润函数为

$$\pi_R(I,p|f_2)=(\bar{\alpha}-t\bar{\alpha}+tf_2-\beta p)(p-w-c+I)-I^2 \quad (4-5)$$

由上式可知，零售商制定的最优创新投入决策和最优零售价格决策应为$\pi_R(I,p|f_2)$的极值点，即

$$I(w)=\frac{\bar{\alpha}+tf_2-\beta w-\beta c-t\bar{\alpha}}{4-\beta}$$

$$p(w)=\frac{\beta t\bar{\alpha}-\beta tf_2-\beta\bar{\alpha}-2t\bar{\alpha}+2\beta c+2\beta w+2tf_2+2\bar{\alpha}}{\beta(4-\beta)}$$

同时结合式（4-3）可知制造商在均不共享需求信息情形下的事前利润函数为

$$\pi_M(w|f_1)=E(\alpha-\beta p|f_1)w \quad (4-6)$$

将$p(w)$代入式（4-6）可知$\frac{\partial^2[\pi_M(w|f_1)]}{\partial w^2}=\frac{4\beta}{\beta-4}$，因$0<\beta<4$，所以$\frac{\partial^2[\pi_M(w|f_1)]}{\partial w^2}<0$，故$\pi_M(w \mid f_1)$是关于批发价格$w$的凹函数，存在最优批发价格决策，即

$$w^{NN*}=\frac{(\beta t^2-\beta t-2t^2+4t)(f_1-\bar{\alpha})+2\bar{\alpha}-2\beta c}{4\beta}$$

将w^{NN*}代入$I(w)$、$p(w)$中可得

$$I^{NN*}=\frac{(-\beta t^2+\beta t+2t^2)(f_1-\bar{\alpha})+4t(f_2-\bar{\alpha})+2\bar{\alpha}-2\beta c}{4(4-\beta)}$$

$$p^{NN*}=\frac{(\beta t^2-\beta t-2t^2+4t)(f_1-\bar{\alpha})+(4t-2\beta t)(f_2-\bar{\alpha})+6\bar{\alpha}+2\beta c-2\beta\bar{\alpha}}{2\beta(4-\beta)}$$

证毕。

根据命题4-1展示的制造商与零售商的均衡决策，通过深入分

析可以得出以下结论：

（1）由 w^{NN*} 可知，市场弹性越高，制造商的均衡批发价格越低。因为在市场发生波动且弹性很大的情况下，制造商会采取保守策略，降低批发价格。w^{NN*} 可变形为 $\frac{t[2+(1-t)(2-\beta)](f_1-\bar{\alpha})+2\bar{\alpha}-2\beta c}{4\beta}$，因 $0<t<1$、$0<\beta<4$，故 $2+(1-t)(2-\beta)>0$。由此可以得出，制造商的均衡批发价格与制造商获取的市场需求信息 f_1 呈单调递增关系，这是因为，制造商获取的信息量越多，使制造商感到对于市场的掌握越多，也促使制造商加大了创新投入。但是由于均不共享需求信息，所以制造商的均衡批发价格决策不受零售商的市场需求信息 f_2 影响。将 w^{NN*} 变形为 $\frac{[(\beta-2)t^2+(4-\beta)t](f_1-\bar{\alpha})+2\bar{\alpha}-2\beta c}{4\beta}$ 可知，若 $f_1>\bar{\alpha}$，则制造商的均衡批发价格随着信息精度的提高而上升；若 $f_1<\bar{\alpha}$，则制造商的均衡批发价格随着信息精度的提高而降低。这表明当制造商获取的市场需求信息较多时，其信息精度越高，信息价值越大，均衡批发价格也越高；当制造商获得的市场需求信息较少时，其信息精度越高，由于信息量不足，制造商感知风险越大，均衡批发价格也越低。

（2）由 $I^{NN*}=\frac{(-\beta t^2+\beta t+2t^2)(f_1-\bar{\alpha})+4t(f_2-\bar{\alpha})+2\bar{\alpha}-2\beta c}{4(4-\beta)}$ 可知，零售商的均衡创新投入与制造商获得市场需求信息 f_1 的关系单调递增，由于制造商获取的市场需求信息越多，制造商会增加批发价格，而零售商也会同时增加创新投入，减少物流库存成本；同时均衡创新投入也与零售商自身获取的市场需求信息 f_2 呈单调递增关系。由 I^{NN*} 关于 β 的一阶导数可知，若 $f_1>\bar{\alpha}$ 且 $f_2>\bar{\alpha}$ 时，零售商的均衡创新投入随着市场弹性的增加而增加。当 $f_1>\bar{\alpha}$，$f_2>\bar{\alpha}$，且 $0<\beta<2$ 时，零售商的均衡创新投入随着信息精度的提高而增加。

（3）由 $p^{NN*}=\frac{(\beta t^2-\beta t-2t^2+4t)(f_1-\bar{\alpha})+(4t-2\beta t)(f_2-\bar{\alpha})+6\bar{\alpha}+2\beta c-2\beta\bar{\alpha}}{2\beta(4-\beta)}$

可知，制造商获取的市场需求信息 f_1 提高，零售商的均衡零售价格也随之上升，由结论（1）可知，此时制造商会采取提高批发价格，故零售商也会选择提高零售价格的决策以保证利润；当 $0<\beta<2$ 时，零售商的均衡零售价格与自身获取的市场需求信息 f_2 呈单调递增关系，即市场弹性比较稳定时，零售商获取的市场需求信息增加，也会采取提高零售价格的决策；当 $2<\beta<4$ 时，零售商的均衡零售价格则与获取的市场需求信息 f_2 的关系呈单调递减，即市场弹性比较波动时，零售商获取的市场需求信息增加，对于市场的感知风险随之增加，继而会采取降低零售价格的保守决策；若 $f_1>\bar{\alpha}$、$f_2>\bar{\alpha}$ 且 $0<\beta<2$，零售商的均衡零售价格随着信息精度的提高而上升；当 $f_1<\bar{\alpha}$、$f_2<\bar{\alpha}$ 且 $0<\beta<2$，$f_1<\bar{\alpha}$、$f_2>\bar{\alpha}$ 且 $2<\beta<4$，零售商的均衡零售价格随着信息精度的提高而降低。

3. RI 模式下制造商单方共享需求信息时的均衡决策

RI 模式下，当制造商单方共享需求信息时，模型求解思路与均不共享需求信息情形相同，不再赘述，但零售商的事前利润函数发生变化，通过求解各主体的均衡决策解，可得命题 4-2。

命题 4-2：RI 模式下，仅制造商采取共享需求信息策略时，即供应链实现上游向下游传递的单向需求信息共享，制造商与零售商的均衡决策如下：

制造商的批发价格均衡解：

$$w^{MS*}=\frac{t(f_1-\bar{\alpha})+\bar{\alpha}-\beta c}{2\beta}$$

零售商的创新投入均衡解：

$$I^{MS*}=\frac{(t-t^2)(f_1-\bar{\alpha})+4t(f_2-\bar{\alpha})+(1+t)(\bar{\alpha}-\beta c)}{2(4-\beta)(1+t)}$$

零售商的零售价格均衡解：

$$p^{MS*}=\frac{\begin{array}{c}(2t^2-2\beta t+6t)(f_1-\bar{\alpha})+(4t-2\beta t)(f_2-\bar{\alpha})\\+(1+t)(6\bar{\alpha}+2\beta c-2\beta\bar{\alpha})\end{array}}{2\beta(4-\beta)(1+t)}$$

上标 MS 表示制造商单方共享需求信息情形。

证明：制造商在 RI 模式制造商单方共享需求信息的情形下只能根据自己拥有的部分信息进行决策。零售商可获得制造商的信息，所以其制定的订购量是 $E(\alpha-\beta p \mid f_1, f_2)$。结合式（4－4）可得零售商在 RI 模式制造商单方共享需求信息情形下的事前利润函数为

$$\pi_R(I,p|f_1,f_2)=(\bar{\alpha}+gf_1-g\bar{\alpha}+gf_2-g\bar{\alpha}-\beta p)(p-w-c+I)-I^2 \tag{4-7}$$

由上式可知，零售商制定的最优创新投入决策和最优零售价格决策应为 $\pi_R(I, p \mid f_1, f_2)$ 的极值点，即

$$I(w)=\frac{\bar{\alpha}+gf_1+gf_2-\beta w-\beta c-2g\bar{\alpha}}{4-\beta}$$

$$p(w)=\frac{2\beta g\bar{\alpha}-\beta gf_1-\beta gf_2-\beta\bar{\alpha}-4g\bar{\alpha}+2\beta c+2\beta w+2gf_1+2gf_2+2\bar{\alpha}}{\beta(4-\beta)}$$

同时结合式（4－3）可知在制造商单方共享需求信息情形下制造商的事前利润函数为

$$\pi_M(w|f_1)=E(\alpha-\beta p|f_1)w \tag{4-8}$$

将 $p(w)$ 代入式（4－8）中可知最优批发价格 w^{MS*}，即

$$w^{MS*}=\frac{t(f_1-\bar{\alpha})+\bar{\alpha}-\beta c}{2\beta}$$

将 w^{MS*} 代入 $I(w)$、$p(w)$ 中可得

$$I^{MS*}=\frac{(t-t^2)(f_1-\bar{\alpha})+4t(f_2-\bar{\alpha})+(1+t)(\bar{\alpha}-\beta c)}{2(4-\beta)(1+t)}$$

$$p^{MS*}=\frac{(2t^2-2\beta t+6t)(f_1-\bar{\alpha})+(4t-2\beta t)(f_2-\bar{\alpha})+(1+t)(6\bar{\alpha}+2\beta c-2\beta\bar{\alpha})}{2\beta(4-\beta)(1+t)}$$

证毕。

根据命题 4－2 展示的制造商与零售商的均衡决策，通过深入分析可以得出以下结论：

（1）由 w^{MS*} 可知，制造商的均衡批发价格与市场弹性呈负相关关系，因为在市场发生波动且弹性很大的情况下，制造商会采取保守策略，降低批发价格。由于 $w^{MS*}=\frac{t(f_1-\bar{\alpha})+\bar{\alpha}-\beta c}{2\beta}$，且 $0<t<1$，由此可以得出，制造商的均衡批发价格与自身获取的市场需求信息 f_1 呈正相关关系。由于制造商单方共享需求信息，无法获取零售商的需求信息，故制造商的均衡批发价格不受零售商的市场需求信息 f_2 影响。若 $f_1>\bar{\alpha}$，则制造商的均衡批发价格随着信息精度的提高而上升；若 $f_1<\bar{\alpha}$，则制造商的均衡批发价格随着信息精度的提高而下降。

（2）由 $I^{MS*}=\frac{(t-t^2)(f_1-\bar{\alpha})+4t(f_2-\bar{\alpha})+(1+t)(\bar{\alpha}-\beta c)}{2(4-\beta)(1+t)}$，且 $t-t^2>0$，$0<\beta<4$，可知，零售商的均衡创新投入会随着制造商及自身获取的市场需求信息 f_1、f_2 的增加而增加。由 I^{MS*} 关于 β 的一阶导数可知，若 $f_1>\bar{\alpha}$ 且 $f_2>\bar{\alpha}$，零售商的均衡创新投入与市场弹性的关系单调递增。若 $f_1>\bar{\alpha}$ 且 $f_2>\bar{\alpha}$，当 $0<t<\sqrt{2}-1$ 时，零售商的均衡创新投入随着信息精度的提高而增加；若 $f_1>\bar{\alpha}$ 且 $f_2<\bar{\alpha}$，当 $\sqrt{2}-1<t<1$ 时，零售商的均衡创新投入随着信息精度的提高而减少。

（3）由 $p^{MS*}=\frac{(2t^2-2\beta t+6t)(f_1-\bar{\alpha})+(4t-2\beta t)(f_2-\bar{\alpha})+(1+t)(6\bar{\alpha}+2\beta c-2\beta\bar{\alpha})}{2\beta(4-\beta)(1+t)}$ 可知，当 $0<\beta<3$ 时，制造商单方共享需求信息，零售商的均衡零售价格与制造商的市场需求信息 f_1 呈正相关关系，由结论（1）可知，此时制造商会提高批发价格，故零售商也会选择提高零售价格的决策以保证利润；当 $0<\beta<2$ 时，零售商获取的需求信息 f_2 增加，也会采取提高零售价格的策略；当 $2<\beta<4$ 时，零售商的均衡零售价格与自身获取的市场需求信息 f_2 呈单调递减的关系；若 $f_1>\bar{\alpha}$、$f_2>\bar{\alpha}$ 且 $0<\beta<2$，零售商的均衡零售价格随着信息精度的提高而上升；当 $f_1<\bar{\alpha}$、$f_2<\bar{\alpha}$ 且 $0<\beta<2$，$f_1<\bar{\alpha}$、$f_2>\bar{\alpha}$ 且 $2<\beta<3$，零售

商的均衡零售价格随着信息精度的提高而降低。

4. RI 模式下零售商单方共享需求信息时的均衡决策

RI 模式下，当零售商单方共享需求信息时，制造商与零售商的事前利润函数发生变化，通过求解分析该情形下双方的利润函数，得出均衡决策，进而得到命题 4－3。

命题 4－3：RI 模式下，仅零售商采取共享需求信息策略时，即供应链实现下游向上游传递的单向需求信息共享，制造商与零售商的均衡决策如下：

制造商的批发价格均衡解：

$$w^{RS*}=\frac{t(4-\beta)(f_1-\bar{\alpha})+(\beta t^2-2t^2+2t)(f_2-\bar{\alpha})+2(1+t)(\bar{\alpha}-\beta c)}{4\beta(1+t)}$$

零售商的创新投入均衡解：

$$I^{RS*}=\frac{t(\beta-4)(f_1-\bar{\alpha})+(6t^2-\beta t^2+2t)(f_2-\bar{\alpha})+2(1+t)(\bar{\alpha}-\beta c)}{4(4-\beta)(1+t)}$$

零售商的零售价格均衡解：

$$p^{RS*}=\frac{t(4-\beta)(f_1-\bar{\alpha})+(2t^2-\beta t^2+6t-2\beta t)(f_2-\bar{\alpha})+(1+t)(6\bar{\alpha}+2\beta c-2\beta\bar{\alpha})}{2\beta(4-\beta)(1+t)}$$

上标 RS 表示零售商单方共享需求信息情形。

证明：此种情形下零售商只能根据通过自己拥有的部分信息制定的订购量，即 $E(\alpha-\beta p \mid f_2)$。结合式（4－4）可得零售商在制造商单方共享需求信息情形下的事前利润函数为

$$\pi_R(I,p|f_2)=(\bar{\alpha}-t\bar{\alpha}+tf_2-\beta p)(p-w-c+I)-I^2 \quad (4-9)$$

由上式可知，零售商制定的最优创新投入决策和最优零售价格决策应为 $\pi_R(I,\ p \mid f_2)$ 的极值点，即

$$I(w)=\frac{\bar{\alpha}+tf_2-\beta w-\beta c-t\bar{\alpha}}{4-\beta}$$

$$p(w)=\frac{\beta t\bar{\alpha}-\beta tf_2-\beta\bar{\alpha}-2t\bar{\alpha}+2\beta c+2\beta w+2tf_2+2\bar{\alpha}}{\beta(4-\beta)}$$

同时结合式（4-3）可知在制造商单方共享需求信息情形下制造商的事前利润函数为

$$\pi_M(w|f_1,f_2)=E(\alpha-\beta p|f_1,f_2)w \tag{4-10}$$

将 $p(w)$ 代入式（4-10）中可知最优批发价格决策 w^{RS*}，即

$$w^{RS*}=\frac{t(4-\beta)(f_1-\bar{\alpha})+(\beta t^2-2t^2+2t)(f_2-\bar{\alpha})+2(1+t)(\bar{\alpha}-\beta c)}{4\beta(1+t)}$$

将 w^{RS*} 代入 $I(w)$、$p(w)$ 中可得

$$I^{RS*}=\frac{t(\beta-4)(f_1-\bar{\alpha})+(6t^2-\beta t^2+2t)(f_2-\bar{\alpha})+2(1+t)(\bar{\alpha}-\beta c)}{4(4-\beta)(1+t)}$$

$$p^{RS*}=\frac{t(4-\beta)(f_1-\bar{\alpha})+(2t^2-\beta t^2+6t-2\beta t)(f_2-\bar{\alpha})+(1+t)(6\bar{\alpha}+2\beta c-2\beta\bar{\alpha})}{2\beta(4-\beta)(1+t)}$$

证毕。

根据命题 4-3 展示的制造商与零售商的均衡决策，通过深入分析可以得出以下结论：

（1）由 $w^{RS*}=\frac{t(4-\beta)(f_1-\bar{\alpha})+(\beta t^2-2t^2+2t)(f_2-\bar{\alpha})+2(1+t)(\bar{\alpha}-\beta c)}{4\beta(1+t)}$ 可知，当 $f_1>\bar{\alpha}$、$f_2>\bar{\alpha}$ 时，w^{RS*} 关于 β 的一阶导数恒小于 0，故此时制造商的最优批发价格与市场弹性呈负相关关系。由于 $0<\beta<4$，$\beta t^2-2t^2+2t>0$，可以得出，制造商的均衡批发价格与自身获取的市场需求信息 f_1 正相关；由于零售商单方共享需求信息，制造商的批发价格亦受零售商需求信息影响，同时均衡批发价格随着零售商获得市场需求信息 f_2 的增加而上升。若 $f_1>\bar{\alpha}$，$f_2>\bar{\alpha}$，且 $2<\beta<4$ 时，制造商的均衡批发价格随着信息精度的提高而上升。

(2) 由 $I^{RS*}=\dfrac{t(\beta-4)(f_1-\bar{\alpha})+(6t^2-\beta t^2+2t)(f_2-\bar{\alpha})+2(1+t)(\bar{\alpha}-\beta c)}{4(4-\beta)(1+t)}$，且 $0<\beta<4$，零售商的均衡创新投入与市场需求信息 f_1 呈单调递减关系；同时零售商的均衡创新投入与自身获取的市场需求信息 f_2 呈单调递增关系，零售商单方共享需求信息情形时，由于决策顺序为制造商进行批发价格决策后，零售商制定创新投入决策，零售商可以根据制造商的批发价格推测制造商获取的需求信息，故零售商的创新投入亦受制造商的需求信息影响。由 I^{RS*} 关于 β 的一阶导数可知，若 $f_2>\bar{\alpha}$，市场较波动时，零售商会增加创新投入费用。若 $f_1<\bar{\alpha}$，$f_2>\bar{\alpha}$，零售商的均衡创新投入则随着信息精度的提高而上升；若 $f_1>\bar{\alpha}$，$f_2<\bar{\alpha}$，零售商的均衡创新投入与信息精度则呈单调递减关系。

(3) 由 $p^{RS*}=\dfrac{t(4-\beta)(f_1-\bar{\alpha})+(2t^2-\beta t^2+6t-2\beta t)(f_2-\bar{\alpha})+(1+t)(6\bar{\alpha}+2\beta c-2\beta\bar{\alpha})}{2\beta(4-\beta)(1+t)}$

可知，当 $0<\beta<3$ 时，制造商获取的市场需求信息 f_1 提高时，零售商根据批发价格推断后，也会采取提高零售价格的决策；当 $0<\beta<2$ 时，零售商的均衡零售价格会根据市场需求信息 f_2 的增加而上升；若 $f_1>\bar{\alpha}$、$f_2>\bar{\alpha}$ 且 $0<\beta<2$，零售商的均衡零售价格随着信息精度的提高而增加；当 $f_1<\bar{\alpha}$、$f_2<\bar{\alpha}$ 且 $0<\beta<2$，$f_1<\bar{\alpha}$、$f_2>\bar{\alpha}$ 且 $3<\beta<4$，零售商的均衡零售价格随着信息精度的提高而降低。

5. RI 模式下相互共享需求信息时的均衡决策

RI 模式下，当制造商与零售商相互共享市场需求信息时，制造商与零售商的事前利润函数均发生改变。通过分析相互共享需求信息情形下双方的利润函数，可得命题 4-4。

命题 4-4：RI 模式下，制造商与零售商均采取共享需求信息策略时，即供应链实现整体需求信息共享，制造商与零售商的均衡决策如下所示：

制造商的批发价格均衡解：

$$w^{DS*}=\frac{t(f_1+f_2-2\bar{\alpha})+(\bar{\alpha}-\beta c)(1+t)}{2\beta(1+t)}$$

零售商的创新投入均衡解：

$$I^{DS*}=\frac{t(f_1+f_2-2\bar{\alpha})+(\bar{\alpha}-\beta c)(1+t)}{2(\beta-4)(1+t)}$$

零售商的零售价格均衡解：

$$p^{DS*}=\frac{(3t-2\beta t)(f_1+f_2-2\bar{\alpha})+(3\bar{\alpha}+\beta c-\beta\bar{\alpha})(1+t)}{\beta(4-\beta)(1+t)}。$$

上标DS表示相互共享需求信息情形。

证明：制造商与零售商在RI模式相互共享需求信息的情形下可以根据双方的市场需求信息进行决策。零售商制定的订购量为$E(\alpha-\beta p\mid f_1,f_2)$，结合式（4-4）可得零售商在双向共享需求信息的情形下的事前利润函数：

$$\pi_R(I,p\mid f_1,f_2)=(\bar{\alpha}+gf_1-g\bar{\alpha}+gf_2-g\bar{\alpha}-\beta p)(p-w-c+I)-I^2 \tag{4-11}$$

由上式可知，零售商制定的最有创新投入决策和最优零售价格决策应为$\pi_R(I,p\mid f_1,f_2)$的极值点，即

$$I(w)=\frac{g(f_1+f_2-2\bar{\alpha})+\bar{\alpha}-\beta c-\beta w}{4-\beta}$$

$$p(w)=\frac{(2g-\beta g)(f_1+f_2-2\bar{\alpha})+2\bar{\alpha}+2\beta c+2\beta w}{\beta(4-\beta)}$$

同时结合式（4-3）可知制造商在均不共享需求信息情形下的事前利润函数：

$$\pi_M(w\mid f_1,f_2)=E(\alpha-\beta p\mid f_1,f_2)w \tag{4-12}$$

将$p(w)$代入式（4-12）中可知最优批发价格决策，即

$$w^{DS*}=\frac{t(f_1+f_2-2\bar{\alpha})+(\bar{\alpha}-\beta c)(1+t)}{2\beta(1+t)}$$

将 w^{DS*} 代入 $I(w)$、$p(w)$ 中可得

$$I^{DS*}=\frac{t(f_1+f_2-2\bar{\alpha})+(\bar{\alpha}-\beta c)(1+t)}{2(4-\beta)(1+t)}$$

$$p^{DS*}=\frac{(3t-2\beta t)(f_1+f_2-2\bar{\alpha})+(3\bar{\alpha}+\beta c-\beta\bar{\alpha})(1+t)}{\beta(4-\beta)(1+t)}$$

证毕。

根据命题 4-4 展示的制造商与零售商的均衡决策，通过深入分析可以得出以下结论：

(1) w^{DS*} 可变形为 $\dfrac{\frac{t}{1+t}(f_1-\bar{\alpha})+\frac{t}{1+t}(f_2-\bar{\alpha})+(\bar{\alpha}-\beta c)}{2\beta}$，可知市场波动时，制造商会采取保守的均衡批发价格决策。因 $0<t<1$，$0<\beta<4$，故 $\dfrac{t}{2\beta(1+t)}>0$。由此可以得出，均衡批发价格与供应链双方获取的市场需求信息（f_1、f_2）呈单调递增关系。因 $\dfrac{t}{1+t}$ 在 $0<t<1$ 时单调递增，故 $f_1>\bar{\alpha}$，$f_2>\bar{\alpha}$ 时，则制造商的均衡批发价格随着信息精度的提高而上升；$f_1<\bar{\alpha}$，$f_2<\bar{\alpha}$ 时，制造商的均衡批发价格随着信息精度的提高而下降。与均不共享需求信息情形相似，当制造商获得的市场需求信息较多时，其信息精度越高，信息价值越大，均衡批发价格也越高；当制造商获得的市场需求信息较少时，其信息精度越高，由于信息量不足，制造商感知风险越大，均衡批发价格就越低。

(2) I^{DS*} 可变形为 $\dfrac{\frac{t}{1+t}(f_1-\bar{\alpha})+\frac{t}{1+t}(f_2-\bar{\alpha})+(\bar{\alpha}-\beta c)}{2(4-\beta)}$，据此可知，零售商的均衡创新投入随着制造商与零售商获得市场需求信息（f_1、f_2）的增加而增加。由上述结论可知，当制造商获取的市场需求信息增加，会采取增加批发价格的策略，而由于相互共享需求信息，零售商得到的市场需求信息也同样增加，对于市场的把握程度提升，此时零售商也会增加创新投入，减少物流库存成本。

由 I^{DS*} 关于 β 的一阶导数可知，若 $f_1>\bar{\alpha}$ 且 $f_2>\bar{\alpha}$ 时，表明零售商会在市场波动时提高均衡创新投入。由于 $\frac{t}{1+t}$ 在 $0<t<1$ 时单调递增，故制造商与零售商获取的市场需求信息均较多（$f_1>\bar{\alpha}$ 且 $f_2>\bar{\alpha}$）时，零售商的均衡创新投入决策随着信息精度的提高而增加。

（3）p^{DS*} 可变形为 $\frac{\frac{t}{1+t}(3-2\beta)(f_1-\bar{\alpha})+\frac{t}{1+t}(3-2\beta)(f_2-\bar{\alpha})+3\bar{\alpha}+\beta c-\beta\bar{\alpha}}{\beta(4-\beta)}$，当 $0<\beta<\frac{3}{2}$ 时，此时市场比较稳定，零售商的均衡零售价格随着市场需求信息（f_1、f_2）的提高而上升。根据结论（1）可知，由于此种情形下均衡批发价格决策与市场需求信息呈单调递增关系，故零售商也会选择增加零售价格的决策以保证利润。零售商的均衡零售价格决策与信息精度之间的关系如表 4-2 所示。

表 4-2　相互共享信息情形下均衡零售价格决策与信息精度关系

	$0<\beta<\frac{3}{2}$	$\frac{3}{2}<\beta<4$
$\min(f_1, f_2)>\bar{\alpha}$	+	−
$\max(f_1, f_2)<\bar{\alpha}$	−	+

注：“+”是指均衡零售价格与信息精度呈正相关关系；“−”是指均衡零售价格与信息精度呈负相关关系。

从命题 4-1、命题 4-2、命题 4-3 和命题 4-4 可以发现：在零售商开展成本降低创新活动后，供应链中制造商与零售商的均衡决策均受影响，且在双向需求信息共享的四种情形下各主体的均衡决策产生不同的变化规律。制造商与零售商根据市场行情制定企业的发展思路，以保证自身利润水平，在市场中取得收益，而不同的需求信息共享模型，则使双方的博弈竞争变得复杂。通过科学的研究范式以及数理模型推导，本章研究为 RI 模式双向需求信息共享情形下的企业提供决策的参考依据。

本小节通过构建 RI 模式下供应链需求信息共享模型，并分别求

解 RI 模式双向需求信息共享四种情形下的供应链主体均衡决策，得出命题 4 - 1、命题 4 - 2、命题 4 - 3 和命题 4 - 4。通过供应链双向需求信息共享情形下的均衡决策分析，可以得出以下结论。

(1) RI 模式四种情形下，制造商批发价格增量均与市场弹性 β 负相关，且与制造商获取的市场需求信息 f_1 正相关。

(2) 零售商创新投入增量与制造商的市场需求信息 f_1 呈单调递减关系，其余情形下均与双方获取的市场需求信息正相关，且在获取的市场需求信息较多时，零售商的均衡创新投入决策与市场弹性 β 正相关；在零售商市场需求信息较多（$f_2>\bar{\alpha}$）时，零售商的均衡创新投入决策与信息精度 t 正相关。

(3) RI 模式四种情形下，当市场较稳定时，零售商的均衡零售价格均与获取的市场需求信息 f_i 正相关，且当制造商与零售商获取的市场需求信息均较多（$f_1>\bar{\alpha}$，$f_2>\bar{\alpha}$）时，零售商的均衡零售价格与信息精度 t 正相关。

4.2　MI 模式下考虑双向需求信息共享的供应链均衡决策

本节假定在两级单一供应链模型中制造商制定创新投入决策，通过构建需求函数引入制造商的创新投入参数，并在第 3 章的基础上进一步引入制造商创新能力系数。本节假定制造商与零售商均拥有部分市场需求信息，制造商开展的创新投入决策是供应链双方主体均衡决策制定的核心，制造商率先开展创新投入决策，双方的博弈竞争围绕创新投入决策展开，同时由于考虑了制造商的创新能力系数，增加了双方的均衡决策多样性。在供应链进行双向需求信息共享的四种情形下，制造商与零售商的均衡决策亦具有不同的变化规律。本节通过对制造商与零售商在不同需求信息共享情形下的均衡决策求解并分析，深入探讨制造商与零售商在不同情形下的博弈过程以及制造商创新能力对于需求信息共享的影响。

4.2.1 模型构建

1. MI 模式下双向需求信息共享问题描述

本节假定在通过制造商 M 和零售商 R 构成的两级单一供应链中，制造商针对生产成本研发创新，零售商向制造商订购产品，并将该产品销往市场。制造商与零售商在需求信息对称情形下展开博弈，假设零售商的分销边际成本为 0。零售商的需求函数为

$$q=\alpha-\beta p \tag{4-13}$$

此外，制造商 M 的批发价格为 w，制造商 M 的创新投入费用为 e。制造商 M 与零售商 R 获取的需求信息量分别为 f_1、f_2。基于此，构建 MI 模式下供应链双向需求信息共享模型如图 4-2 所示：

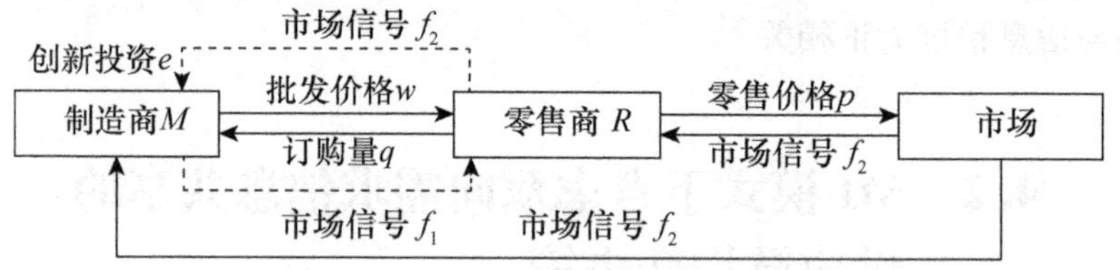

图 4-2 考虑制造商创新的供应链双向需求信息共享模型结构

市场规模 α 是不确定的，并且服从于均值为 $\bar{\alpha}$、方差为 v 的正态分布。企业 i（假设制造商为企业 1，零售商为企业 2）将得到一个带有噪声的市场信号：

$$f_i=\alpha+\varepsilon_i, \quad i=1,2 \tag{4-14}$$

信息精度 $t=\dfrac{v}{v+\sigma}$。若 $\sigma=o$，这时企业 i 获得了不带噪声的市场规模信息，$t=1$，$E(\alpha \mid f_i)=f_i$。随着 σ 的增加，企业 i 获得的信息精度降低。若 σ 趋于$+\infty$，企业 i 获得了所有关于市场规模的信息，则 $t=0$，$E(\alpha \mid f_i)=\bar{\alpha}$。

2. 基本假设及符号说明

为进行后续分析，提出三点假设：

假设 4-4：假设 ε_1、ε_2 是独立同分布的，且服从均值为 0、方差为 σ 的正态分布；并且与 α 相互独立。

(a) $E(\alpha \mid f_i)=(1-t)\bar{\alpha}+tf_i$，$i=1, 2$；

(b) $E(f_j \mid f_i)=E(\alpha \mid f_i)$，$i=1, 2, i\neq j$；

(c) $E(\alpha \mid f_1, f_2)=\bar{\alpha}+g(f_1-\bar{\alpha})+g(f_2-\bar{\alpha})$；

(d) $E(f_i-\bar{\alpha})=0$；

(e) $E(f_i-\bar{\alpha})^2=E(f_i)^2-2\bar{\alpha}E(f_i)+\bar{\alpha}^2=E\alpha^2+E\varepsilon_i{}^2-\bar{\alpha}^2=v+\sigma$。

假设 4-5：制造商的成本降低创新投入费用为$\frac{1}{2}ke^2$。

根据 Rogerson（2003）[129]、Veldman 和 Gaalman（2015）[131]、Li 和 Wan 等（2015）[33] 学者的研究，引进创新能力系数 k，制造商通过投入创新研发费用可以降低自身生产成本 e。

假设 4-6：$e<c$，$\bar{\alpha}>c$，$k>\frac{\beta}{4}$，方差 σ 相对较小。

根据田巍，张子刚和刘宁杰（2008）[132] 的研究，$e<c$ 表明制造商的成本创新可以降低生产成本，无法抵消生产成本。同时生产成本 c 远远小于市场平均需求 $\bar{\alpha}$，即 $\bar{\alpha}>c$。$k>\frac{\beta}{4}$ 确保制造商和零售商的均衡决策存在最优解，方差 σ 相对较小，防止双方的均衡决策出现负值。

制造商 M 和零售商 R 在 MI 模式双向需求信息共享情形下的决策顺序如下：

(1) 制造商 M 与零售商 R 在产品研发阶段，收集市场需求信息，并决定是否与对方共享需求信息。

(2) 制造商 M 根据自身拥有的市场需求信息以及生产成本制定创新投入决策 e 以及批发价格决策 w。

(3) 零售商 R 综合市场需求信息、制造商 M 的创新投入决策以及批发价格决策制定零售价格决策 p。

本节涉及的所有符号及含义见表 4-3。

表 4-3 符号及含义

符号	含义
α	潜在的市场规模
β	商品的市场弹性
e	制造商的创新投入
c	制造商的单位可变成本
k	制造商的创新能力系数
w	批发价格
p	零售价格
f_1	制造商获取的市场需求信息
f_2	零售商获取的市场需求信息
ε_1	制造商获取市场需求信息的误差
ε_2	零售商获取市场需求信息的误差
t	信息精度
σ	信息精度的方差
π_M	制造商的利润
π_R	零售商的利润

4.2.2 模型分析及均衡决策求解

1. 确定型模型

本节与 RI 模式相似，假定 α 是确定的，并且可以被制造商和零售商观察到，是共同知识。考虑单周期静态主从博弈，即制造商首先确定商品的创新投入 e 以及批发价格 w，之后零售商确定零售价格 p，最后市场需求实现，制造商与零售商均获得利润。制造商与零售商的利润函数如下：

$$\pi_R=(\alpha-\beta p)(p-w) \tag{4-15}$$

$$\pi_M=(\alpha-\beta p)(w-c+e)-\frac{1}{2}ke^2 \tag{4-16}$$

将式（4-15）中零售商的利润函数对 p 进行二次求导，可以得

出零售商的最优零售价格 p，此时零售商的收益最大化，即 $p(w)=\frac{1}{2\beta}(\alpha+w\beta)$。将最优零售价格代入制造商的利润函数中，并对批发价格 w 二次求导，得出最优批发价格 w，即当 $w=\frac{\beta c-\beta e+\alpha}{2\beta}$ 时，制造商的利润最大。进一步将 p 和 w 代入式（4-16），可以得出制造商的最优创新投入费用 $e^*=\frac{\beta c-\alpha}{\beta-4k}$，继而得出最优批发价格 $w^*=\frac{(2ck-\alpha)\beta+2\alpha k}{\beta(4k-\beta)}$，零售商的最优零售价格 $p^*=\frac{(ck-\alpha)\beta+3\alpha k}{\beta(4k-\beta)}$。零售商的利润为 $\pi_R^*=\frac{k^2(\alpha-\beta c)^2}{\beta(\beta-4k)^2}$，制造商的利润为 $\pi_M^*=\frac{k(\alpha-\beta c)^2}{2\beta(4k-\beta)}$，供应链的总利润为 $\pi_R^*+\pi_M^*=\frac{k(\alpha-\beta c)^2(6k-\beta)}{2\beta(\beta-4k)^2}$。

2. MI 模式下均不共享需求信息时的均衡决策

MI 模式下，当供应链双方均不共享需求信息时，根据逆向分析求解方法，求解决策均衡解的顺序调整为，首先根据零售商的事前利润函数求解零售价格均衡解，之后代入求解制造商的批发价格均衡解，再得出创新投入均衡解；根据制造商的创新投入均衡解得出最终批发价格均衡解及零售价格均衡解的形式，继而可以获得制造商与零售商的均衡决策。

命题 4-5：MI 模式下，当供应链双方均采取不共享需求信息策略时，制造商与零售商的均衡决策如下：

制造商的创新投入均衡解：

$$e^{NN*}=\frac{t(2-t)(f_1-\bar{\alpha})+\bar{\alpha}-\beta c}{4k-\beta}$$

制造商的批发价格均衡解：

$$w^{NN*}=\frac{t(2k-\beta)(2-t)(f_1-\bar{\alpha})+(2ck-\bar{\alpha})\beta+2k\bar{\alpha}}{\beta(4k-\beta)}$$

零售商的零售价格均衡解：

$$p^{NN*}=\frac{t(2k-\beta)(2-t)(f_1-\bar{\alpha})+(2ck-\bar{\alpha})\beta+2k\bar{\alpha}}{2\beta(4k-\beta)}+\frac{t(f_2-\bar{\alpha})+\bar{\alpha}}{2\beta}$$

上标 NN 表示 MI 模式均不共享需求信息的情形。证明略。

命题 4－5 展示了 MI 模式均不共享需求信息情形时，制造商 M 以及零售商 R 均衡决策均存在唯一解，双方均可以制定最优决策，通过将上述均衡解整合变形，进而深入分析可得以下结论：

（1）通过观察创新投入决策 e^{NN*} 可知：制造商的创新投入费用随着创新能力的下降而减少。创新能力较弱时，创新成本较高，制造商会减少创新投入。又因为$\frac{t(2-t)}{4k-\beta}>0$，制造商的均衡创新投入决策随着制造商获取的市场需求信息 f_1 的增加而增加，这主要是制造商获得的信息量越多，使制造商感到对于市场的掌握越充分，也促使制造商加大了创新投入。而且在此种情形下，供应链未发生需求信息共享，制造商的均衡决策均依靠自身获取的需求信息制定。由于 $0<t<1$，因此 t（$2-t$）在区间（0，1）是单调递增的。若同时 $f_1>\bar{\alpha}$，则制造商的均衡创新投入与信息精度呈单调递增关系；若 $f_1<\bar{\alpha}$，则创新投入决策随着信息精度的提高而减少。这表明当制造商获得的市场需求信息较多时，其信息精度越高，信息价值越大，均衡创新投入决策也越高；当制造商获得的市场需求信息较少时，其信息精度越高，由于信息量不足，制造商感知风险越大，均衡创新投入越低。

（2）由于$\frac{t(2k-\beta)(2-t)}{\beta(4k-\beta)}$关于$k$ 的一阶导数$\frac{2t(2-t)}{(4k-\beta)^2}>0$，因此$\frac{t(2k-\beta)(2-t)}{\beta(4k-\beta)}$单调递增，且当 $k=\frac{\beta}{2}$时，$\frac{t(2k-\beta)(2-t)}{\beta(4k-\beta)}=0$。可得以下结论：

①当$\frac{\beta}{4}<k<\frac{\beta}{2}$时，制造商的均衡批发价格、零售商的均衡零售价格均与制造商获得的市场需求信息呈单调递减关系。

②当 $k>\frac{\beta}{2}$ 时，制造商的均衡批发价格、零售商的均衡零售价格均与制造商获得的市场需求信息呈单调递增关系。

(3) 从 w^{NN*}、p^{NN*} 可以观察到 k 的系数相同。在结论 (2) 中可以看出 $\frac{t(2k-\beta)(2-t)}{\beta(4k-\beta)}$ 是单调递增的，且 $\frac{2(\beta c+\bar{\alpha})k}{\beta(4k-\beta)}$ 关于 k 的一阶导数 $\frac{-2(\beta c+\bar{\alpha})}{(4k-\beta)^2}<0$，可以推出当 $f_1<\bar{\alpha}$ 时，制造商的均衡批发价格与零售商的均衡零售价格随着制造商创新能力的下降而降低。由结论 (1) 可知，当制造商获取的市场需求信息少 ($f_1<\bar{\alpha}$) 时，制造商的均衡创新投入比制造商获取的市场需求信息多 ($f_1>\bar{\alpha}$) 时较少，同时由于对市场需求量不了解，以及较弱的创新能力，制造商会采取保守措施，通过降低批发价格来满足市场需求，同时零售价格也随之降低。

(4) $t(2-t)$ 单调递增，且当 $\frac{\beta}{4}<k<\frac{\beta}{2}$ 时，$\frac{2k-\beta}{2\beta(4k-\beta)}<0$；当 $k>\frac{\beta}{2}$ 时，$\frac{2k-\beta}{2\beta(4k-\beta)}>0$。可得以下结论（如表 4-4 所示）：

表 4-4　MI 模式不共享信息情形下均衡批发价格、均衡零售价格与信息精度的关系

	$\frac{\beta}{4}<k<\frac{\beta}{2}$	$k>\frac{\beta}{2}$
$f_1>\bar{\alpha}$	−	+
$f_1<\bar{\alpha}$	+	−
$f_2>\bar{\alpha}$	+	+
$f_2<\bar{\alpha}$	−	−

注："+"指均衡批发价格或均衡零售价格与信息精度呈正相关关系；"−"指均衡批发价格或均衡零售价格与信息精度呈负相关关系。

3. MI 模式下制造商单方共享需求信息时的均衡决策

MI 模式下，当制造商单方共享需求信息时，模型求解思路与上一小节均不共享需求信息情形下相同，不再赘述，但零售商的事前利润函数发生的变化，通过求解各主体的均衡决策解，可得命题 4－6。

命题 4－6：MI 模式下，仅制造商采取共享需求信息策略时，即供应链实现上游向下游传递的单向需求信息共享，制造商与零售商的均衡决策如下所示：

制造商的创新投入均衡解：

$$e^{MS*}=\frac{t(f_1-\bar{\alpha})+\bar{\alpha}-\beta c}{4k-\beta}$$

制造商的批发价格均衡解：

$$w^{MS*}=\frac{2kt(f_1-\bar{\alpha})+(2ck-\beta c)\beta+2k\bar{\alpha}}{\beta(4k-\beta)}$$

零售商的零售价格均衡解：

$$p^{MS*}=\frac{t^2(2k-\beta)(f_1-\bar{\alpha})+t(4k-\beta)(f_2-\bar{\alpha})+2(3k-\beta)(tf_1-\bar{\alpha})+2\beta ck(1+t)}{\beta(4k-\beta)(1+t)}$$

上标 MS 表示制造商单方共享需求信息的情形。证明略。

根据命题 4－6 展示的制造商与零售商的均衡决策，通过深入分析可以得出以下结论：

（1）由 $e^{MS*}=\frac{t(f_1-\bar{\alpha})+\bar{\alpha}-\beta c}{4k-\beta}$ 可知，制造商制定创新投入决策只能依靠自身拥有的市场需求信息，制造商的均衡创新投入决策与创新能力、制造商获取的市场需求信息 f_1、信息精度的关系与 MI 模式均不共享需求信息情形相同，不再详细描述。

（2）由于 $\frac{2kt}{\beta(4k-\beta)}$ 和 $\frac{2(\beta c+\bar{\alpha})k}{\beta(4k-\beta)}$ 关于 k 的一阶导数均小于 0，可知当 $f_1>\bar{\alpha}$ 时，制造商的均衡批发价格与制造商的创新能力呈正相关关系；由 $\frac{2kt}{\beta(4k-\beta)}>0$，可知制造商的均衡批发价格与自身获取的市场需求信息呈单调递增关系；若同时 $f_1>\bar{\alpha}$，则制造商的均衡创

新投入随着信息精度的提高而减少；若 $f_1<\bar{\alpha}$，则制造商的创新投入随着信息精度的提高而增加。

（3）由命题 4-6p^{MS*} 可变形为 $p^{MS*}=\frac{t(f_1-\bar{\alpha})+t(f_2-\bar{\alpha})+\bar{\alpha}}{2\beta(1+t)}+\frac{2kt(f_1-\bar{\alpha})+(2ck-\beta c)\beta+2k\bar{\alpha}}{2\beta(4k-\beta)}$，可以看出 w^{MS*}、p^{MS*} 关于 k 的系数相同，继而推出当 $f_1>\bar{\alpha}$ 时，零售商的均衡零售价格随着制造商创新能力的下降而降低；因 $\frac{2kt}{2\beta(4k-\beta)}>0$、$\frac{t}{2\beta(1+t)}>0$，零售商的均衡零售价格随着获取的市场需求信息的增加而上升；当 $f_1>\bar{\alpha}$ 且 $f_2>\bar{\alpha}$ 时，零售商的均衡零售价格与信息精度均是正相关关系。

4. MI 模式下零售商单方共享需求信息时的均衡决策

MI 模式下，当零售商单方共享需求信息时，通过分析双方的利润函数变化，求解制造商与零售商的均衡决策，可得命题 4-7。

命题 4-7：MI 模式下，仅零售商采取共享需求信息策略时，即供应链实现下游向上游传递的单向需求信息共享，制造商与零售商的均衡决策如下所示：

制造商的创新投入均衡解：

$$e^{RS*}=\frac{2t(f_1-\bar{\alpha})+t(1-t)(f_2-\bar{\alpha})+(1+t)(\bar{\alpha}-\beta c)}{(1+t)(4k-\beta)}$$

制造商的批发价格均衡解：

$$w^{RS*}=\frac{2t(2k-\beta)(f_1-\bar{\alpha})+t(1-t)(2k-\beta)(f_2-\bar{\alpha})+\bar{\alpha}(1+t)(2k-\beta)+2\beta ck(1+t)}{\beta(4k-\beta)(1+t)}$$

零售商的零售价格均衡解：

$$p^{RS*}=\frac{t(2k-\beta)(f_1-\bar{\alpha})+t(3k-\beta+kt)(f_2-\bar{\alpha})+\beta ck(1+t)+\bar{\alpha}(1+t)(3k-\beta)}{\beta(4k-\beta)(1+t)}$$

上标 RS 表示零售商单方共享需求信息。证明略。

根据命题 4－7 展示的制造商与零售商的均衡决策，通过深入分析可以得出以下结论：

（1）制造商的均衡创新投入 e^{RS*} 与制造商的创新能力正相关，创新能力低时，创新投入减少。由于 $\frac{2t}{(1+t)(4k-\beta)}>0$、$\frac{t(1-t)}{(1+t)(4k-\beta)}>0$，可知制造商的均衡创新投入与双方获得的市场需求信息呈单调递增关系。

(2) w^{RS*} 可变形为 $w^{RS*}=\frac{2t(2k-\beta)(f_1-\bar{\alpha})+t(1-t)(2k-\beta)(f_2-\bar{\alpha})}{\beta(4k-\beta)(1+t)}+\frac{2k(\bar{\alpha}+\beta c)-\bar{\alpha}\beta}{\beta(4k-\beta)}$，因 $\frac{2k-\beta}{\beta(4k-\beta)}$ 关于 k 的一阶导数 $\frac{2}{(4k-\beta)^2}>0$，$\frac{2k(\bar{\alpha}+\beta c)-\bar{\alpha}\beta}{\beta(4k-\beta)}$ 关于 k 的一阶导数 $\frac{2\bar{\alpha}-2\beta c}{(4k-\beta)^2}>0$，故当 $f_1<\bar{\alpha}$ 且 $f_2<\bar{\alpha}$ 时，即制造商与零售商获得的市场需求信息均较少，此时随着制造商创新能力的增加，均衡批发价格也将上升；当 $f_1>\bar{\alpha}$ 且 $f_2>\bar{\alpha}$ 时，即制造商和零售商获得的市场需求信息均较多，零售商的均衡零售价格与制造商创新能力负相关。当 $\frac{\beta}{4}<k<\frac{\beta}{2}$ 时，制造商的均衡批发价格随着制造商或零售商获得的市场需求信息的增加而降低；当 $k>\frac{\beta}{2}$ 时，两者之间呈单调递减关系。

(3) p^{RS*} 可变形为 $p^{RS*}=\frac{t(2k-\beta)(f_1-\bar{\alpha})+t(3k-\beta+kt)(f_2-\bar{\alpha})}{\beta(4k-\beta)(1+t)}+\frac{k(\beta c+3\bar{\alpha})-\bar{\alpha}\beta}{\beta(4k-\beta)}$，因 $\frac{2k-\beta}{\beta(4k-\beta)}$、$\frac{3k-\beta+kt}{\beta(4k-\beta)}$ 关于 k 的一阶导数 $\frac{2}{(4k-\beta)^2}$、$\frac{1-t}{(4k-\beta)^2}$ 均大于 0，$\frac{k(3\bar{\alpha}+\beta c)-\bar{\alpha}\beta}{\beta(4k-\beta)}$ 关于 k 的一阶导数 $\frac{\bar{\alpha}-\beta c}{(4k-\beta)^2}>0$。故而，当 $f_1<\bar{\alpha}$ 且 $f_2<\bar{\alpha}$ 时，即制造商和零售商获得的市场需求信息同时小于市场规模的均值，零售商的均衡零售价格

随着制造商创新能力的下降而降低；当 $f_1>\bar{\alpha}$ 且 $f_2>\bar{\alpha}$ 时，即制造商和零售商获得的市场需求信息同时大于市场规模的均值，零售商的均衡零售价格随着制造商创新能力的下降而上升。当$\frac{\beta}{4}<k<\frac{\beta}{2}$时，均衡零售价格则随着制造商获取的市场需求信息的提高而降低；当$\frac{\beta}{3}<k<\frac{\beta}{2}$时，均衡零售价格随着制造商获取的市场需求信息的增加而降低，同时随着零售商获取的市场需求信息的增加而上升；当$k>\frac{\beta}{2}$时，均衡零售价格随着制造商或零售商获得的市场需求信息的增加而上升。

5. MI 模式下相互共享需求信息时的均衡决策

MI 模式下，当制造商与零售商相互共享市场需求信息时，制造商与零售商的事前利润函数均发生改变。通过分析相互共享需求信息情形下双方的利润函数，可得命题 4-8。

命题 4-8：MI 模式下，制造商与零售商均采取共享需求信息策略时，即供应链实现整体需求信息共享，制造商与零售商的均衡决策如下所示：

制造商的创新投入均衡解：

$$e^{DS*}=\frac{t(f_1+f_2-\bar{\alpha}-\beta c)+\bar{\alpha}-\beta c}{(4k-\beta)(1+t)}$$

制造商的批发价格均衡解：

$$w^{DS*}=\frac{(2k-\beta)[t(f_1+f_2-\bar{\alpha})+\bar{\alpha}]+2(1+t)\beta ck}{\beta(4k-\beta)(1+t)}$$

零售商的零售价格均衡解：

$$p^{DS*}=\frac{(3k-\beta)[t(f_1+f_2-\bar{\alpha})+\bar{\alpha}]+(1+t)\beta ck}{\beta(4k-\beta)(1+t)}$$

上标 DS 表示相互共享需求信息的情形。证明略。

根据命题 4 - 8 展示的制造商与零售商的均衡决策，通过深入分析可以得出以下结论：

（1）e^{DS*} 可变形为 $e^{DS*}=\dfrac{\frac{t}{1+t}(f_1-\bar{\alpha})+\frac{t}{1+t}(f_2-\bar{\alpha})+\bar{\alpha}-\beta c}{4k-\beta}$，故可以推断出制造商创新能力较强时，均衡创新投入较高。创新能力较弱时，由于创新成本较高，制造商会减少创新投入。由 $\dfrac{t}{(4k-\beta)(1+t)}>0$ 可知，在相互共享需求信息情形下，制造商的均衡创新投入随着制造商或零售商获取的市场需求信息增加而增加。与均不共享信息情形类似，制造商获取的信息越多，越会加大创新投入。若 $f_1>\bar{\alpha}$ 且 $f_2>\bar{\alpha}$，则制造商的均衡创新投入随着信息精度的提高而增加；若 $f_1<\bar{\alpha}$ 且 $f_2<\bar{\alpha}$，则均衡创新投入随着信息精度的提高而减少。

（2）由于 $\dfrac{(2k-\beta)t}{\beta(4k-\beta)(1+t)}$ 和 $\dfrac{(3k-\beta)t}{\beta(4k-\beta)(1+t)}$ 关于 k 单调递增，且 $k=\dfrac{\beta}{2}$ 时，$\dfrac{(2k-\beta)t}{\beta(4k-\beta)(1+t)}=0$；$k=\dfrac{\beta}{3}$，$\dfrac{(3k-\beta)t}{\beta(4k-\beta)(1+t)}=0$。由此可以推出以下结论：

①当 $\dfrac{\beta}{4}<k<\dfrac{\beta}{2}$ 时，制造商的均衡批发价格与双方获得的市场需求信息均负相关；当 $k>\dfrac{\beta}{2}$ 时，则均衡批发价格与双方获得的市场需求信息均正相关。

②当 $\dfrac{\beta}{4}<k<\dfrac{\beta}{3}$ 时，零售商的均衡零售价格与双方的市场需求信息均负相关；当 $k>\dfrac{\beta}{3}$ 时，均衡零售价格与双方的市场需求信息均正相关。

（3）将 w^{DS*} 变形后可知 $\dfrac{(2\bar{\alpha}+2\beta c)k}{\beta(4k-\beta)}$ 和 $\dfrac{(3\bar{\alpha}+\beta c)k}{\beta(4k-\beta)}$ 关于 k 的一阶导数 $\dfrac{-(2\bar{\alpha}+2\beta c)}{(4k-\beta)^2}$、$\dfrac{-(3\bar{\alpha}+\beta c)}{(4k-\beta)^2}$ 均小于 0。由此可得，当 $f_1<\bar{\alpha}$ 且

$f_2<\bar{\alpha}$ 时，即制造商和零售商获得的市场需求信息同时小于市场规模的均值，制造商的均衡批发价格、零售商的均衡零售价格均与制造商创新能力正相关。当 $f_1<\bar{\alpha}$ 且 $f_2<\bar{\alpha}$ 时，制造商与零售商所获得的市场需求信息均较少，且由结论（1）知，制造商的均衡创新投入比获取市场需求信息多（$f_1>\bar{\alpha}$，$f_2>\bar{\alpha}$）时减少，随着制造商创新能力的下降，制造商会采取保守措施，通过降低批发价格来满足市场需求。同时，零售商也会由于市场需求信息较少以及制造商较低的批发价格，从而制定较低的零售价格。

（4）由于 $\frac{t}{1+t}$ 单调递增，且当 $\frac{\beta}{4}<k<\frac{\beta}{2}$ 时，$\frac{2k-\beta}{\beta(4k-\beta)}<0$；$k>\frac{\beta}{2}$ 时，$\frac{2k-\beta}{\beta(4k-\beta)}>0$；当 $\frac{\beta}{4}<k<\frac{\beta}{3}$ 时，$\frac{3k-\beta}{\beta(4k-\beta)}<0$；$k>\frac{\beta}{3}$ 时，$\frac{3k-\beta}{\beta(4k-\beta)}>0$，故可得以下结论（如表 4－5、表 4－6 所示）：

表 4－5　MI 模式相互共享信息情形下均衡批发价格与信息精度的关系

	$\frac{\beta}{4}<k<\frac{\beta}{2}$	$k>\frac{\beta}{2}$
$\min(f_1, f_2)>\bar{\alpha}$	－	＋
$\max(f_1, f_2)<\bar{\alpha}$	＋	－

注：“＋”指均衡批发价格与信息精度呈正相关关系；“－”指均衡批发价格与信息精度呈负相关关系。

表 4－6　MI 模式相互共享信息情形下均衡零售价格与信息精度的关系

	$\frac{\beta}{4}<k<\frac{\beta}{3}$	$k>\frac{\beta}{3}$
$\min(f_1, f_2)>\bar{\alpha}$	－	＋
$\max(f_1, f_2)<\bar{\alpha}$	＋	－

注：“＋”指均衡零售价格与信息精度呈正相关关系；“－”指均衡零售价格与信息精度呈负相关关系。

通过分析命题 4－5、命题 4－6、命题 4－7 和命题 4－8，可以发现：供应链双方的均衡决策与制造商制定的创新投入决策紧密相连，同时创新能力的大小决定了制造商创新投入费用，由于追求企业收益，制造商为保证自身的可持续发展，将根据市场需求预测量及创新投入调整批发价格，从而影响了零售商的战略决策，零售企业通过调整订单量及零售价格确保自身利润空间。在双向需求信息共享的四种情形下各主体通过调整均衡决策展开博弈竞争。本章对各种情形下双方的均衡决策展开了缜密详细的推导及分析，探讨了制造商的创新投入决策在双向需求信息共享情形下对各主体均衡决策产生的影响，本章研究为MI模式双向需求信息共享情形下的企业提供决策的参考依据。

本小节考虑制造商创新投入研究供应链双向需求信息共享情形下各主体的均衡决策，在需求函数的构建中，引入创新系数，深入分析制造商创新能力为供应链各节点所创造的价值及引发的影响。本章通过构建MI模式下供应链需求信息共享模型，并分别求解MI模式双向需求信息共享四种情形下的供应链主体均衡决策，得出命题4-5、命题4-6、命题4-7和命题4-8。

通过对MI模式供应链双向需求信息共享情形下的均衡决策分析，可以得出以下结论：

（1）制造商在MI模式四种需求信息共享情形下的创新投入增量均与市场需求信息 f_i 正相关，而与创新系数 k 负相关。

（2）MI模式四种需求信息共享情形下，当制造商的创新能力较弱时，双方获取的市场需求信息提高会促使制造商的均衡批发价格和零售商的均衡零售价格上升。

（3）在MI模式均不共享需求信息和相互共享需求信息的情形下，当制造商获得的市场需求信息 f_1 较少时（$f_1<\bar{\alpha}$），若制造商创新能力不足，制造商的均衡批发价格与零售商的均衡零售价格均随之降低，反之增加。

（4）制造商的均衡批发价格和零售商的均衡零售价格考虑了信息精度的影响。

4.3 数值分析及双向信息共享激励机制

4.1节与4.2节探讨了供应链创新投入在RI模式和MI模式下对各主体均衡决策产生的影响，而在企业的创新活动下，供应链成员的需求信息共享策略亦产生变化，在双向需求信息共享四种情形下制造商与零售商的事前利润均不相同，共享需求信息有可能造成自身利润的下降，而增加对方的收益，因此，是否能增加自身的利润无法确定，双方采取何种需求信息共享策略能最大化促进供应链的整体利润值得探讨。因此在前两节已求解出供应链双方均衡决策的基础上，本节运用最优化理论可以得出制造商与零售商的事前利润，进一步在两种模式下分析双方的需求信息共享价值，需求信息共享价值指的是制造商或零售商采取需求信息共享策略后的事前利润增量。探讨制造商与零售商在四种需求信息共享情形下事前利润的变化规律，进而指导供应链成员制定需求信息共享策略。同时考虑到供应链若无法自发实现需求信息共享，本节进一步研究了RI模式和MI模式下的需求信息共享激励机制，帮助供应链实现需求信息共享，为改善供应链运营环境，提升供应链双方成员的收益空间做出努力。

4.3.1 基于零售商创新投入的双向需求信息共享价值

1. RI模式制造商的双向需求信息共享价值

由于第3章已经通过数理模型求解出双方的均衡决策解，此处不再赘述，将制造商与零售商的均衡决策解代入制造商事前利润公式中，再对其求期望，则可得制造商M在RI模式NN、MS、RS和DS情形下的事前利润分别为

$$E(\pi_M^{NN})=\frac{1}{8\beta(4-\beta)}[(\beta t^2-\beta t-2t^2+4t)^2(v+\sigma)+4(\bar{\alpha}-\beta c)^2] \tag{4-17}$$

$$E(\pi_M^{MS})=\frac{1}{8\beta(4-\beta)}[4t^2(v+\sigma)+4(\bar{\alpha}-\beta c)^2] \tag{4-18}$$

$$E(\pi_M^{RS})=\frac{1}{8\beta(4-\beta)}\left[\left(\frac{\beta t-4t}{1+t}\right)^2(v+\sigma)+\left(\frac{\beta t-4t}{1+t}-\beta t+2t\right)^2(v+\sigma)+4(\bar{\alpha}-\beta c)^2\right] \tag{4-19}$$

$$E(\pi_M^{DS})=\frac{1}{2\beta(4-\beta)}\left[\frac{2t^2}{(1+t)^2}(v+\sigma)+(\bar{\alpha}-\beta c)^2\right] \tag{4-20}$$

比较制造商 M 在 RI 模式 NN 情形下和 MS 情形下的事前利润——式（4-17）和式（4-18），可得

$$E(\pi_M^{MS})-E(\pi_M^{NN})=\frac{(v+\sigma)}{8\beta(4-\beta)}[4t^2-(\beta t^2-\beta t-2t^2+4t)^2]<0 \tag{4-21}$$

比较制造商 M 在 RI 模式 NN 情形下和 RS 情形下的事前利润——式（4-17）和式（4-19），可得

$$E(\pi_M^{RS})-E(\pi_M^{NN})=\frac{(v+\sigma)}{8\beta(4-\beta)}\left[\left(\frac{\beta t-4t}{1+t}\right)^2+\left(\frac{\beta t-4t}{1+t}-\beta t+2t\right)^2-(\beta t^2-\beta t-2t^2+4t)^2\right] \tag{4-22}$$

比较制造商 M 在 RI 模式 NN 情形下和 RS 情形下的事前利润——式（4-17）和式（4-20），可得

$$E(\pi_M^{DS})-E(\pi_M^{NN})=\frac{(v+\sigma)}{8\beta(4-\beta)}\left[\frac{8t^2}{(1+t)^2}-(\beta t^2-\beta t-2t^2+4t)^2\right] \tag{4-23}$$

根据上述结果可以看出，制造商在 RI 模式制造商单向共享需求信息情形下的需求信息共享价值始终为负，制造商在其余两种情形下的事前利润差的解析式需要参照 Zhang 和 Chen（2013）[80] 的研究对相关参数进行赋值（$v=50$，$\beta=2$，$\bar{\alpha}=10\ 000$，$c=100$）并代入式（4-21）、式（4-22）和式（4-23）中，利用 Matlab 软件分析制造商的双向需求信息共享价值关于信息精度的变化规律。

图 4 - 3 表明 RI 模式制造商在制造商单方共享需求信息情形下的共享价值始终为负，且随着信息精度 t 下降而下降。由于制造商单方共享需求信息，制造商只能通过自身获得的市场需求信息制定批发价格决策，信息精度越低，制造商对于市场的判断力越差，无法制定最优批发价格决策，而零售商根据双方获取的市场需求信息可以更好地做出创新投入决策和零售价格决策，在这种情形下制造商的利润受到损害，更有利于零售商。

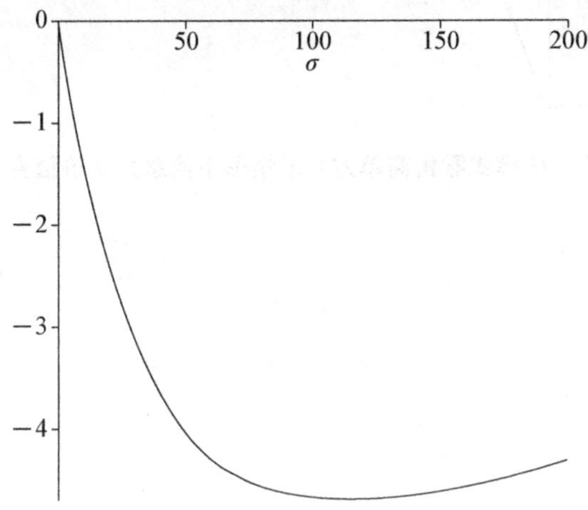

图 4 - 3　RI 模式制造商单方共享情形下信息共享价值变化规律

图 4 - 4 和图 4 - 5 表明制造商在 RI 模式这两种需求信息共享情形下的信息共享价值随着信息精度 t 下降而增加。当信息精度较高时，制造商在相互共享需求信息情形下的信息共享价值为负；当信息精度较低时，制造商在这两种情形下的需求信息共享价值为正。当信息精度高时，制造商可以根据自己的信息大概判断市场的需求，获取零售商的信息对其影响不明显；信息精度差时，制造商根据自己拥有的信息很难正确地判断市场需求，需要获取零售商的信息来综合判断市场需求。因此信息精度越差，制造商的需求信息共享价值越大。

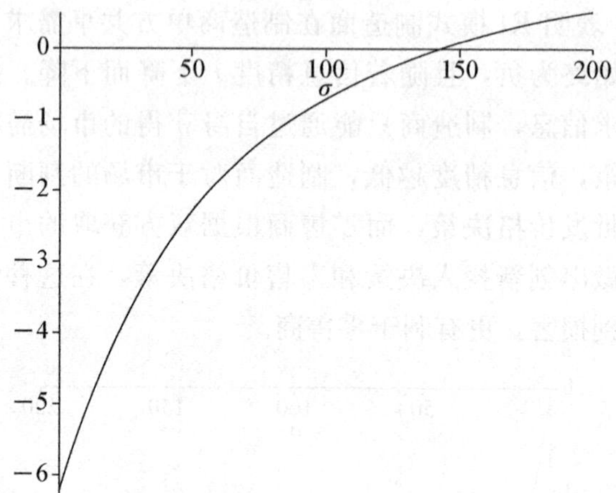

图 4-4 RI 模式零售商单方共享情形下信息共享价值变化规律

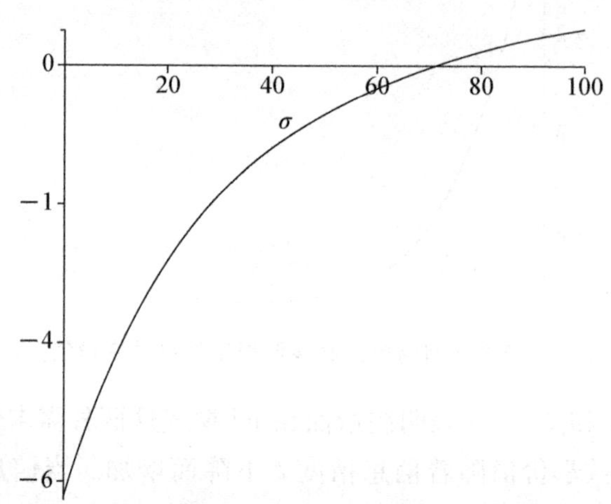

图 4-5 RI 模式相互共享情形下信息共享价值变化规律

2. RI 模式零售商的双向需求信息共享价值

根据 4.1 节得到的零售商 R 在 RI 模式四种需求信息共享情形下的均衡决策代入零售商事前利润公式，再对其求期望，可得到零售商 R 在 RI 模式 NN、MS、RS 和 DS 情形下的事前利润分别为

$$E(\pi_R^{NN})=\frac{1}{16\beta(4-\beta)}[(\beta t^3-\beta t^2-2t^3+4t^2-4t)^2(v+\sigma)+4(\bar{\alpha}-\beta c)^2] \quad (4-24)$$

$$E(\pi_R^{MS})=\frac{1}{16\beta(4-\beta)}\left[\frac{4t^2(1-t)^2+16t^4}{(1+t)^2}(v+\sigma)+4(\bar{\alpha}-\beta c)^2\right] \tag{4-25}$$

$$E(\pi_R^{RS})=\frac{1}{16\beta(4-\beta)}[4t^2(v+\sigma)+4(\bar{\alpha}-\beta c)^2] \tag{4-26}$$

$$E(\pi_R^{DS})=\frac{1}{4\beta(4-\beta)}\left[\frac{2t^2(v+\sigma)}{(1+t)^2}+(\bar{\alpha}-\beta c)^2\right] \tag{4-27}$$

比较零售商 R 在 RI 模式 NN 情形下和 MS 情形下的事前利润——式（4－24）和式（4－25），可得

$$E(\pi_R^{MS})-E(\pi_R^{NN})=\frac{(v+\sigma)}{16\beta(4-\beta)}\left[\frac{4t^2(1-t)^2+16t^4}{(1+t)^2}-(\beta t^3-\beta t^2-2t^3+4t^2-4t)^2\right] \tag{4-28}$$

比较零售商 R 在 RI 模式 NN 情形下和 RS 情形下的事前利润——式（4－24）和式（4－26），可得

$$E(\pi_R^{RS})-E(\pi_R^{NN})=\frac{(v+\sigma)}{16\beta(4-\beta)}[4t^2-(\beta t^3-\beta t^2-2t^3+4t^2-4t)^2]<0 \tag{4-29}$$

比较零售商 R 在 RI 模式 NN 情形下和 DS 情形下的事前利润——式（4－24）和式（4－27），可得

$$E(\pi_R^{DS})-E(\pi_R^{NN})=\frac{(v+\sigma)}{16\beta(4-\beta)}\left[\frac{8t^2}{(1+t)^2}-(\beta t^3-\beta t^2-2t^3+4t^2-4t)^2\right]<0 \tag{4-30}$$

根据式（4－28）、式（4－29）和式（4－30）可知零售商在 RI 模式零售商单方共享需求信息情形下和相互共享需求信息情形下的需求信息共享价值始终小于 0，在制造商单方共享需求信息情形下的事前利润差的解析式不能直接看出大小，通过对相关参数进行赋值（$v=50$，$\beta=2$，$\bar{\alpha}=10\,000$，$c=100$）并代入式（4－28）、式（4－29）和式（4－30），通过软件分析零售商的双向需求信息共享价值关于

信息精度的变化规律。

图 4-6 表明零售商在 RI 模式制造商单方共享需求信息情形下的共享价值随着信息精度 t 下降而增加，且当信息精度较差时，需求信息共享价值为正。信息精度较高时，零售商与制造商根据自身获取的市场需求信息可以较好地判断市场的需求量，因此获取制造商信息对于零售商的影响不明显，且由于制造商是供应链的主导者，在信息精度较高时，制造商可以制定出准确的批发价格决策，获取较高的利润，此时零售商的需求信息共享价值为负。信息精度较差时，制造商依靠自身市场需求信息制定的决策存在偏差，而零售商拥有更多的信息，获取更高利润，此时零售商的需求信息共享价值为正。

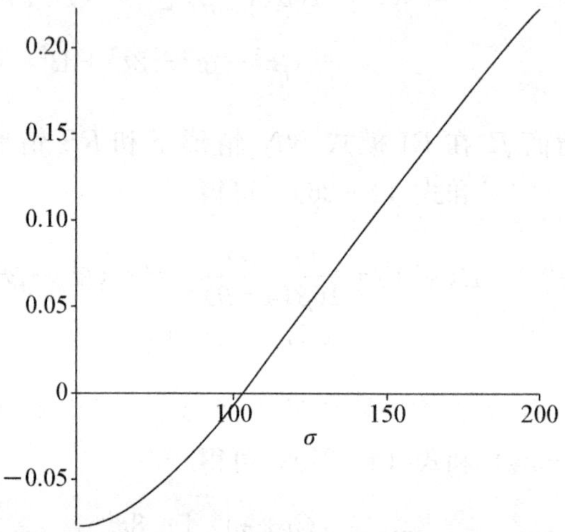

图 4-6　RI 模式制造商单方共享情形下信息共享价值变化规律

图 4-7 表明零售商在 RI 模式零售商单方共享需求信息情形下的共享价值始终为负，而且随着信息精度 t 下降而下降。由于零售商单方共享需求信息，无法获取制造商的市场需求信息，零售商对于市场需求的判断只能基于自身获取的市场信息，随着信息精度 t 的降低，零售商对于市场需求的把握不足，制定出的创新投入决策和零售价格决策存在很大的偏差，而制造商由于获取了零售商的市场需求信息，对于市场的把握更加精准，可以制定出相对优化的批发价格，将零售商的部分利润转移到自身。

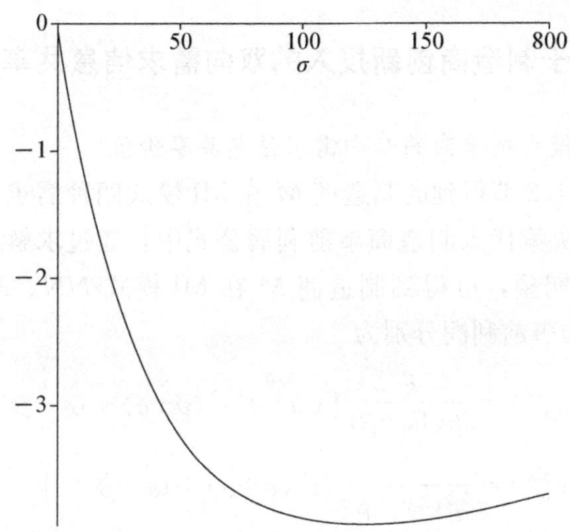

图 4-7　RI 模式零售商单方共享情形下信息共享价值变化规律

图 4-8 表明零售商的 RI 模式相互共享需求信息情形下的共享价值始终为负。由于制造商在主从博弈模型中处于主导地位，零售商根据制造商的批发价格决策制定创新投入决策以及零售价格决策，故在相互共享需求信息情形下，制造商获取需求信息更有利，更好地把握市场需求和定位，将零售商的部分利润转移到自身。

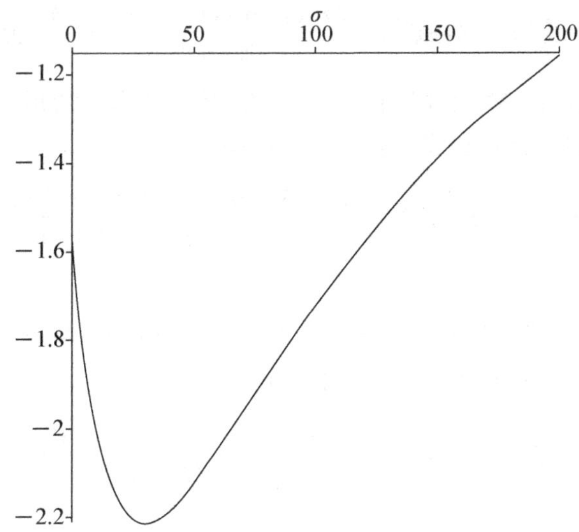

图 4-8　RI 模式相互共享情形下信息共享价值变化规律

4.3.2 基于制造商创新投入的双向需求信息共享价值

1. MI 模式制造商的双向需求信息共享价值

将根据 4.2 节得到的制造商 M 在 MI 模式四种需求信息共享情形下的均衡决策代入制造商事前利润公式中，通过求解制造商事前利润公式的期望，可得到制造商 M 在 MI 模式 NN、MS、RS 和 DS 情形下的事前利润分别为

$$E(\pi_M^{NN})=\frac{k}{2\beta(4k-\beta)}[(2t-t^2)^2(v+\sigma)+(\bar{\alpha}-\beta c)^2] \tag{4-31}$$

$$E(\pi_M^{MS})=\frac{k}{2\beta(4k-\beta)}[t^2(v+\sigma)+(\bar{\alpha}-\beta c)^2] \tag{4-32}$$

$$E(\pi_M^{RS})=\frac{k}{2\beta(4k-\beta)}\left[\frac{8t^2}{(1+t)^2}(v+\sigma)+t^2(v+\sigma)+(\bar{\alpha}-\beta c)^2\right] \tag{4-33}$$

$$E(\pi_M^{DS})=\frac{4k^2-\beta k}{2\beta(\beta-4k)^2}\left[\frac{2t^2}{(1+t)^2}(v+\sigma)+(\bar{\alpha}-\beta c)^2\right] \tag{4-34}$$

比较制造商 M 在 MI 模式 NN 情形下和 MS 情形下的事前利润——式（4-31）和式（4-32），可得

$$E(\pi_M^{MS})-E(\pi_M^{NN})=\frac{kt^2(1-t)(t-3)(v+\sigma)}{2\beta(4k-\beta)}<0 \tag{4-35}$$

比较制造商 M 在 MI 模式 NN 情形下和 RS 情形下的事前利润——式（4-31）和式（4-33），可得

$$E(\pi_M^{RS})-E(\pi_M^{NN})=\frac{t^2k(5-2t+4t^2+2t^3-t^4)(v+\sigma)}{2\beta(4k-\beta)(1+t)^2}>0 \tag{4-36}$$

比较制造商 M 在 MI 模式 NN 情形下和 DS 情形下的事前利润——式（4-31）和式（4-34），可得

$$E(\pi_M^{DS})-E(\pi_M^{NN})=\frac{[(2\sigma^4+12\sigma^3v+21\sigma^2v^2+12\sigma v^3+2v^4)v^2]k}{2\beta(\beta-4k)(2v+\sigma)^2(v+\sigma)^3}<0 \tag{4-37}$$

根据式（4 - 35)、式（4 - 36）和式（4 - 37）可知，MI 模式下制造商只有在零售商单方共享需求信息的情形下需求信息共享价值为正，在制造商单方共享需求信息和相互共享需求信息的情形下需求信息共享价值均为负。与 RI 模式相同，采用赋值法（$v=100$，$\beta=1.2$，$k=0.45$，$\bar{\alpha}=1\,000$，$c=100$）进行数值分析，探讨制造商的双向需求信息共享价值关于信息精度的变化规律。

图 4 - 9、图 4 - 10 和图 4 - 11 表明制造商在 MI 模式各种需求信息共享情形下的需求信息共享价值随着信息精度的变化规律。随着信息精度的下降，制造商的需求信息共享价值在前期都是一个下降的过程；但是制造商的需求信息共享价值在制造商单方共享情形和相互共享情形下始终为负，制造商的需求信息共享价值在零售商单方共享情形下始终为正。主要原因在于：制造商单方共享和相互共享这两种情形下，零售商直接将商品销售到市场，获取的市场信息越多，越能把握市场的定位，将制造商原先的部分利润转移到自身。图 4 - 9 和图 4 - 11 表明信息精度越差，制造商的需求信息共享价值在这两种情形下越低。

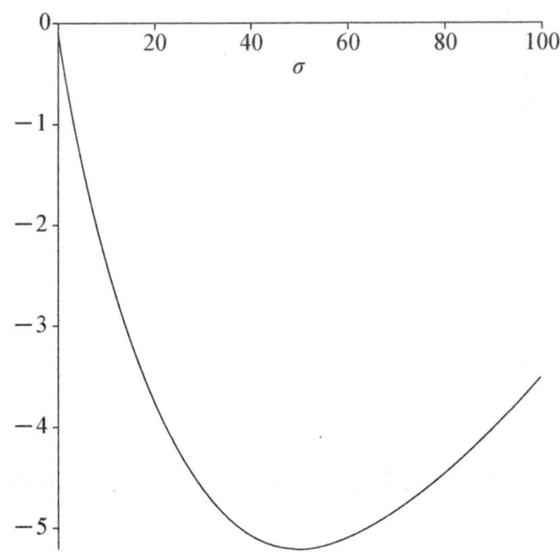

图 4 - 9　MI 模式制造商单方共享情形下共享价值关于 σ 的变化

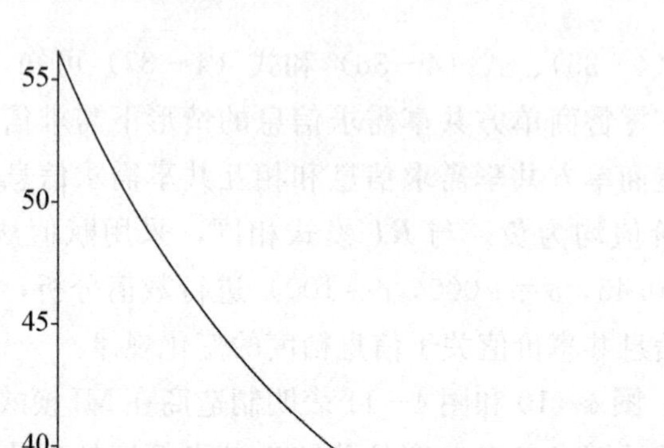

图 4-10　MI 模式零售商单方共享情形下共享价值关于 σ 的变化

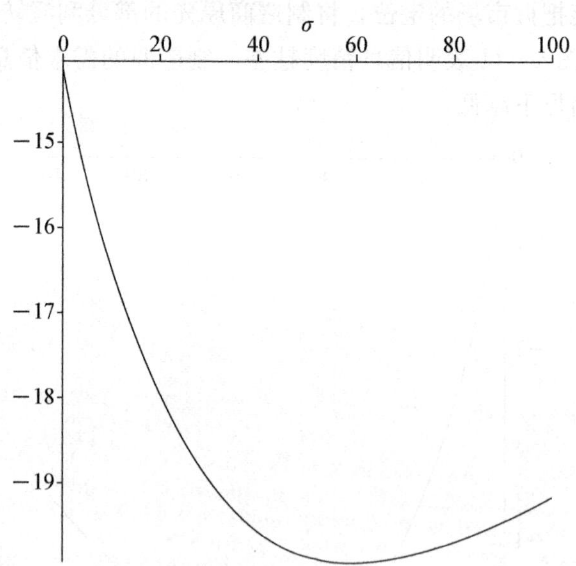

图 4-11　相互共享需求信息情形下共享价值关于 σ 的变化

信息精度高时，零售商可以根据自己的信息大概判断市场的需求，获取制造商的信息对其影响不明显；信息精度差时，零售商根据自己拥有的信息很难正确地判断市场需求，需要获取制造商的信

息来综合判断市场需求，因此信息精度越差，零售商共享需求信息获得的价值越大。同时随着信息精度继续下降，零售商获取到制造商的市场信息也很难把握市场定位，甚至会产生反向作用，故在这两种情形下制造商的需求信息共享价值曲线也会有一定的回升。在零售商单方共享的情形下，制造商掌握的市场信息更多，更能定位自身产品的方向，因此需求信息共享价值为正。

2. MI 模式零售商的双向需求信息共享价值

根据 4.2 节得到的零售商 R 在 MI 模式四种需求信息共享情形下的均衡决策代入零售商事前利润公式中，再对其求期望，可得到零售商 R 在 MI 模式 NN、MS、RS 和 DS 情形下的事前利润分别为

$$E(\pi_R^{NN})=\frac{1}{16\beta}\left[\left(1+\frac{\beta}{\beta-4k}\right)^2(t^2-2t)^2(v+\sigma)+4t^2(v+\sigma)+\left(\frac{4k}{\beta-4k}\right)^2(\bar{\alpha}-\beta c)^2\right] \tag{4-38}$$

$$E(\pi_R^{MS})=\frac{\left[\frac{t(2kt-\beta t-2\beta+6k)}{1+t}+2t(\beta-2k)\right]^2(v+\sigma)+\frac{t^2(4k-\beta)^2}{(1+t)^2}(v+\sigma)+4k^2(\bar{\alpha}-\beta c)^2}{4\beta(\beta-4k)^2} \tag{4-39}$$

$$E(\pi_R^{RS})=\frac{\left[\frac{t(2kt-\beta t-\beta+2k)}{1+t}+t(\beta-3k)\right]^2(v+\sigma)+k^2(\bar{\alpha}-\beta c)^2}{\beta(\beta-4k)^2} \tag{4-40}$$

$$E(\pi_R^{DS})=\frac{(2kt^3-\beta t^3+2\beta t^2-4kt^2-\beta t+4kt)^2(v+\sigma)+4k^2(\bar{\alpha}-\beta c)^2}{4\beta(\beta-4k)^2} \tag{4-41}$$

比较零售商 R 在 MI 模式 NN 情形下和 MS 情形下的事前利润——式（4-38）和式（4-39），可得

$$E(\pi_R^{MS})-E(\pi_R^{NN})=\frac{t^2(v+\sigma)}{16\beta(\beta-4k)^2}\left[4\left(\frac{2kt-\beta t-2k}{1+t}\right)^2\right.$$

$$+4\left(\frac{4k-\beta}{1+t}\right)^{2}-16k^{2}(t-2)^{2}+4(4k-\beta)^{2}\Big]$$

(4-42)

比较零售商 R 在 MI 模式 NN 情形下和 RS 情形下的事前利润——式（4-38）和式（4-40），可得

$$E(\pi_R^{RS})-E(\pi_R^{NN})=\frac{t^2(v+\sigma)}{16\beta(\beta-4k)^2}\left[16k^2+16\left(\frac{4k-\beta}{1+t}\right)^2-16k^2(t-2)^2+4(4k-\beta)^2\right] \quad (4-43)$$

比较零售商 R 在 MI 模式 NN 情形下和 DS 情形下的事前利润——式（4-38）和式（4-41），可得

$$E(\pi_R^{DS})-E(\pi_R^{NN})=\frac{t^2(v+\sigma)}{16\beta(\beta-4k)^2}[4(2kt^2-\beta t^2+2\beta t-4kt-\beta+4k)^2-16k^2(t-2)^2+4(4k-\beta)^2]$$

(4-44)

由于零售商在四种情形下的需求信息共享价值无法直观比较，因此通过对相关参数进行赋值并代入事前利润差的解析式中，通过 Matlab 软件探讨零售商的双向需求信息共享价值关于制造商创新能力系数的变化规律。

图 4-12、图 4-13 和图 4-14 表明随着制造商创新能力的下降，零售商在 MI 模式各种需求信息共享情形下的需求信息共享价值均呈单调递减趋势。当制造商创新能力较强时，无论供应链采取何种需求信息共享策略，零售商的需求信息共享价值始终为正；当制造商创新能力较弱时，零售商的需求信息共享价值始终为负。当制造商创新能力强时，创新成本不高，这时制造商会采取降低批发价格、薄利多销的策略，制造商与零售商均从供应链中受益；当制造商创新能力弱时，创新成本较高，制造商会通过提高批发价格，将部分创新成本转移到零售商，此时零售商的需求信息共享价值始终为负。

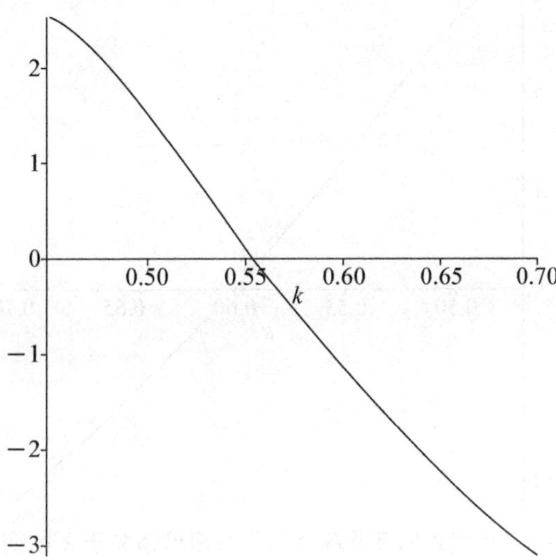

图 4-12　MI 模式制造商单方共享情形下共享价值关于 k 的变化规律

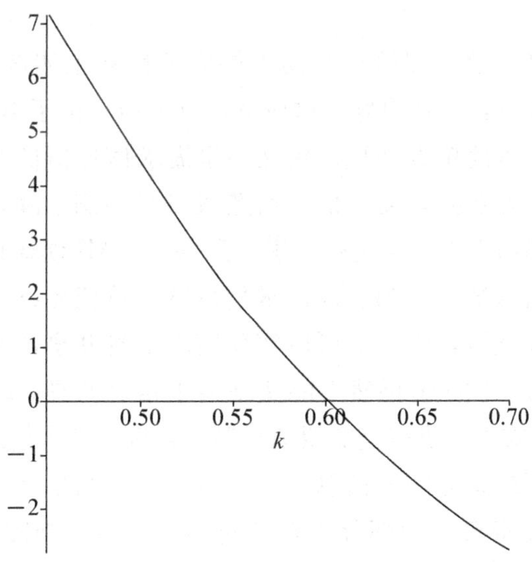

图 4-13　MI 模式零售商单方共享情形下共享价值关于 k 的变化规律

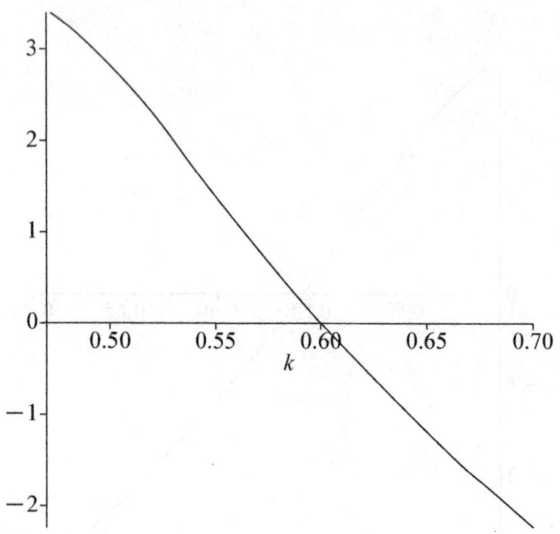

图 4-14　MI 模式相互共享情形下共享价值关于 k 的变化规律

4.3.3　双向需求信息共享激励机制研究

双向共享需求预测信息有助于供应链创新主体调整创新投入、促进供应链改进，营造更好的供应链运营环境。由于 RI 模式制造商单方共享、零售商单方共享、相互共享需求信息情形下制造商或零售商始终有一方在共享需求信息后造成自身利润下降，因此供应链在自发运行的情形下不会进行需求信息共享；MI 模式只在零售商单方共享需求信息情形下制造商需求信息共享价值始终为正，若制造商创新能力较强时，供应链可以实现需求信息共享，而当制造商创新能力不足时，供应链仍然不能实现需求信息共享。综上所述，RI 模式和 MI 模式下，供应链需要通过制定合理的需求信息共享激励机制以实现上下游企业间的信息系统运行，通过共享需求信息获利的一方可以通过将自身的部分收益支付给另一方，即需求信息费用，促使供应链实现需求信息共享，同时增加供应链的整体利润水平。

命题 4-9：RI 模式需求信息共享价值为正的一方支付一定的需求信息费用可以激励另一方共享需求信息，从而建立 RI 模式下双向

需求信息共享激励机制，促进供应链健康发展。其中：

RI 模式制造商单方共享需求信息情形下零售商需向制造商支付的需求信息费用为

$$T^{MS*}=\frac{(1-a)(v+\sigma)}{16\beta(4-\beta)}\left[\frac{4t^2(1-t)^2+16t^4}{(1+t)^2}-(\beta t^3-\beta t^2-2t^3+4t^2-4t)^2\right]-\frac{a(v+\sigma)}{8\beta(4-\beta)}[4t^2-(\beta t^2-\beta t-2t^2+4t)^2]$$

RI 模式零售商单方共享需求信息情形下制造商需向零售商支付的需求信息费用为

$$T^{RS*}=\frac{(1-a)(v+\sigma)}{8\beta(4-\beta)}\left[\left(\frac{\beta t-4t}{1+t}\right)^2+\left(\frac{\beta t-4t}{1+t}-\beta t+2t\right)^2-(\beta t^2-\beta t-2t^2+4t)^2\right]-\frac{a(v+\sigma)}{16\beta(4-\beta)}\times[4t^2-(\beta t^3-\beta t^2-2t^3+4t^2-4t)^2]$$

RI 模式相互共享需求信息情形下制造商需向零售商支付的需求信息费用为

$$T^{DS*}=\frac{(1-a)(v+\sigma)}{8\beta(4-\beta)}\left[\frac{8t^2}{(1+t)^2}-(\beta t^2-\beta t-2t^2+4t)^2\right]-\frac{a(v+\sigma)}{16\beta(4-\beta)}\left[\frac{8t^2}{(1+t)^2}-(\beta t^3-\beta t^2-2t^3+4t^2-4t)^2\right]$$

命题 4-10：MI 模式需求信息共享价值为正的一方支付一定的需求信息费用可以激励另一方共享需求信息，从而建立 MI 模式下双向需求信息共享激励机制，促进供应链健康发展。其中：

MI 模式制造商单方共享需求信息情形下零售商需向制造商支付的需求信息费用为

$$T^{MS*}=\frac{(1-a)t^2(v+\sigma)}{16\beta(\beta-4k)^2}\left[4\left(\frac{2kt-\beta t-2k}{1+t}\right)^2+4\left(\frac{4k-\beta}{1+t}\right)^2-16k^2(t-2)^2+4(4k-\beta)^2\right]-\frac{akt^2(1-t)(t-3)(v+\sigma)}{2\beta(4k-\beta)}$$

MI 模式零售商单方共享需求信息情形下制造商需向零售商支付的需求信息费用为

$$T^{RS*}=\frac{(1-a)t^2k(5-2t+4t^2+2t^3-t^4)(v+\sigma)}{2\beta(4k-\beta)(1+t)^2}-\frac{at^2(v+\sigma)}{16\beta(\beta-4k)^2}\left[16k^2+16\left(\frac{4k-\beta}{1+t}\right)^2-16k^2(t-2)^2+4(4k-\beta)^2\right]$$

MI 模式相互共享需求信息情形下零售商需向制造商支付的信息共享费用为

$$T^{DS*}=\frac{(1-a)t^2(v+\sigma)}{16\beta(\beta-4k)^2}[4(2kt^2-\beta t^2+2\beta t-4kt-\beta+4k)^2-16k^2(t-2)^2+4(4k-\beta)^2]-\frac{[(2\sigma^4+12\sigma^3v+21\sigma^2v^2+12\sigma v^3+2v^4)v^2]ka}{2\beta(\beta-4k)(2v+\sigma)^2(v+\sigma)^3}$$

下面以 RI 模式相互共享需求信息情形为例进行阐述。

当 RI 模式制造商 M 支付一定的费用 T^{DS*} 给零售商 R 进而促进双向需求信息共享时，根据式（4－23）和式（4－30）可得制造商和零售商进行信息共享后的事前利润分别为

$$E(E(\pi_M^{DS,T}))=E(E(\pi_M^{DS}))-T^{DS}=\frac{1}{2\beta(4-\beta)}\left[\frac{2t^2}{(1+t)^2}(v+\sigma)+(\bar{\alpha}-\beta c)^2\right]-T^{DS} \tag{4-45}$$

$$E(E(\pi_R^{DS,T}))=E(E(\pi_R^{DS}))+T^{DS}=\frac{1}{4\beta(4-\beta)}\left[\frac{2t^2(v+\sigma)}{(1+t)^2}+(\bar{\alpha}-\beta c)^2\right]+T^{DS} \tag{4-46}$$

根据式（4－45）和式（4－46）可知激励机制下 RI 模式制造商 M 和零售商 R 的事前利润，易知 T^{DS*} 需要满足 $E(E(\pi_R^{NN}))-$

$E(E(\pi_R^{DS}))\leqslant T^{DS*}\leqslant E(E(\pi_M^{DS}))-E(E(\pi_M^{NN}))$，该条件表明制造商支付的需求信息费用应小于自身获取的需求信息共享收益，同时高于零售商因共享需求信息而产生的利润损失。若 T^{DS*} 不满足该条件，则可能造成制造商不愿支付需求信息费用或零售商仍然不愿共享需求信息，供应链激励机制将不能正常运行。而当需求信息费用 T^{DS*} 满足该条件时，制造商与零售商的利润空间较不共享需求信息情形均增加，激励机制发挥作用，供应链可以实现需求信息共享。

制造商和零售商之间通过谈判确定支付给利润损失一方的需求信息费用。同时假设双方的博弈模式是广义纳什讨价还价博弈，双方需要考虑采取何种需求信息共享策略提升自身的收益，并且还要考虑均不共享需求信息情形下各自的利润水平。根据 Nagarajan 和 Sošić（2008）[138] 的研究，广义纳什讨价还价博弈的需求信息费用解为

$$
\begin{aligned}
T^{DS*}=\operatorname{argmax}&[E(E(\pi_M^{DS,T}))-E(E(\pi_M^{NN}))]^a[E(E(\pi_R^{DS,T}))\\
&-E(E(\pi_R^{NN}))]^{1-a}
\end{aligned}
\tag{4-47}
$$

式中，a 指制造商的谈判议价水平，$1-a$ 表示零售商的谈判议价水平，且 $0\leqslant a\leqslant 1$；$[E(E(\pi_M^{DS,T}))-E(E(\pi_M^{NN}))]$ 和 $[E(E(\pi_R^{DS,T}))-E(E(\pi_R^{NN}))]$ 分别表示制造商与零售商在 RI 模式下采取相互共享需求信息策略所带来的收益。

证明：对式（4-47）取对数，令其关于 T 的一阶导数等于 0，如下所示：

$$
\frac{\partial\log[E(E(\pi_M^{S,T}))-E(E(\pi_M^{N}))]^a[E(E(\pi_R^{S,T}))-E(E(\pi_R^{N}))]^{1-a}}{\partial T}=0
$$

$$
\frac{\partial\log\left\{\frac{(v+\sigma)}{8\beta(4-\beta)}\left[\frac{8t^2}{(1+t)^2}-(\beta t^2-\beta t-2t^2+4t)^2\right]-T\right\}^a\left\{\frac{(v+\sigma)}{16\beta(4-\beta)}\left[\frac{2t^2}{(1+t)^2}-(\beta t^3-\beta t^2-2t^3+4t^2-4t)^2\right]+\mathrm{T}\right\}^{1-a}}{\partial T}=0
$$

$$\frac{(1-a)(v+\sigma)}{8\beta(4-\beta)}\left[\frac{8t^2}{(1+t)^2}-(\beta t^2-\beta t-2t^2+4t)^2\right]$$
$$-\frac{a(v+\sigma)}{16\beta(4-\beta)}\left[\frac{2t^2}{(1+t)^2}-(\beta t^3-\beta t^2-2t^3+4t^2-4t)^2\right]+2T=0$$

又因为：

$$\frac{\partial^2\log\left\{\frac{(v+\sigma)}{8\beta(4-\beta)}\left[\frac{8t^2}{(1+t)^2}-(\beta t^2-\beta t-2t^2+4t)^2\right]\right\}^a\left\{\frac{(v+\sigma)}{16\beta(4-\beta)}\left[\frac{2t^2}{(1+t)^2}-(\beta t^3-\beta t^2-2t^3+4t^2-4t)^2\right]\right\}^{1-a}}{\partial^2 T}\leqslant 0$$

故 T^{DS*} 是式（4－47）的最大值，证毕。

命题 4－9 和命题 4－10 展示了制造商和零售商在双向需求信息共享激励机制下的需求信息费用 T^*。表明需求信息费用在合理的范围内，供应链可以实现需求信息共享，信息共享费用的多少主要取决于双方的谈判议价水平、信息精度和市场弹性系数。通过设计供应链的激励机制，为双方谈判确定需求信息费用提供科学的依据，促进了企业在开展创新活动时供应链的双向需求信息共享，为 RI 模式和 MI 模式下供应链整体的需求信息共享提供一个完整科学的运行机制，指导企业在当今市场环境下需求信息共享策略的选择。

本节通过求解 RI 模式和 MI 模式下供应链上下游企业的双向需求信息共享价值，并进行数值分析，分析了双向需求信息共享情形下供应链主体的事前利润变化，并探讨了预测信息精度及创新能力对于需求信息共享价值的影响。在此基础上进一步研究了供应链双向需求信息共享激励机制，得出双向需求信息共享情形下供应链各主体的需求信息费用。

经过研究得出以下结论：

（1）RI 模式双向需求信息共享情形下始终存在供应链一方的需求信息共享价值为负，因此供应链自发运行时，无法实现需求信息共享。

（2）RI 模式下制造商单方共享需求信息时，制造商需求信息共

享价值随着信息精度下降而增加，在零售商单方共享需求信息及相互共享需求信息情形下，制造商的需求信息共享价值随着信息精度下降而增加。

(3) MI 模式制造商在制造商单方共享共享需求信息和相互共享需求信息这两种情形下需求信息共享价值为负，因此在供应链自发运行的情形下制造商不会自愿共享需求信息；而在零售商单方共享需求信息的情形下，制造商的信息共享价值始终为正，当制造商创新能力较强时，供应链会自发实现共享需求信息。

(4) MI 模式下制造商创新能力较强时，零售商需求信息共享价值为正，零售商愿意共享需求信息；制造商创新能力较弱时，零售商需求信息共享价值为负，零售商不愿意共享需求信息。

(5) RI 模式与 MI 模式各种需求信息共享情形下，均可以通过广义纳什讨价还价博弈确定需求信息费用 T^*。

4.4 案例分析

2020 年，受新冠肺炎疫情影响，国内外零售业均受到一定冲击。但在生鲜电商、到家服务等方面催生大量新的机会。例如，1 月 24 日至 2 月 8 日，家乐福到家业务订单量增长 3.5 倍。2 月 21 日“到家”活动当天，订单量同比增长 597%。激增的到家业务订单成为苏宁科技的一大考验。疫情期间，苏宁加大经营管理战略的研发投入，通过大数据助力疫情前线经营管理战略全方位落地，以民生为基本点，全面制定了助力战“疫”保供的细分策略。以苏宁自研的可视化数据分析开发平台“天工”为代表的多项数字工具，可通过不同维度分析家乐福所有渠道的运营数据，全方位展现家乐福发展能见度，帮助苏宁的供应商、品牌商、合作伙伴及时准确地了解业务现状，凭借快速支撑、高效分析、精准预测，指导全场景业态销售工作。从保障商品供应，到第一时间上线销售，到消费者各平台轻松下单，到高效物流配送，再到一小时/半日服务到家整个过程中，都离不开苏宁大数据、AI、供应链、物流等多方的配合以及技术部门与业务部门的通力协作，从而实现了业务流程的标准化，并合理调度及分配紧俏物资。同时，来自苏宁全渠道、全场景、多业态的庞大消费端行为数据，为提前洞察消费市场需求，特别是对此次疫情重点管控区域的市场需求预测提供了便利，确保关键区域市场供应充足。

基于苏宁科技大数据支持，苏宁已形成了一套以用户、门店为核心的“一店一品一商”的智慧供应链理论：通过门店产生的消费记录，结合门店内的商品货架摆放位置，利用大数据，将商品的销售状况反映至仓库；仓库接收销售信息后，一方面对门店商品进行补货，同时通知采购仓进行补货采购；运营人员通过大数据智能化分析辅助，预测后期销售趋势，指导门店销售策略调整以及采购策略调整，从而带动供应商的供货策略调整。通过大数据模型推导出产品的需求预测，实现柔性供应链，能够实现智能仓配布局、智能预测补货，有效提升库存周转率，降低缺货率；实现对线上线下的商品智能定价、智能管理，能够有效提升商品的全品类覆盖率。这套智慧供应链理论已在家乐福门店部署，在疫情期间经受住了订单量爆发的考验。

苏宁加大科技创新投入，通过大数据智能化分析辅助，预测后期销售趋势，指导门店销售策略调整以及采购策略调整，同时与上游制造商紧密配合，进行双向需求预测信息共享，进而带动了制造商的供货策略调整，提高了制造商的利润，促进了供应链改进。同时也使其自身调整创新投入，提高了运作效率，降低了生产成本，在疫情期间经受住了订单量爆发的考验。

4.5 本章小结

本章探讨由一个制造商和一个零售商组成的单周期两级供应链双向需求信息共享问题。制造商与零售商均拥有部分市场需求信息，假定供应链上下游企业进行成本降低创新（RI 模式、MI 模式），首先分析制造商与零售商在四种需求信息共享情形下的均衡决策，接着分别探讨了 RI 模式和 MI 模式下制造商与零售商的双向需求信息共享价值，并进行数值分析，在此基础上进一步设计了供应链双向需求信息共享激励机制。本研究在供应链需求信息共享相关研究的基础上，引入了供应链成员企业的成本降低创新投入决策，探讨了供应链成员的创新投入决策对于需求信息共享的影响。通过研究得出以下结论：

（1）RI 模式双向需求信息共享情形下，供应链成员的均衡决策相关研究结论。零售商单方共享需求信息情形下，零售商创新投入增量与制造商获取的市场需求信息负相关，其余情形下均与制造商及零售商获取的市场需求信息正相关；且在供应链双方获取的市场需求信息较多时，零售商的均衡创新投入决策与市场弹性正相关；在零售商市场需求信息较多时，零售商的均衡创新投入决策与信息精度正相关。

（2）MI 模式双向需求信息共享情形下，供应链成员的均衡决策相关研究结论。制造商在双向需求信息共享四种情形下的创新投入增量均与市场需求信息正相关，而与创新能力系数负相关；当获取的市场需求信息较多时，与信息精度正相关。当制造商的创新能力较弱时，双方获取的市场需求信息增加会促使制造商的均衡批发价格和零售商的均衡零售价格上升。在均不共享需求信息和相互共享需求信息的情形下，当制造商获得的市场需求信息较少时，若制造商创新能力不足，制造商的均衡批发价格与零售商的均衡零售价格均随之降低，反之上升。制造商的均衡批发价格和零售商的均衡零售价格考虑了信息精度的影响。

（3）RI 模式和 MI 模式下企业双向需求信息共享价值及激励机制相关研究结论。RI 模式双向需求信息共享情形下始终存在供应链一方的需求信息共享价值为负，因此供应链自发运行时，无法实现需求信息共享；同时在制造商单方共享需求信息时，制造商需求信息共享价值随着信息精度下降而增加，而在零售商单方共享需求信息及相互共享需求信息情形下，制造商的需求信息共享价值随着信息精度下降而增加。MI模式制造商在制造商单方共享需求信息和相互共享需求信息这两种情形下需求信息共享价值为负，因此在供应链自发运行的情形下制造商不会自愿共享需求信息；而在零售商单方共享需求信息的情形下，制造商的信息共享价值始终为正，当制造商创新能力较强时，供应链会自发实现共享需求信息。MI模式下制造商创新能力较强时，零售商需求信息共享价值为正，零售商愿意共享需求信息；制造商创新能力较弱时，零售商需求信息共享价值为负，零售商不愿意共享需求信息。通过设计需求信息共享激励机制，在RI模式与MI模式的各种需求信息共享情形下，制造商与零售商均可以通过广义纳什讨价还价博弈确定需求信息费用 T^*。

本章通过与张菊亮和章祥荪（2012）[78] 研究结果的对比分析发现：相互共享需求信息情形下供应链自发运行不能实现需求信息共享，但在 *MI* 模式零售商单方共享需求信息情形下，当制造商创新能力较强时，供应链可以实现需求信息共享。通过以上结论，我们发现，制造商与零售商不愿共享需求信息的原因是决策的不协调，在此基础上，本章进一步研究了供应链激励机制，为供应链的协调发展提供参考。同时本章通过引入供应链成员的创新投入决策，研究双向需求信息共享价值，发现MI模式零售商在制造商创新能力较强时，通过共享需求信息可以提高自身利润。例如惠普公司提出“价值协同供应链”，通过与上游供应商共享需求预测信息，降低库存成本，从而提升了公司利润。

第5章 创新驱动的上游竞争型供应链中零售商需求预测信息共享

制造商在与供应链下游合作时，竞争对手的出现不可避免，由此构成了上游竞争型供应链结构，即两个相互竞争的上游制造商通过同一个下游零售商销售各自的产品。例如，我国的家电企业海尔公司和格力公司（两个竞争型制造商），虽然是竞争对手，但是同时通过国美电器商城（零售商）销售产品，并且它们生产的同类产品具有较强的替代性。在上游竞争型供应链中，竞争者的存在使得下游零售商有多种信息共享策略可供选择。制造商在制定创新投入决策时，不仅要考虑竞争对手的批发价格对零售商订购量的影响，还要考虑自身及竞争对手的需求信息共享状态。如果制造商获得而其竞争对手未获得零售商的需求预测信息，则制造商可以根据未来市场状况决定当期创新投入从而获得比竞争对手更多的利润；相反，如果制造商未获得而其竞争对手获得了零售商的需求预测信息，则制造商制定的创新投入决策相比其竞争对手具有一定的盲目性，尤其当未来市场需求波动较大时，可能会造成较大的利润损失。因此，在上游竞争型供应链中，研究制造商开展的成本降低创新对零售商需求信息共享策略的影响，制造商如何根据自身和竞争对手可能获得的需求预测信息调整创新投入决策，以及制造商如何激励零售商从而获得需求预测信息等问题是十分必要的。

目前，已有学者对上游竞争型供应链中的成员企业创新进行了研究[32, 34-36]，但是仅有 Li 和 Wan（2015）[33] 探讨了上游成员企业的成本降低创新，并且他们假定市场需求是确定的，上游成员企业仅决策创新努力，忽视了批发价格的内生变化。而关于上游竞争型供应链中的零售商需求预测信息共享研究[92] 中，未考虑制造商的创新投入。尽管已有学者分别对存在竞争型制造商的供应链成员企业创新和零售商需求预测信息共享进行了相关研究，但他们忽视了存在竞争对手时制造商在不同信息共享状态下的创新投入决策，以及制造商开展成本降低创新对零售商需求预测信息共享的影响。

基于此，本章首先构建由两个（进行成本降低创新的）竞争型制造商和单个（拥有需求预测信息的）零售商组成的供应链决策模型，分析两个竞争型制造商和单个零售商在不同信息共享情形下的均衡决策；然后，通过比较供应链各主体在不同信息共享情形下的事前利润来分析制造商的成本降低创新对供应链需求预测信息共享价值的影响；最后，探寻基于竞争型制造商创新投入的零售商需求预测信息共享激励机制，从而实现上游竞争型供应链的帕累托改进。

5.1 基于竞争型制造商创新投入的零售商需求预测信息共享模型的构建

5.1.1 问题描述及模型假设

考虑由两个竞争型制造商 M_i、M_j 和单个零售商 R 组成的供应

链（其中，$i=1$ 或 2，$j=3-i$），且供应链各主体为风险中性。两个制造商 M_i、M_j 通过同一个零售商 R 销售替代性产品进行竞争，产品 i 的需求函数为

$$q_i=a+\theta-(1+\phi)p_i+\phi p_j \tag{5-1}$$

式中，q_i 表示产品 i 的订购量；a 表示确定性需求（基准需求）；θ 表示随机性需求（均值为零，方差为 σ^2）；ϕ 表示上游竞争强度（ϕ 越大说明两个制造商之间的竞争越激烈，$0<\phi<1$）；p_i、p_j 分别表示产品 i 和产品 j 的零售价格。制造商 M_i、M_j 分别进行以降低生产成本为目标的创新活动，创新投入分别为 e_i、e_j。零售商 R 有能力对随机需求进行预测，预测量为 Y。而且，Y 是随机变量 θ 的无偏估计量。上游竞争型供应链结构如图 5－1 所示。

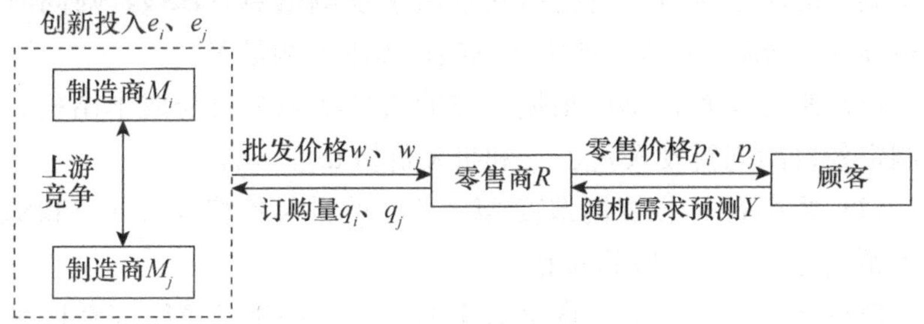

图 5－1　上游竞争型供应链模型结构

在进行后续分析之前，对该模型做出如下假设：

假设 5－1：$k>\dfrac{1+\phi}{4}$。

与第 3 章关于创新能力的假设类似，该假设保证了制造商 M_i、M_j 和零售商 R 的利润函数是关于决策变量的凹函数。

其他假设与第 3 章类似，此处不再赘述。两个竞争型制造商的创新投入决策、批发价格决策和零售商的需求预测信息共享决策、零售价格决策存在如图 5－2 所示的先后顺序。

（1）零售商 R 在预测随机需求之前，决定是否与两个制造商 M_i、M_j 共享需求预测信息。其中，NN 表示零售商 R 与两个制造商 M_i、M_j 都不共享需求预测信息，SN（NS）表示零售商 R 仅与

制造商M_i（制造商M_j）共享需求预测信息，SS 表示零售商R 同时与两个制造商 M_i、M_j 共享需求预测信息。

零售商决定是否与两个制造商共享需求预测信息。 零售商预测需求信息后，共享或不共享随机需求预测量。 两个制造商制定创新投入决策和批发价格决策。 零售商制定零售价格决策。

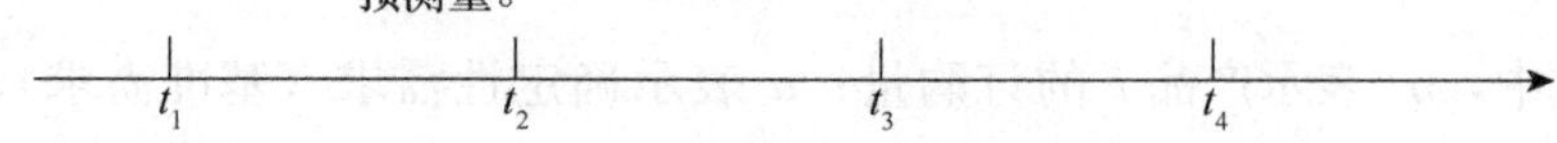

图 5－2　两个竞争型制造商与单个零售商的决策顺序

（2）零售商 R 预测随机需求后，如果其之前决定不共享需求预测信息（NN），则不向制造商 M_i 和制造商 M_j 共享随机需求预测量 Y；如果其之前决定仅与一个制造商共享需求预测信息（SN 或 NS），则仅向制造商 M_i 或制造商 M_j 如实共享随机需求预测量 Y；如果其之前决定与两个制造商共享需求预测信息（SS），则同时向制造商 M_i 和制造商 M_j 如实共享随机需求预测量 Y。

（3）制造商 M_i、M_j 根据双方的信息状态和自身成本结构，同时制定各自的创新投入 e_i、e_j 和批发价格 w_i、w_j。

（4）零售商 R 根据制造商 M_i、M_j 的批发价格 w_i、w_j 和随机需求预测量 Y，制定零售价格 p_i、p_j。

值得注意的是，由于竞争对手的存在，制造商 M_i 存在四种不同的信息共享情形——NN、NS、SN 和 SS。然而，对于零售商 R 而言，仅向制造商 M_i 或者制造商 M_j 单独共享需求预测信息时其自身的信息状态是一样的，因此，零售商 R 存在三种不同的信息共享情形——NN、SN 和 SS。

通过分析上述决策过程可知，制造商 M_i 通过在 t_3 阶段制定批发价格 w_i 和创新投入 e_i 来最大化自身利润，其利润函数为

$$\Pi_{M_i}=(w_i-c+e_i)q_i(w_i)-\frac{1}{2}ke_i^2 \tag{5-2}$$

零售商 R 通过在 t_4 阶段制定零售价格 p_i、p_j 来最大化自身条件期望利润，其条件期望利润函数为

$$E(\Pi_R|Y)=(p_i-w_i)[a+E(\theta|Y)-(1+\phi)p_i+\phi p_j]$$

$$+(p_j-w_j)[a+E(\theta|Y)-(1+\phi)p_j+\phi p_i] \tag{5-3}$$

下面将分别构建零售商 R 与制造商 M_i、M_j 在不共享需求预测信息（NN）状态下、部分共享需求预测信息（NS 或 SN）状态下和完全共享需求预测信息（SS）状态下的供应链决策模型，求解供应链三方的均衡决策。根据逆向分析方法，首先分析零售商 R 的均衡零售价格决策，最后分析制造商 M_i、M_j 在不同信息共享情形下的均衡批发价格决策和均衡创新投入决策。

5.1.2　模型分析及均衡决策求解

分析零售商 R 的决策行为——在制造商 M_i、M_j 的批发价格 w_i、w_j 和创新投入 e_i、e_j 给定，并且观测到随机需求预测量 Y 的条件下，结合式（5-3）可得零售商 R 的优化问题为

$$\underset{p_i\geqslant 0,p_j\geqslant 0}{Maximize}\ E(\Pi_R|Y)=(p_i-w_i)[a+E(\theta|Y)-(1+\phi)p_i+\phi p_j]$$
$$+(p_j-w_j)[a+E(\theta|Y)-(1+\phi)p_j+\phi p_i] \tag{5-4}$$

通过分析零售商 R 的条件期望利润函数，可得引理 5-1。

引理 5-1：在给定批发价格 w_i、w_j 和创新投入 e_i、e_j，并且观测到随机需求预测量 Y 的条件下，零售商 R 的条件期望利润函数 $E(\Pi_R \mid Y)$ 是关于零售价格 p_i 和 p_j 的联合凹函数；其均衡零售价格分别为 $p_i(w_i)=\frac{1}{2}(a+E(\theta \mid Y)+w_i)$，$p_j(w_j)=\frac{1}{2}(a+E(\theta \mid Y)+w_j)$。

证明：首先分析零售商 R 的条件期望利润函数 $E(\Pi_R \mid Y)$ 关于零售价格 p_i 和 p_j 的联合凹凸性。求解 $E(\Pi_R \mid Y)$ 关于零售价格 p_i 的二阶导数可得 $\frac{\partial^2 E(\Pi_R|Y)}{\partial {p_i}^2}=\frac{\partial^2 E(\Pi_R|Y)}{\partial p_j^2}=-2(1+\phi)$ 且 $\frac{\partial^2 E(\Pi_R|Y)}{\partial p_i \partial p_j}=2\phi$。

因 $\left[\frac{\partial^2 E(\Pi_R|Y)}{\partial p_i \partial p_j}\right]^2 - \frac{\partial^2 E(\Pi_R|Y)}{\partial p_i^2}\frac{\partial^2 E(\Pi_R|Y)}{\partial p_j^2} = -4(1+2\phi) < 0$，所以零售商 R 的条件期望利润函数 $E(\Pi_R \mid Y)$ 是关于零售价格 p_i 和 p_j 的联合凹函数。

根据零售商 R 的条件期望利润函数 $E(\Pi_R \mid Y)$ 关于零售价格决策 p_i 和 p_j 的一阶条件可得

$$p_i(w_i) = \frac{1}{2}[a + E(\theta|Y) + w_i] \tag{5-5}$$

$$p_j(w_j) = \frac{1}{2}[a + E(\theta|Y) + w_j]$$

证毕。

通过分析引理 5-1 可知，在给定批发价格 w_i、w_j 和创新投入 e_i、e_j，并且观测到需求预测信息的条件下，零售商 R 关于产品 i 的均衡零售价格随着批发价格 w_i 和随机需求预测量 Y 的增加而上升。引理 5-1 符合我们对供应链实践的认识，当制造商制定的批发价格较高或预测的市场需求较大时，理性的零售商会相应抬高零售价格从而保证获得更多的利润。

根据引理 5-1 确定零售商 R 的零售价格后，结合式（5-1）可得订购量为 $q_i(w_i) = \frac{1}{2}[a + E(\theta \mid Y) - (1+\phi)w_i + \phi w_j] + \theta$。零售商 R 关于产品 i 的订购量与产品 i 的批发价格 w_i 负相关，与产品 j 的批发价格 w_j 正相关，与随机需求预测需求量 Y 正相关。此外，订购量 q_i 还受到制造商之间竞争强度 ϕ 的影响。

与第 3 章类似，下面对竞争型制造商和零售商在不同信息共享（*NN*、*NS*、*SN* 和 *SS*）情形下的均衡决策进行分析。

1. 零售商不与两个制造商共享需求预测信息情形

制造商 M_i 首先决策批发价格 w_i 和创新投入 e_i，并在接受零售商 R 的采购订单后安排生产。当零售商不与两个制造商共享需求预测信息时，制造商 M_i 无法获知随机需求预测需求量 Y，故其面对的订购量为 $E(q_i(w_i))$。结合式（5-2）可得制造商 M_i 的优化问题为：

$$\underset{w_i \geqslant 0, e_i \geqslant 0}{Maximize}\ E(\Pi_{M_i}^{NN}) = (w_i - c + e_i)E(q_i(w_i)) - \frac{1}{2}ke_i^2 \quad (5-6)$$

综合分析制造商 M_i、M_j 和零售商 R 的决策行为，可得供应链各主体在 NN 情形下的均衡决策，如命题 5-1 所示。

命题 5-1：当零售商 R 不与两个制造商 M_i、M_j 共享需求预测信息时，制造商 M_i 存在唯一均衡批发价格 w_i^{NN*} 和唯一均衡创新投入 e_i^{NN*}，零售商 R 存在唯一均衡零售价格 p_i^{NN*}。其中，$w_i^{NN*} = \frac{2k(a+c+c\phi)-a(1+\phi)}{2k(\phi+2)-(1+\phi)}$，$e_i^{NN*} = \frac{(a-c)(1+\phi)}{2k(\phi+2)-(1+\phi)}$，$p_i^{NN*} = \frac{k[(a+c)\phi+3a+c]-a(1+\phi)}{2k(\phi+2)-(1+\phi)} + \frac{1}{2}E(\theta \mid Y)$。

证明：制造商 M_i 面对的订购量为 $E[q_i^{NN}(w_i)]$，因

$$E(E(\theta|Y)) = 0$$

且

$$E(\theta) = 0$$

故

$$E(q_i(w_i)) = \frac{1}{2}[a-(1+\phi)w_i + \phi w_j]$$

利用两步优化法[135] 求解制造商 M_i 的期望利润函数 $E(\Pi_{M_i}^{NN})$ 关于批发价格 w_i 和创新投入 e_i 的联合最优解。

(1) 因 $\frac{\partial^2 E(\Pi_{M_i}^{NN})}{\partial {w_i}^2} = -(1+\phi) < 0$，则由一阶条件 $(\frac{\partial E(\Pi_{M_i}^{NN})}{\partial w_i} = 0)$ 可得

$$w_i(e_i) = \frac{\phi(c+w_j-e_i)+a+c-e_i}{2(1+\phi)}$$

(2) 再将 $w_i(e_i)$ 代入 $E(\Pi_{M_i}^{NN})$，求解 $E(\Pi_{M_i}^{NN}(w_i(e_i)))$ 关于创新投入 e_i 的二阶导数，可得 $\frac{\partial^2 E(\Pi_{M_i}^{NN}(w_i(e_i)))}{\partial {e_i}^2} = \frac{1+\phi-4k}{4} < 0$。因此，

$E(\Pi_{M_i}^{NN}(w_i(e_i)))$ 是关于创新投入 e_i 的凹函数，则由一阶条件可得

$$e_i(w_j)=\frac{\phi(w_j-c)+a-c}{4k-\phi-1} \tag{5-7}$$

再将 $e_i(w_j)$ 代入 $w_i(e_i)$，可得

$$w_i(w_j)=\frac{[2k(c+w_j)-a-w_j]\phi-w_j\phi^2-a+2k(a+c)}{(1+\phi)(4k-1-\phi)}$$

同理可求得

$$w_j(w_i)=\frac{[2k(c+w_i)-a-w_i]\phi-w_i\phi^2-a+2k(a+c)}{(1+\phi)(4k-1-\phi)}$$

联立 $w_i(w_j)$ 和 $w_j(w_i)$ 求解，可得

$$w_i^{NN*}=w_j^{NN*}=\frac{2k(a+c+c\phi)-a(1+\phi)}{2k(\phi+2)-(1+\phi)}$$

进而可求得

$$e_i^{NN*}=e_j^{NN*}=\frac{(a-c)(1+\phi)}{2k(\phi+2)-(1+\phi)} \tag{5-8}$$

最后将 w_i^{NN*} 代入零售商 R 的反应函数 $p_i(w_i)$——式（5-5），可得

$$p_i^{NN*}=\frac{k[(a+c)\phi+3a+c]-a(1+\phi)}{2k(\phi+2)-(1+\phi)}+\frac{1}{2}E(\theta|Y)$$

证毕。

由命题 5-1 可知，零售商 R 的均衡零售价格 p_i^{NN*} 与随机需求预测量 Y 正相关。然而，由于零售商 R 不与上游两个制造商共享需求预测信息，因此，制造商 M_i 的批发价格决策和创新投入决策均不受随机需求预测因素的影响。而且，制造商 M_i 的均衡批发价格 w_i^{NN*} 和均衡创新投入 e_i^{NN*} 与上游竞争强度 ϕ 有关。由于 $\frac{\partial w_i^{NN*}}{\partial\phi}=-\frac{4k^2(a-c)}{(2k\phi+4k-1-\phi)^2}<0$，制造商 M_i 的均衡批发价格 w_i^{NN*} 与上游竞

争强度 ϕ 负相关，即制造商之间的竞争越激烈，零售商获得的批发价格越低；由于$\frac{\partial e_i^{NN*}}{\partial \phi}=\frac{2k(a-c)}{(2k\phi+4k-1-\phi)^2}>0$，制造商 M_i 的均衡创新投入 e_i^{NN*} 与上游竞争强度 ϕ 正相关，即制造商之间的竞争越激烈，制造商 M_i 制定的创新投入越高。简而言之，在 NN 情形下，上游竞争越激烈，制造商的批发价格越低、创新投入越大。此外，比较上游竞争型供应链与单一供应链中制造商的均衡创新投入决策①，可得 $e_i^{NN*}-e^{N*}=\frac{2k\phi(a-c)}{(2k\phi+4k-\phi-1)(4k-1)}>0$，由此可见，竞争对手的存在增加了制造商在未获得需求预测信息情形下的创新投入。而且，由$\frac{\partial(e_i^{NN*}-e^{N*})}{\partial \phi}=\frac{2k(a-c)}{(2k\phi+4k-1-\phi)^2}>0$ 可知，与竞争对手之间的竞争越激烈，制造商增加的创新投入越多。

从供应链实践来看，竞争对手的存在会影响制造商的批发价格决策和创新投入决策。制造商可以通过批发价格手段或创新手段进行竞争。制造商为了获得下游零售商相对较多的订购量，会制定较低的批发价格，或者通过进行较大的创新投入提升产品质量或压缩生产成本从而使得自身产品具有较强的市场竞争力。

2. 零售商仅与一个制造商共享需求预测信息情形

当零售商仅与一个制造商 M_i 共享需求预测信息时，制造商 M_i 可以获知随机需求预测量 Y，故其面对的零售商订购量为 $E(q_i(w_i)|Y)$。结合式可得制造商 M_i 的优化问题为

$$\underset{w_i\geqslant 0, e_i\geqslant 0}{Maximize}\, E(\Pi_{M_i}^{SN}|Y)=(w_i-c+e_i)E(q_i|Y)-\frac{1}{2}ke_i^2 \quad (5-9)$$

然而，制造商 M_j 无法获知随机需求预测需求量 Y，其面对的订购量为 $E(q_j(w_j))$。结合式（5-2）可得制造商 M_j 的优化问题为

---

① 根据可比性原则，将单一供应链中零售商的风险偏好设为风险中性，即令 $\lambda=0$。本书其余章节与之类似，不再赘述。

$$\underset{w_j\geqslant 0,e_j\geqslant 0}{Maximize}\ E(\Pi_{M_j}^{SN})=(w_j-c+e_j)E[q_j(w_j)]-\frac{1}{2}ke_j^2 \tag{5-10}$$

综合分析制造商 M_i、M_j 和零售商 R 的决策行为，可得供应链各主体在 SN 情形下的均衡决策，如命题 5－2 所示。

命题 5－2：当零售商 R 仅与一个制造商 M_i 共享需求预测信息时，制造商 M_i 和制造商 M_j 分别存在唯一均衡批发价格决策 w_i^{SN*}、w_j^{SN*} 和唯一均衡创新投入决策 e_i^{SN*}、e_j^{SN*}，零售商 R 存在唯一均衡零售价格决策 p_i^{SN*}、p_j^{SN*}。其中：

$$w_i^{SN*}=\frac{2k(a+c+c\phi)-a(1+\phi)}{2k(\phi+2)-(1+\phi)}+\frac{(2k-1-\phi)}{(1+\phi)(4k-1-\phi)}E(\theta|Y)$$

$$w_j^{SN*}=\frac{2k(a+c+c\phi)-a(1+\phi)}{2k(\phi+2)-(1+\phi)}$$

$$e_i^{SN*}=\frac{(1+\phi)(a-c)}{2k(\phi+2)-(1+\phi)}+\frac{E(\theta|Y)}{4k-\phi-1}$$

$$e_j^{SN*}=\frac{(a-c)(1+\phi)}{2k(\phi+2)-(1+\phi)}$$

$$p_j^{SN*}=\frac{k[(a+c)\phi+3a+c]-a(1+\phi)}{2k(\phi+2)-(1+\phi)}+\frac{1}{2}E(\theta|Y)$$

$$p_i^{SN*}=\frac{k[(a+c)\phi+3a+c]-a(1+\phi)}{2k(\phi+2)-(1+\phi)}+\frac{(4k\phi-\phi^2+6k-3\phi-2)}{2(1+\phi)(4k-1-\phi)}E(\theta|Y)$$

证明：因制造商 M_i 的条件期望利润函数关于批发价格 w 的二阶导数 $\frac{\partial^2 E(\Pi_{M_i}^{SN}|Y)}{\partial {w_i}^2}=-(1+\phi)<0$，则由一阶条件（$\frac{\partial E(\Pi_{M_i}^{SN}|Y)}{\partial w_i}=0$）可得，$w_i(e_i)=\frac{\phi(c+w_j-e_i)+a+c-e_i}{2(1+\phi)}+\frac{E(\theta\mid Y)}{2(1+\phi)}$。再将 $w_i(e_i)$ 代入 $E(\Pi_{M_i}^{SN}\mid Y)$，求 $E(\Pi_{M_i}^{SN}(w_i(e_i))\mid Y)$ 关于创新投入 e_i 的二阶导数，可得 $\frac{\partial^2 E(\Pi_{M_i}^{SN}(w_i(e_i))|Y)}{\partial {e_i}^2}=\frac{1+\phi-4k}{4}<0$，则由一阶条件

可得

$$e_i=\frac{\phi(w_j-c)+a-c}{4k-\phi-1}+\frac{E(\theta|Y)}{4k-\phi-1} \tag{5-11}$$

再将 e_i 代入 $w_i(e_i)$，可得

$$w_i=\frac{[2k(c+w_j)-a-w_j]\phi-w_j\phi^2-a+2k(a+c)}{(1+\phi)(4k-1-\phi)}+\frac{(2k-1-\phi)}{(1+\phi)(4k-1-\phi)}E(\theta|Y)$$

同理对制造商 M_j 的期望利润函数 $E(\Pi_{M_j}^{SN})$ 进行分析求解，可得

$$e_j=\frac{\phi(w_i-c)+a-c}{4k-\phi-1} \tag{5-12}$$

$$w_j=\frac{[2k(c+w_i)-a-w_i]\phi-w_i\phi^2-a+2k(a+c)}{(1+\phi)(4k-1-\phi)}$$

将 w_i 和 w_j 联立求解，可得

$$w_i^{SN*}=\frac{2k(a+c+c\phi)-a(1+\phi)}{2k(\phi+2)-(1+\phi)}+\frac{(2k-1-\phi)}{(1+\phi)(4k-1-\phi)}E(\theta|Y)$$

$$w_j^{SN*}=\frac{2k(a+c+c\phi)-a(1+\phi)}{2k(\phi+2)-(1+\phi)}$$

将 w_i^{SN*}、w_j^{SN*} 代入 e_i、e_j，可得

$$e_i^{SN*}=\frac{(1+\phi)(a-c)}{2k(\phi+2)-(1+\phi)}+\frac{E(\theta|Y)}{4k-\phi-1} \tag{5-13}$$

$$e_j^{SN*}=\frac{(a-c)(1+\phi)}{2k(\phi+2)-(1+\phi)} \tag{5-14}$$

最后，可得零售商 R 的均衡零售价格决策分别为

$$p_i^{SN*}=\frac{k[(a+c)\phi+3a+c]-a(1+\phi)}{2k(\phi+2)-(1+\phi)}+\frac{(4k\phi-\phi^2+6k-3\phi-2)}{2(1+\phi)(4k-1-\phi)}E(\theta|Y)$$

$$p_j^{SN*}=\frac{k[(a+c)\phi+3a+c]-a(1+\phi)}{2k(\phi+2)-(1+\phi)}+\frac{1}{2}E(\theta|Y)$$

证毕。

通过分析命题 5-2 可知，零售商 R 仅与一个上游制造商 M_i 共享需求预测信息对供应链各方均衡决策的影响主要表现在三个方面：

(1) 对于获得需求预测信息的制造商 M_i 而言，其均衡批发价格决策发生变化。因 $w_i^{SN*}-w_i^{NN*}=\frac{(2k-1-\phi)}{(1+\phi)(4k-1-\phi)}E(\theta\mid Y)$，可知：当 $k>\frac{1+\phi}{2}$ 时，两种情形下的批发价格增量与随机需求预测量 Y 正相关；当 $k\leqslant\frac{1+\phi}{2}$ 时，两种情形下的批发价格增量与随机需求预测量 Y 负相关。也就是说，若未来市场需求增加（$Y>0$），随着创新能力的增强，需求预测信息共享对制造商 M_i 均衡批发价格的影响由正变负。

(2) 对于未获得需求预测信息的制造商 M_j 而言，其均衡批发价格决策和均衡创新投入决策保持不变，即 $w_j^{SN*}=w_j^{NN*}$ 且 $e_j^{SN*}=e_j^{NN*}$。而且其所对应的均衡零售价格也不变，即 $p_j^{SN*}=p_j^{NN*}$。

结合 (1) 和 (2) 可知，对于制造商的生产实践来说，获得需求预测信息并不一定能够使其批发价格低于竞争对手。只有当创新能力较强时，制造商才能通过获取零售商的需求预测信息降低自身的批发价格，从而比竞争对手获得更多的订购量。

(3) 零售商通过与一个上游制造商共享需求预测信息改变了自身的均衡决策。虽然零售商的均衡零售价格决策 p_i^{SN*} 与随机需求预测量 Y 正相关，但是其相比于均衡零售价格 p_i^{NN*} 的增量（$p_i^{SN*}-p_i^{NN*}=\frac{(2k-1-\phi)}{2(1+\phi)(4k-1-\phi)}E(\theta\mid Y)$）存在以下两种情况：①当 $k\leqslant\frac{1+\phi}{2}$，零售价格增量关于随机需求预测量 Y 负相关；②反之，当 $k>\frac{1+\phi}{2}$，零售价格增量关于随机需求预测量 Y 正相关。也就是

说，若未来市场需求增加（$Y>0$），随着制造商创新能力的增强，零售商能够通过与单个上游制造商共享需求预测信息，获得较低的批发价格，从而制定较低的零售价格。

此外，由于制造商 M_i 与制造商 M_j 对称，制造商 M_i 在 NS 情形下的均衡决策可根据制造商 M_j 在 SN 情形下的均衡决策得出，即 $e_i^{NS*}=e_j^{SN*}$ 且 $w_i^{NS*}=w_j^{SN*}$。

3. 零售商与两个制造商共享需求预测信息情形

当零售商同时与两个制造商共享需求预测信息时，制造商 M_i、M_j 均可以获知随机需求预测量 Y，结合式（5-2）可得制造商 M_i 的优化问题为

$$\underset{w_i\geqslant 0,e_i\geqslant 0}{Maximize}\ E(\Pi_{M_i}^{SS}|Y)=(w_i-c+e_i)E(q_i|Y)-\frac{1}{2}ke_i^2 \tag{5-15}$$

综合分析制造商 M_i、M_j 和零售商 R 的决策行为，可得供应链各主体在 SS 情形下的均衡决策，如命题 5-3 所示。

命题 5-3：当零售商 R 同时与两个制造商 M_i、M_j 共享需求预测信息时，制造商 M_i 存在唯一均衡批发价格决策 w_i^{SS*} 和唯一均衡创新投入决策 e_i^{SS*}，零售商 R 存在唯一均衡零售价格决策 p_i^{SS*}。其中：

$$w_i^{SS*}=\frac{2k(a+c+c\phi)-a(1+\phi)}{2k(\phi+2)-(1+\phi)}+\frac{(2k-1-\phi)}{2k(\phi+2)-(1+\phi)}E(\theta|Y)$$

$$e_i^{SS*}=\frac{(1+\phi)(a-c)}{2k(\phi+2)-(1+\phi)}+\frac{(1+\phi)E(\theta|Y)}{2k(\phi+2)-(1+\phi)}$$

$$p_i^{SS*}=\frac{k[(a+c)\phi+3a+c]-a(1+\phi)}{2k(\phi+2)-(1+\phi)}+\frac{(3+\phi)k-(1+\phi)}{2[2k(\phi+2)-(1+\phi)]}E(\theta|Y)$$

证明：因制造商 M_i 的条件期望利润 $E(\Pi_{M_i}^{SS}|Y)$ 关于批发价格 w_i 的二阶导数 $\frac{\partial^2 E(\Pi_{M_i}^{SS}|Y)}{\partial {w_i}^2}=-(1+\phi)<0$，则由一阶条件

$\left(\frac{\partial E(\Pi_{M_i}^{SS}|Y)}{\partial w_i}=0\right)$可得，$w_i(e_i)=\frac{\phi(c+w_j-e_i)+a+c-e_i}{2(1+\phi)}+\frac{E(\theta|Y)}{2(1+\phi)}$。再将$w_i(e_i)$代入$E(\Pi_{M_i}^{SS}|Y)$，求解$E(\Pi_{M_i}^{SS}(w_i(e_i))|Y)$关于创新投入$e_i$的二阶导数，可得$\frac{\partial^2 E(\Pi_{M_i}^{SS}(w_i(e_i))|Y)}{\partial {e_i}^2}=\frac{1+\phi-4k}{4}<0$，则由一阶条件可得

$$e_i=\frac{\phi(w_j-c)+a-c}{4k-\phi-1}+\frac{E(\theta|Y)}{4k-\phi-1} \tag{5-16}$$

再将e_i代入$w_i(e_i)$，可得

$$w_i=\frac{[2k(c+w_j)-a-w_j]\phi-w_j\phi^2-a+2k(a+c)}{(1+\phi)(4k-1-\phi)}+\frac{(2k-1-\phi)}{(1+\phi)(4k-1-\phi)}E(\theta|Y)$$

同理对制造商M_j的期望利润函数$E(\Pi_{M_j}^{SS}|Y)$进行分析求解，可得

$$w_j=\frac{[2k(c+w_i)-a-w_i]\phi-w_i\phi^2-a+2k(a+c)}{(1+\phi)(4k-1-\phi)}+\frac{(2k-1-\phi)}{(1+\phi)(4k-1-\phi)}E(\theta|Y)$$

将w_i和w_j联立求解，可得

$$w_i^{SS*}=w_j^{SS*}=\frac{2k(a+c+c\phi)-a(1+\phi)}{2k(\phi+2)-(1+\phi)}+\frac{(2k-1-\phi)}{2k(\phi+2)-(1+\phi)}E(\theta|Y)$$

将w_i^{SS*}、w_j^{SS*}代入e_i、e_j，可得

$$e_i^{SS*}=e_j^{SS*}=\frac{(1+\phi)(a-c)}{2k(\phi+2)-(1+\phi)}+\frac{(1+\phi)E(\theta|Y)}{2k(\phi+2)-(1+\phi)} \tag{5-17}$$

进而可得零售商 R 的均衡零售价格决策为

$$p_i^{SS*}=\frac{k[(a+c)\phi+3a+c]-a(1+\phi)}{2k(\phi+2)-(1+\phi)}+\frac{(3+\phi)k-(1+\phi)}{2[2k(\phi+2)-(1+\phi)]}E(\theta|Y)$$

证毕。

命题 5－3 展示了当零售商 R 同时与两个制造商 M_i、M_j 共享需求预测信息时，供应链各主体的均衡决策。由于两个竞争型制造商 M_i、M_j 同时拥有零售商 R 的私有需求信息，原博弈的均衡结果发生变化。制造商 M_i 的均衡批发价格决策 w_i^{SS*} 和均衡创新投入决策 e_i^{SS*}，以及零售商 R 的均衡零售价格决策 p_i^{SS*} 均与随机需求预测量 Y 和上游竞争强度 ϕ 有关。由 $\frac{\partial e_i^{SS*}}{\partial \phi}=\frac{2k[a-c+(a-c+Y)t\sigma^2]}{(1+t\sigma^2)(2k\phi+4k-\phi-1)}>0$ 可知，制造商 M_i 的创新投入随着上游竞争强度的增加而增加。比较上游竞争型供应链与单一供应链中制造商的均衡创新投入决策，可得 $e_i^{SS*}-e^{S*}=\frac{2k\phi[a-c+(a-c+Y)t\sigma^2]}{(1+t\sigma^2)(2k\phi+4k-\phi-1)(4k-1)}>0$，由此可见，竞争对手的存在增加了制造商在获得需求预测信息情形下的创新投入。而且，由 $\frac{\partial(e_i^{SS*}-e^{S*})}{\partial \phi}=\frac{2k[a-c+(a-c+Y)t\sigma^2]}{(1+t\sigma^2)(2k\phi+4k-\phi-1)}>0$ 可知，与竞争对手之间的竞争越激烈，制造商增加的创新投入越多。由 $\frac{\partial w_i^{SS*}}{\partial \phi}=-\frac{4k^2[a-c+(a-c+Y)t\sigma^2]}{(1+t\sigma^2)(2k\phi+4k-\phi-1)^2}<0$ 可知，制造商 M_i 制定的批发价格随着上游竞争强度的增加而减小。由 $\frac{\partial p_i^{SS*}}{\partial \phi}=-\frac{2k^2[a-c+(a-c+Y)t\sigma^2]}{(1+t\sigma^2)(2k\phi+4k-\phi-1)^2}<0$ 可知，产品 i 的零售价格随着上游竞争强度的增加而减小。简而言之，在 SS 情形下，上游竞争强度的增加能够促使两个竞争型制造商增加创新投入、降低批发价格，同时降低零售商的零售价格。随机需求预测量 Y 的正负会直接影响供应链各方均衡决策，以 $Y>0$（即市场不确定信息显示需求增加）为例来分析零售商 R 和制造商 M_i

在不同信息共享情形下的零售价格决策、批发价格决策和创新投入决策。

(1) 比较零售商 R 在四种信息共享情形下的均衡零售价格决策，可得

$$\begin{cases} p_i^{SN*} \leqslant p_i^{SS*} \leqslant p_i^{NS*} = p_i^{NN*} \ if \ \dfrac{1+\phi}{4} < k \leqslant \dfrac{1+\phi}{2} \\ p_i^{NN*} = p_i^{NS*} < p_i^{SN*} < p_i^{SS*} \ if \ k > \dfrac{1+\phi}{2} \end{cases}$$

对于零售商的生产实践而言，当制造商的创新能力较强时，零售商可以通过与一个上游制造商共享需求预测信息来实现最低的零售价格；而当制造商的创新能力较弱时，零售商可以通过不共享需求预测信息来实现最低的零售价格。

(2) 比较竞争型制造商 M_i 在四种信息共享情形下的均衡批发价格决策，可得

$$\begin{cases} w_i^{SX*} \leqslant w_i^{NX*} \ if \ \dfrac{1+\phi}{4} < k \leqslant \dfrac{1+\phi}{2} \\ w_i^{NX*} < w_i^{SX*} \ if \ k > \dfrac{1+\phi}{2} \end{cases} \tag{5-18}$$

式中，上标 X 表示制造商 M_j 是否获得需求预测信息，$X=S$ 表示获得需求预测信息，反之 $X=N$。当制造商获知未来市场需求增加时，会制定较高的批发价格。然而，当$\frac{1+\phi}{4}<k\leqslant\frac{1+\phi}{2}$时，制造商 M_i 的创新能力较强，能够大幅降低单位生产成本，制造商 M_i 获得需求预测信息（SN 情形或 SS 情形）能够抑制批发价格的上升；当 $k>\frac{1+\phi}{2}$时，制造商 M_i 的创新能力较弱，单位生产成本降低较少，制造商 M_i 获得需求预测信息会促进批发价格的上升。对于制造商的生产实践而言，当创新能力较强时，可以通过与零售商达成信息共享协议来实现较低的批发价格，获得更多的订购量。

(3) 比较竞争型制造商 M_i 在四种不同信息共享情形下的均衡创新

投入决策——式 (5-8)、式 (5-13)、式 (5-14) 和式 (5-17)，可得

$$e_i^{SN*}-e_i^{NN*}=\frac{E(\theta|Y)}{4k-\phi-1} \tag{5-19}$$

$$e_i^{SS*}-e_i^{NN*}=\frac{(1+\phi)E(\theta|Y)}{2k\phi+4k-1-\phi} \tag{5-20}$$

$$e_i^{SS*}-e_i^{SN*}=\frac{\phi(2k-1-\phi)}{(2k\phi+4k-1-\phi)(4k-1-\phi)}E(\theta|Y) \tag{5-21}$$

综合分析式 (5-19)、式 (5-20) 和式 (5-21) 可知，若市场随机需求预测量 Y 为正，则 $e_i^{NN*}=e_i^{NS*}<\min(e_i^{SS*}, e_i^{SN*})$，即当未来市场需求增加时，无论零售商 R 是否与竞争对手（制造商 M_j）共享需求预测信息，对制造商 M_i 而言，获取需求预测信息都有助于增加自身的创新投入。因为当制造商 M_i 获知未来市场随机需求增加时，根据供求原理，其能够制定较高的批发价格，获得更多的利润，所以制造商 M_i 可以将该利润增量用于增加创新投入。而且通过进一步分析可知，制造商 M_i 在获得需求预测信息条件下的创新投入决策受竞争对手信息状态的影响。由式 (5-21)，若随机需求预测量 Y 为正，可得

$$\begin{cases} e_i^{SS*}\leqslant e_i^{SN*}, \dfrac{1+\phi}{4}<k\leqslant\dfrac{1+\phi}{2} \\ e_i^{SS*}>e_i^{SN*}, k>\dfrac{1+\phi}{2} \end{cases}$$

当创新能力较强$\left(\frac{1+\phi}{4}<k\leqslant\frac{1+\phi}{2}\right)$时，制造商 M_i 在 SN 情形下制定的批发价格较高（$w_i^{SS*}\leqslant w_i^{SN*}$），可以将较高的批发价格产生的收益用于增加创新投入，因此，制造商 M_i 在独占需求预测信息情形下的创新投入最高。当创新能力较弱$\left(k>\frac{1+\phi}{2}\right)$时，其在 SS 情形下制定的批发价格较高（$w_i^{SN*}<w_i^{SS*}$），因此，制造商 M_i 在与竞争对手同时获得零售商的需求预测信息情形下的创新投入最高。

此外，可以通过比较上游竞争型供应链和单一供应链中制造商在

不同信息共享情形下的均衡创新投入，分析上游竞争对制造商创新投入决策的影响。由单一供应链和上游竞争型供应链中制造商在不同信息共享情形下的均衡创新投入，可得：①$e_i^{SS*}>e^{S*}$ 且 $e_i^{SN*}>e^{S*}$，即当制造商获得需求预测信息时（SN 情形或 SS 情形），竞争对手的存在促使制造商增加创新投入。②$e_i^{NS*}>e^{N*}$ 且 $e_i^{NN*}>e^{N*}$，即当制造商未获得需求预测信息时（NS 情形或 NN 情形），竞争对手的存在促使制造商增加创新投入。根据上述分析易得推论 5-1。

推论 5-1： 无论是否获得需求预测信息，上游竞争都增加了制造商 M_i 的创新投入。而且，上游竞争越激烈，制造商 M_i 增加的创新投入越多。

推论 5-1 表明，上游竞争对制造商创新投入的影响不会因为零售商是否共享需求预测信息而发生变化。竞争对手的存在不仅改变了制造商的批发价格决策，也会影响其创新投入决策。当存在竞争对手时，制造商会增加创新投入，如图 5-3 所示。其中，实线和点线分别表示单一供应链中的制造商在 S 情形下和 N 情形下的创新投入，点虚线、虚线和星号线分别表示上游竞争型供应链中的制造商 M_i 在 NN（NS）情形下、SN 情形下和 SS 情形下的创新投入。

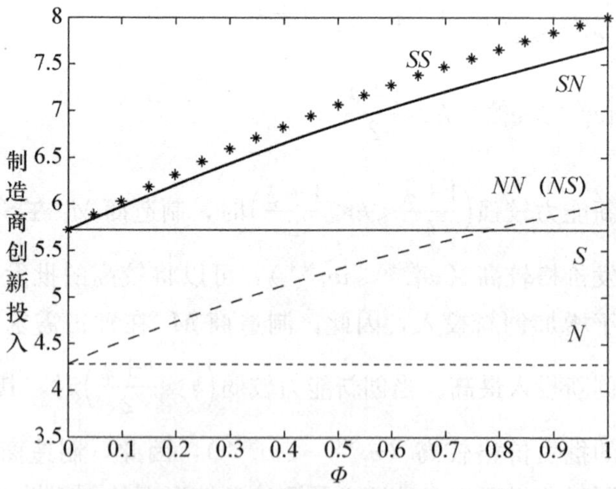

图 5-3　上游竞争对制造商 M_i 创新投入的影响（a=50，c=20，k=2，t=5，σ=10，Y=10）

图 5－3 验证了推论 5－1，展示了上游竞争对制造商创新投入的影响。由于 SS 曲线和 SN 曲线均高于 S 曲线，并且 NN 曲线和 NS 曲线均高于 N 曲线，竞争对手的存在增加了制造商在相同信息状态下的创新投入。此外，制造商 M_i 在四种信息共享情形下的创新投入曲线均随着上游竞争强度的增加而上升，由此可见，上游竞争越激烈，制造商 M_i 增加的创新投入越多。

5.2　上游竞争型供应链的需求预测信息共享价值分析

上一节通过构建基于两个竞争型制造商创新投入的单个零售商需求预测信息共享模型，分析了供应链各主体在不同信息共享情形下的均衡决策，探讨了上游竞争和需求预测信息共享对供应链均衡决策的影响。虽然制造商在获得需求预测信息情形下制定的创新投入决策能更好地应对未来市场需求的变动，但是零售商并不一定愿意共享私有需求信息。与此同时，由于竞争对手的存在，制造商在获得需求预测信息情形下的利润也不一定最大。因此，为了探讨上游竞争型供应链能够自发实现的信息状态，本节通过求解供应链各主体在不同信息共享情形下的事前利润来分析竞争型制造商和零售商的需求预测信息共享价值。

由于零售商 R 在博弈的第一阶段需要决定是否与两个竞争型制造商 M_i、M_j 共享需求预测信息，此时随机需求预测量 Y 尚未实现，故需通过比较供应链各主体在不同信息共享情形下的事前利润来分析它们的信息共享价值。

5.2.1　竞争型制造商的需求预测信息共享价值

将命题 5－1、命题 5－2 和命题 5－3 得到的供应链在不同信息共享情形下的均衡决策代入竞争型制造商 M_i 的利润函数——式

(5-2)，再分别对其求期望可得制造商 M_i 在四种信息共享情形下的事前利润分别为

$$E(E(\Pi_{M_i}^{NN}))=\frac{k(a-c)^2(4k-\phi-1)(1+\phi)}{2(2k\phi+4k-1-\phi)^2} \tag{5-22}$$

$$E(E(\Pi_{M_i}^{NS}))=\frac{k(a-c)^2(4k-\phi-1)(1+\phi)}{2(2k\phi+4k-1-\phi)^2} \tag{5-23}$$

$$E(E(\Pi_{M_i}^{SN}|Y))=\frac{k(a-c)^2(4k-\phi-1)(1+\phi)}{2(2k\phi+4k-1-\phi)^2}+\frac{k(4k+\phi+1)t\sigma^4}{2(1+\phi)(1+t\sigma^2)(4k-\phi-1)^2} \tag{5-24}$$

$$E(E(\Pi_{M_i}^{SS}|Y))=\frac{k(a-c)^2(4k-\phi-1)(1+\phi)}{2(2k\phi+4k-1-\phi)^2}+\frac{k(1+\phi)(4k-\phi-1)t\sigma^4}{2(1+t\sigma^2)(2k\phi+4k-1-\phi)^2} \tag{5-25}$$

比较制造商 M_i 在四种信息共享情形下的事前利润，可得

(1) 当竞争对手获得随机需求预测量 Y 时，制造商 M_i 在 SS 情形下与 NS 情形下的利润差为

$$E(E(\Pi_{M_i}^{SS}|Y))-E(E(\Pi_{M_i}^{NS}))=\frac{k(1+\phi)(4k-\phi-1)t\sigma^4}{2(1+t\sigma^2)(2k\phi+4k-1-\phi)^2}>0$$

由此可见，当竞争对手获得随机需求预测量 Y 时，制造商 M_i 获得需求预测信息对自身有利。

(2) 当竞争对手未获得需求预测信息时，制造商 M_i 在 SN 情形下与 NN 情形下的利润差为

$$E(E(\Pi_{M_i}^{SN}|Y))-E(E(\Pi_{M_i}^{NN}))=\frac{k(4k+\phi+1)t\sigma^4}{2(1+\phi)(1+t\sigma^2)(4k-\phi-1)^2}>0$$

由此可见，竞争对手未获得零售商的需求预测信息时，制造商 M_i 获得需求预测信息对自身有利。综合 (1) 和 (2) 可知，无论竞争对手是否获得零售商的需求预测信息，对制造商 M_i 而言，获得需求预测信息有利于增加自身利润。

虽然无法直接判断制造商 M_i 在 SN 情形下和 SS 情形下事前利润的相对大小，但是利用 Matlab 软件，通过数值分析方法（参数赋值借鉴 Shang，Ha 和 Tong（2016）[92] 的研究）可以判断制造商 M_i 在不同信息共享情形下的事前利润关于主要参数的变化趋势，如图 5－4 所示。实线表示制造商 M_i 在 NN 情形下和 NS 情形下的事前利润，点线和虚线分别表示制造商 M_i 在 SN 情形下和 SS 情形下的事前利润。

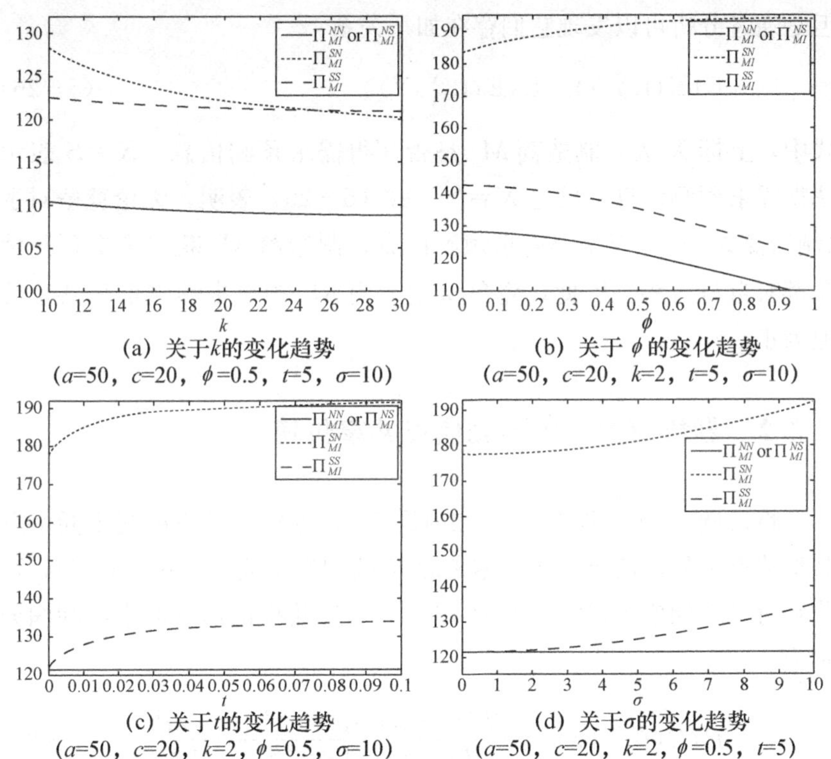

(a) 关于 k 的变化趋势
(a=50，c=20，ϕ=0.5，t=5，σ=10)

(b) 关于 ϕ 的变化趋势
(a=50，c=20，k=2，t=5，σ=10)

(c) 关于 t 的变化趋势
(a=50，c=20，k=2，ϕ=0.5，σ=10)

(d) 关于 σ 的变化趋势
(a=50，c=20，k=2，ϕ=0.5，t=5)

图 5－4　竞争型制造商在四种信息共享情形下的事前利润关于主要参数的变化趋势

图 5－4 展示了竞争型制造商 M_i 在四种信息共享情形下的事前利润关于主要参数的变化规律。由图 5－4（a）可知，由于 k 越大表示创新能力越小，制造商 M_i 在四种信息共享情形下的事前利润随着创新能力的增强而增加，并且制造商 M_i 在 SS 情形下和 SN 情形下事前

利润的相对大小关系随着创新能力的增强发生变化；由图 5－4（b）可知，制造商 M_i 在 NN 情形下和 SS 情形下的事前利润随着上游竞争强度的增加而减小，然而当制造商 M_i 单独获得需求预测信息时（SN），其事前利润随着上游竞争强度的增加而增加；由图 5－4（c）和图 5－4（d）可知，制造商 M_i 在四种信息共享情形下的事前利润随着预测准确性和随机需求波动性的增加而增加。虽然制造商 M_i 在四种信息共享情形下的事前利润关于各主要参数的变化趋势不同，但是通过分析可以发现它们存在如下关系：

$$E(E(\Pi_{M_i}^{NX}))<E(E(\Pi_{M_i}^{SX}|Y)) \tag{5-26}$$

式中，上标 X 表示制造商 M_j 是否获得需求预测信息，$X=S$ 表示获得需求预测信息，反之 $X=N$。式（5－26）表明，无论竞争对手（制造商 M_j）是否获得需求预测信息，制造商 M_i 获得需求预测信息都对自身有利。因此，竞争型制造商 M_i 的需求预测信息共享价值为正。

5.2.2 零售商的需求预测信息共享价值

将命题 5－1、命题 5－2 和命题 5－3 得到的供应链在不同信息共享情形下的均衡决策代入零售商 R 的利润函数——式（5－3），再分别对其求期望可得零售商 R 在三种信息共享情形下的事前利润分别为

$$E(E(\Pi_R^{NN}|Y))=\frac{2k^2(1+\phi)^2(a-c)^2}{(2k\phi+4k-1-\phi)^2}+\frac{t\sigma^4}{2(1+t\sigma^2)} \tag{5-27}$$

$$E(E(\Pi_R^{SN}|Y))=\frac{2k^2(1+\phi)^2(a-c)^2}{(2k\phi+4k-1-\phi)^2}+\frac{(32\phi k^2-16\phi^2+2\phi^3+20k^2-24\phi k+5\phi^2-8k+4\phi+1)t\sigma^4}{4(1+t\sigma^2)(1+\phi)(4k-1-\phi)^2} \tag{5-28}$$

$$E(E(\Pi_R^{SS}|Y))=\frac{2k^2(1+\phi)^2(a-c)^2}{(2k\phi+4k-1-\phi)^2}+\frac{2k^2(1+\phi)^2t\sigma^4}{(1+t\sigma^2)(2k\phi+4k-1-\phi)^2} \tag{5-29}$$

比较零售商 R 在三种信息共享情形下的事前利润，可得

$$\begin{cases} E(E(\Pi_R^{NN}|Y))\leqslant E(E(\Pi_R^{SX}|Y))\ if\ k\leqslant\dfrac{1+\phi}{2} \\ E(E(\Pi_R^{NN}|Y))>E(E(\Pi_R^{SX}|Y))\ if\ k>\dfrac{1+\phi}{2} \end{cases} \tag{5-30}$$

式（5-30）表明零售商的信息共享策略随着制造商创新能力的增强而变化。当制造商的创新能力较强时，不共享需求预测信息（NN）是零售商的最差决策，而当制造商的创新能力较弱时，不共享需求预测信息（NN）是零售商的最优决策。

利用 Matlab 软件，通过数值分析方法可得零售商 R 在三种信息共享情形下事前利润的相对大小如图 5-5 所示。其中，实线、点线和虚线分别表示零售商 R 在 NN 情形下、SN 情形下和 SS 情形下的事前利润。

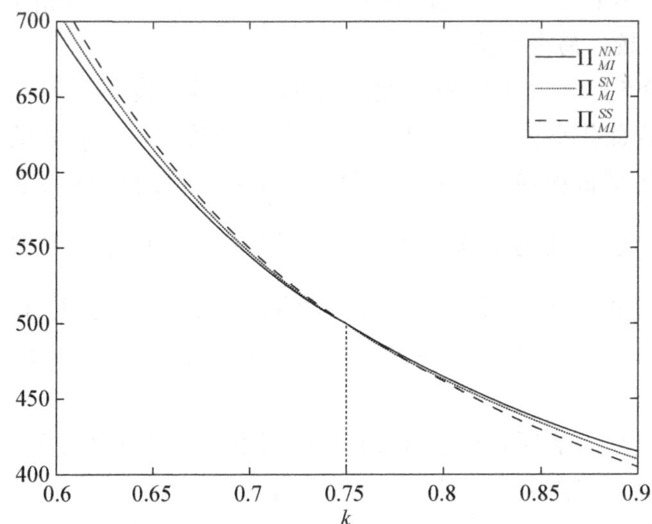

图 5-5　零售商在三种信息共享情形下的事前利润比较（$a=50$，$c=20$，$\phi=0.5$，$t=5$，$\sigma=10$）

图 5－5 验证了式（5－30）所表述的零售商 R 在不同信息共享情形下事前利润的大小关系。通过进一步分析可知：当制造商的创新能力较强时（$k \leqslant k'$），虚线总是处于实线和点线的上方，即零售商 R 在 SS 情形下的事前利润最大；当制造商的创新能力较弱时（$k > k'$），实线总是处于点线和虚线的上方，即零售商 R 在 NN 情形下的事前利润最大。结合式（5－30），由图 5－5 可得

$$\begin{cases} E(E(\Pi_R^{NN}|Y)) \leqslant E(E(\Pi_R^{SN}|Y)) \leqslant E(E(\Pi_R^{SS}|Y)), & k \leqslant \dfrac{1+\phi}{2} \\ E(E(\Pi_R^{SS}|Y)) < E(E(\Pi_R^{SN}|Y)) < E(E(\Pi_R^{NN}|Y)), & k > \dfrac{1+\phi}{2} \end{cases} \tag{5-31}$$

式（5－31）表明：当制造商的创新能力较强时，零售商在同时向上游两个竞争型制造商共享需求预测信息（SS）状态下的事前利润最大；当制造商的创新能力较弱时，零售商在不与上游两个竞争型制造商共享需求预测信息（NN）状态下的事前利润最大。

通过本节对竞争型制造商和零售商在不同信息共享情形下事前利润的比较，易得推论 5－2。

推论 5－2：在上游竞争型供应链中，（1）竞争型制造商的需求预测信息共享价值总为正，上游竞争越激烈，制造商的需求预测信息共享价值越高。（2）零售商的需求预测信息共享价值与制造商的创新能力有关：当 $k \leqslant \dfrac{1+\phi}{2}$ 时，零售商的需求预测信息共享价值为正；反之，零售商的需求预测信息共享价值为负。上游竞争越激烈，零售商的需求预测信息共享价值越有可能为正。

推论 5－2 表明，对于制造商 M_i 而言，无论竞争对手（制造商 M_j）是否获得需求预测信息，其获得需求预测信息对自身有利。从制造商的生产实践来看，当存在竞争对手时，尤其是在竞争激烈的情形下，制造商应主动与下游零售商达成信息共享协议，通过获取

市场需求预测信息来实现更高的利润。尤其在竞争对手未与下游零售商达成信息共享协议的条件下，制造商获取市场需求预测信息的收益最高。对于零售商而言，本部分的研究扩展了第 3 章零售商自愿共享私有需求信息的条件。通过第 3 章的研究发现，在单一供应链中，当 $k\leqslant\frac{1}{2}$ 时，零售商的需求预测信息共享价值为正。然而，由于竞争型制造商的存在，零售商因共享需求预测信息的获利条件变宽，由原来的 $k\leqslant\frac{1}{2}$ 变为 $k\leqslant\frac{1+\phi}{2}$。这是因为上游竞争对手的存在使得零售商在与两个制造商博弈时处于有利地位，更有可能从信息共享中获利，并且上游制造商之间的竞争越激烈，零售商因共享需求预测信息而获利的机会越大。因此，在上游竞争型供应链中，零售商共享私有需求信息的意愿增强。

5.3　上游竞争型供应链的需求预测信息共享激励机制

根据推论 5-2，当创新能力较强时 $\left(k\leqslant\frac{1+\phi}{2}\right)$，两个制造商和零售商的需求预测信息共享价值均为正，供应链可以自发实现信息共享。然而，当创新能力较弱时 $\left(k>\frac{1+\phi}{2}\right)$，虽然两个制造商的需求预测信息共享价值为正，但是零售商的需求预测信息共享价值为负，供应链无法自发实现信息共享。

1. 信息共享费用的确定

为了实现供应链三方的帕累托改进，比较两个竞争型制造商 M_i、M_j 在不同信息共享情形下的事前利润，构建两者在第一阶段关于获取需求预测信息的完全信息静态博弈。双方的收益矩阵如图 5-6 所示。

		制造商 M_j	
		未获取需求预测信息(N)	获取需求预测信息(S)
制造商 M_i	未获取需求预测信息(N)	$(E(E(\Pi_{M_i}^{NN})),E(E(\Pi_{M_j}^{NN})))$	$(E(E(\Pi_{M_i}^{NS})),E(E(\Pi_{M_j}^{SN}\mid Y)))$
	获取需求预测信息(S)	$(E(E(\Pi_{M_i}^{SN}\mid Y)),E(E(\Pi_{M_j}^{SN})))$	$(E(E(\Pi_{M_i}^{SS}\mid Y)),E(E(\Pi_{M_j}^{SS}\mid Y)))$

图 5-6　两个制造商关于需求预测信息博弈的收益矩阵

利用划线法或严格下策消去法[139]易得该博弈模型的纳什均衡解为 SS，即两个竞争型制造商 M_i、M_j 同时获取零售商 R 的需求预测信息是该博弈的纳什均衡。由式（5-31）可知，当制造商的创新能力较强时，SS 也是零售商 R 的最优信息共享策略。因此，SS 是供应链三方共同的最优信息状态，此时制造商 M_i、M_j 不需要向下游零售商支付信息共享费用便可以获取需求预测信息。然而，当制造商的创新能力较弱时，零售商 R 在 SS 情形下的事前利润最小，SS 是零售商 R 的最差信息共享决策，此时零售商 R 不愿与制造商 M_i 或制造商 M_j 共享需求预测信息。由此可见，在上游竞争型供应链中，当制造商的创新能力较弱时，零售商共享需求预测信息所产生的创新红利大多被上游制造商占有。供应链三方无法自愿达成信息共享协议，最终供应链陷入无需求预测信息共享（NN）的最差状态。然而，当两个竞争型制造商 M_i、M_j 的创新能力较弱时，它们可以从零售商 R 共享的需求预测信息中受益，因此，考虑将制造商 M_i、M_j 的一部分收益通过信息共享费用的形式让渡给零售商 R 以激励其共享私有需求信息。

（1）对于供应链整体而言，考虑在博弈的第一阶段，两个竞争型制造商 M_i、M_j 分别通过向零售商 R 支付信息共享费用 T 以获得需求预测信息。如果零售商 R 接受制造商 M_i 和制造商 M_j 的信息共享费用 $2T$，则其在博弈的第二阶段必须向制造商 M_i 和制造商 M_j 如实共享随机需求预测量。而且，只有当供应链在完全信息共享状态下（SS）的整体收益较大时，制造商 M_i 和制造商 M_j 的信息共享费用总和才能弥补零售商 R 因共享私有需求信息所造成的利润损失，即

$$\Delta = 2[E(E(\Pi_{M_i}^{SS}|Y)) - E(E(\Pi_{M_i}^{NN}))] - [E(E(\Pi_R^{NN}|Y)) - E(E(\Pi_R^{SS}|Y))] > 0 \quad (5-32)$$

如果式（5－32）不成立，则表明需求预测信息共享对供应链上游两个竞争型制造商产生的收益小于其对供应链下游零售商造成的损失。由于没有足够的收益增量支付信息共享费用，两个竞争型制造商 M_i、M_j 无法获得零售商 R 的需求预测信息，最终供应链陷入无信息共享状态（NN）的囚徒困境，供应链各方收益较低。

（2）对于零售商 R 而言，其接受信息共享费用 T 的条件是：

$$E(E(\Pi_R^{SS}|Y)) + 2T > E(E(\Pi_R^{NN}|Y)) \quad (5-33)$$

只有当制造商 M_i 和制造商 M_j 提供的信息共享费用总和 $2T$ 满足式（5－33）时，零售商 R 获得的信息共享费用总和才能弥补因共享私有需求信息所造成的利润损失。而且，满足此条件的信息共享费用 T 越大，零售商 R 通过共享私有需求信息所获得的收益越高，其共享需求预测信息的意愿越强。

（3）对于两个竞争型制造商 M_i、M_j 而言，由于制造商 M_i 与制造商 M_j 对称，可以构建存在信息共享费用情形下制造商 M_i、M_j 关于获取需求预测信息的博弈模型，它们的收益矩阵如图 5－7 所示。

		制造商 M_j：未获取需求预测信息(N)	制造商 M_j：获取需求预测信息(S)
制造商 M_i	未获取需求预测信息(N)	$(E(E(\Pi_{M_i}^{NN}))$, $E(E(\Pi_{M_j}^{NN})))$	$(E(E(\Pi_{M_i}^{NS}))$, $E(E(\Pi_{M_j}^{SN}|Y))-T)$
制造商 M_i	获取需求预测信息(S)	$(E(E(\Pi_{M_i}^{SN}|Y))-T$, $E(E(\Pi_{M_j}^{SN})))$	$(E(E(\Pi_{M_i}^{SS}|Y))-T$, $E(E(\Pi_{M_j}^{SS}|Y))-T)$

图 5－7　存在信息共享费用情形下两个制造商关于需求预测信息博弈的收益矩阵

为了使制造商 M_i 达到 SS 信息状态，需满足：

①制造商 M_i 愿意支付信息共享费用 T 并单独获得零售商 R 的需求信息的条件是：

$$E(E(\Pi_{M_i}^{SN}|Y))-T>E(E(\Pi_{M_i}^{NN})) \tag{5-34}$$

②制造商 M_i 愿意支付信息共享费用 T 并与竞争对手（制造商 M_j）同时获得零售商 R 的私有需求信息的条件是：

$$E(E(\Pi_{M_i}^{SS}|Y))-T>E(E(\Pi_{M_i}^{NS})) \tag{5-35}$$

结合竞争型制造商 M_i 和零售商 R 支付/接受信息共享费用 T 的条件——式（5-32）、式（5-33）、式（5-34）和式（5-35），可得推论 5-3。

推论 5-3： 在上游竞争型供应链中，当创新能力较弱时 $\left(k>\frac{1+\phi}{2}\right)$，制造商 M_i 和制造商 M_j 可以通过支付一定的信息共享费用 T 来激励零售商共享需求预测信息。T 的取值区间为：

$$T_d<T<\min(T_{u1},T_{u2}) \tag{5-36}$$

式中，$T_d=\frac{E(E(\Pi_R^{NN} \mid Y))-E(E(\Pi_R^{SS} \mid Y))}{2}$，$T_{u1}=E(E(\Pi_{M_i}^{SN} \mid Y))-E(E(\Pi_{M_i}^{NN}))$，$T_{u2}=E(E(\Pi_{M_i}^{SS} \mid Y))-E(E(\Pi_{M_i}^{NS}))$。

推论 5-3 表明，创新能力的强弱决定了制造商是否需要通过向下游零售商让渡部分收益来获取需求预测信息。由此可知，当存在竞争对手时，制造商可以通过两种途径获取需求预测信息。（1）提升自身的创新能力，通过成本降低创新为供应链整体创造更多利润从而使得零售商能够通过自愿共享需求预测信息来获益。（2）让渡自身收益，激励零售商共享需求预测信息。

2. 信息共享费用的变化规律

由于竞争型制造商 M_i 向零售商 R 支付的信息共享费用 T 的形式比较复杂，难以直接进行数理分析。下文将利用 Matlab 软件，采用数值分析方法来探讨信息共享费用取值区间存在的可能性及其关于主要参数（k、ϕ、t 和 σ）的变化规律。参照 Shang，Ha 和 Tong (2016)[92] 的研究，对模型相关参数进行合理赋值，数值分析结果如图 5-8 所示。其中，实线表示 Δ——供应链收益净增量。细点线表示 T_d——零售商 R 同时与两个制造商 M_i、M_j 共享需求预测信息的利润损失，该曲线代表零售商 R 愿意接受的信息共享费用下限。粗虚线表示 $\min(T_{u1}, T_{u2})$①——制造商 M_i 获得需求预测信息后的利润增量，该曲线代表制造商 M_i 愿意提供的信息共享费用上限。细点线 T_d 之上和粗虚线 $\min(T_{u1}, T_{u2})$ 之上的阴影部分面积表示信息共享费用 T 的取值区间。

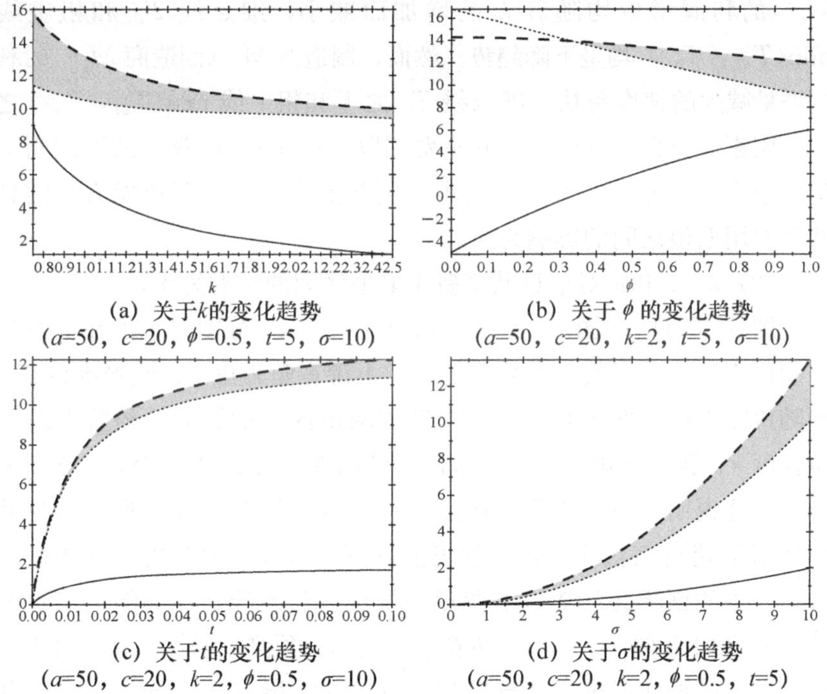

(a) 关于k的变化趋势
(a=50，c=20，ϕ=0.5，t=5，σ=10)

(b) 关于 ϕ 的变化趋势
(a=50，c=20，k=2，t=5，σ=10)

(c) 关于t的变化趋势
(a=50，c=20，k=2，ϕ=0.5，σ=10)

(d) 关于σ的变化趋势
(a=50，c=20，k=2，ϕ=0.5，t=5)

图 5-8　上游竞争型供应链中信息共享费用取值区间关于主要参数的变化趋势

---

① 由于 T_{u1} 与 T_{u2} 相差较大，如果在图形中同时显示 T_{u1} 和 T_{u2} 两条曲线，将难以展示其他曲线的变化趋势。为了图形整体的简洁、美观，用粗虚线表示 T_{u1} 与 T_{u2} 中的较小者。

（1）k 对信息共享费用取值区间的影响为负。

图 5-8（a）展示了在上游竞争型供应链中，当其他参数确定时，k 对信息共享费用取值区间的影响。随着创新能力的减弱（k 逐渐增加），实线 Δ 逐渐下降。由此说明，两个竞争型制造商 M_i、M_j 通过支付信息共享费用 T 和零售商 R 进行信息共享合作的可能性逐渐减小。因为需求预测信息共享产生的创新红利随着 k 的增加而减少，所以创新能力的减弱阻碍了制造商 M_i、M_j 和零售商 R 之间通过信息共享费用的形式实现供应链完全信息共享（SS）的合作。

从图 5-8（a）可知零售商 R 的利润损失和制造商 M_i（制造商 M_j）的利润增量均随着 k 的增加而减小，细点线 T_d 和粗虚线 $\min(T_{u1}, T_{u2})$ 均呈下降趋势。然而，制造商 M_i（制造商 M_j）的利润增量减少的速度更快。细点线 T_d 之上和粗虚线 $\min(T_{u1}, T_{u2})$ 之下的阴影部分面积（即信息共享费用取值区间），随着 k 的增加而不断缩小直至为零。由于 k 越大表示创新能力越小，创新能力对信息共享费用取值区间的影响为正。

（2）ϕ、t 和 σ 对信息共享费用取值区间的影响为正。

图 5-8（b）、图 5-8（c）和图 5-8（d）分别展示了在上游竞争型供应链中，当其他参数确定时，上游竞争强度 r、预测准确性 t 和随机需求波动性 σ 对信息共享费用取值区间的影响。随着上游竞争强度 r、预测准确性 t 和随机需求波动性 σ 的增加，实线 Δ 逐渐上升。由此说明，两个竞争型制造商 M_i、M_j 和零售商 R 通过信息共享费用 T 进行信息共享合作的可能性逐渐增加。因为需求预测信息共享产生的创新红利随着上游竞争强度、预测准确性和随机需求波动性的增加而增加，所以上游竞争强度 ϕ、预测准确性 t 和随机需求波动性 σ 的增加促进了制造商 M_i、M_j 和零售商 R 之间通过信息共享费用的形式实现供应链完全信息共享（SS）的合作。零售商 R 获得的信息共享费用总和 $2T$ 可以完全弥补共享私有信息的利润损失，此时两个竞争型制造商 M_i、M_j 能够支付足够多的信息共享费用以激励零售商 R 共享需求预测信息。

对于零售商 R 而言：①其利润损失随着上游竞争强度的增加而

减少，细点线 T_d 呈下降趋势（见图 5-8（b））；②其利润损失随着预测准确性和随机需求波动性的增加而增加，细点线 T_d 呈上升趋势（见图 5-8（c）和图 5-8（d））。对于竞争型制造商 M_i 而言：①其利润增量随着上游竞争强度的增加而减小，粗虚线 $\min(T_{u1}, T_{u2})$ 呈现下降趋势（见图 5-8（b））。当上游竞争强度超过某一临界值时，虚线 $\min(T_{u1}, T_{u2})$ 处于点线 T_d 之上，并且阴影部分的面积（即信息共享费用取值区间）随着上游竞争强度的增加而不断增加；②其利润增量随着预测准确性和随机需求波动性的增加而增加，粗虚线 $\min(T_{u1}, T_{u2})$ 呈现上升趋势（见图 5-8（c）和图 5-8（d））。粗虚线 $\min(T_{u1}, T_{u2})$ 总是处于细点线 T_d 之上，并且阴影部分的面积（即信息共享费用取值区间）随着预测准确性和随机需求波动性的增加而不断增加。综上可知，在上游竞争型供应链中，上游竞争强度 ϕ、预测准确性 t 和随机需求波动性 σ 对信息共享费用取值区间的影响为正。

从供应链实践来看，虽然获取下游零售商的需求预测信息有助于增加上游制造商的创新投入，但是当创新能力不断减弱时，上游制造商没有足够的收益增量来激励下游零售商共享需求预测信息。然而，当制造商之间的竞争加剧、市场需求波动较大、零售商预测需求的准确性较高时，上游制造商获取需求预测信息后的收益增加较多，此时，它们会支付较高的信息共享费用来激励下游零售商共享需求预测信息。

5.4　案例分析

如今，创新已经成为每家企业必须直面的新命题。得益于对科研的持续投入，国内家电生产厂商领头羊美的集团以坚实的技术实力接连取得重大突破，推出了一系列重磅产品。例如，将源自航空涡轮的对旋技术应用于空调，实现可控风感；参考太阳能发电原理、创新家电相变蓄热技术等，美的对技术创新与研发不吝重金，2018

年，研发投入达到100亿元，美的已经实现企业全价值链流程的全部数字化，将数字化程度提升到全行业乃至整个制造业的最高水平。通过数字化战略，美的找到了新的成本优势：人均成本大幅下降、仓库面积大幅压缩、库存周期大幅缩短、现金流显著增加，不仅满足市场需求而且盈利能力也大幅提升，通过效率驱动来建立新的成本优势。建立新的成本优势后，能确保盈利能力和现金流，然后又能去确保投入创新，让产品持续领先，形成一个良性循环。

作为其竞争对手，格力此前缺乏自己的核心技术，靠拼装挣辛苦费。在这之后，格力电器在材料上大胆创新，依靠配件质量优势，在激烈的市场竞争中脱颖而出。格力一直宣称“掌握核心科技”，也在不停地加大研发投入。特别是近年来在空调市场增长达到高点后，格力在生活电器、冰洗、芯片设计、医疗产业等方向加力多元化布局，希望在结构上更为均衡。伴随着“格力，掌握核心科技”这一目标的提出，格力电器逐渐在空调领域实现了核心技术的自主研发、核心部件的自主生产，有效提高了生产率，降低了生产成本，打破了国外企业的技术垄断。科技创新，让格力电器获得了市场认可，格力空调产销量开始领跑全球，真正有了做品牌的底气和能力。如今，围绕市场和消费者需要，格力电器用创新创造引领消费需求，这些具备领先科技的自主创新产品，不断为格力电器品牌赋能，让格力的品牌形象日益深入人心。

降低成本是企业创新的重要内容，需求预测能够帮助企业更好地制定成本降低计划。制造商在制定创新投入决策时，不仅要考虑竞争对手的批发价格对零售商订购量的影响，更要考虑自身及竞争对手的需求信息共享状态，一些制造商根据销售预测制定成本降低计划。如今，信息技术的发展使得企业越来越容易获得需求信息，处在下游的零售商离顾客更近，常常比制造商拥有更多的需求信息，许多零售商已经开始与其供应商建立信息共享系统，信息共享能够提高供应链运营效率。例如，作为美的与格力共同零售商的国美电器建立的“共享零售模式”，是基于“社交＋商务＋利益共享”的第三代零售商业模式。在该模式下，国美打通线上线下，实现供应链、场景、服务、会员、数据、物流支撑平台的共融，将大数据、物流、结算体系、会员体系甚至是生产资料与制造商共享，最终实现人与人、人与商品、人与服务的深度交互。国美已经完成了线上线下场景的融合，突破场景和时间限制。对品牌商来说，“共享零售模式”可以向品牌商提供深度服务，比如利用全场景为品牌商提供一体化渠道管理，利用国美开放的大数据，预测、研发产品等等。以国美与格力共同推出的定制化产品“舒享风”系列为例，在设计阶段，国美通过门店网络反馈的消费信息大数据，与格力进行需求预测信息共享，为该系列空调提供了生产、设计、价格等方面的建议，最终上市的产品符合消费主流的差异化需求，也使国美与格力实现了双赢。

5.5　本章小结

本章在第 3 章模型基础上，引入了一个制造商从而构建了由两个上游竞争型制造商和一个下游零售商组成的供应链模型，分析了供应链三方在不同信息共享情形下的均衡决策，探讨了两个制造商开展的成本降低创新对零售商需求预测信息共享的影响，探寻了实现供应链帕累托改进的信息共享激励机制。该部分研究克服了 Shang，Ha 和 Tong（2016）[92] 关于上游竞争型供应链中零售商需求预测信息共享研究中未考虑制造商创新的不足，他们的研究主要探讨了制造商的非线性成本和竞争强度对零售商需求预测信息共享的影响。我们在此基础上，引入了上游两个开展成本降低创新的制造商，通过研究得到以下结论：

（1）制造商的创新投入决策受到竞争对手和零售商需求预测信息共享的双重影响。竞争对手的存在增加了制造商的创新投入。在未来市场需求为正的条件下：当创新能力较弱时$\left(k>\frac{1+\phi}{2}\right)$，竞争型制造商在与竞争对手同时获得需求预测信息情形下的创新投入最高；当创新能力较强时$\left(\frac{1+\phi}{4}<k\leqslant\frac{1+\phi}{2}\right)$，竞争型制造商在独占零售商需求预测信息情形下的创新投入最高。

(2) 由于存在两个竞争型制造商，零售商共享需求预测信息的获利条件变宽，由原来的$k\leqslant\frac{1}{2}$变为$k\leqslant\frac{1+\phi}{2}$，其信息共享价值增加，并且上游制造商之间的竞争越激烈，下游零售商的信息共享价值越大。

(3) 当制造商的创新能力较强时，完全信息共享（SS）不仅是两个制造商的最优信息状态，而且是零售商的最优信息共享决策，因此，完全信息共享是供应链三方共同的最优信息共享状态，此时两个制造商的创新投入都较高。然而，当制造商的创新能力较弱时，零售商在完全信息共享状态下的事前利润最小，因此，零售商不愿同时与两个制造商共享需求预测信息。此时，两个竞争型制造商可以通过支付信息共享费用的方式来激励下游零售商共享私有需求信息，从而实现供应链三方收益的提升。信息共享费用取值区间随着创新能力、上游竞争强度、预测准确性和随机需求波动性的增加而增大。

本章的研究结论对存在两个竞争型上游制造商和单个下游零售商的供应链管理具有一定的实践启示，指导了供应链中零售商如何与两个竞争型制造商共享需求预测信息、两个竞争型制造商如何制定创新投入决策，以及两个竞争型制造商如何激励零售商共享需求预测信息。具体来说：①对于下游零售商而言，由于上游竞争的存在，零售商通过共享需求预测信息可以获得部分创新红利，其共享私有需求信息的意愿增强。上游制造商之间的竞争越激烈，下游零售商共享需求预测信息的意愿越强。②对于上游制造商而言，在未来市场需求增加的条件下：当创新能力较强时，独占零售商的需求预测信息对自身创新投入的增加有利；反之，当创新能力较弱时，与竞争对手同时获得零售商的需求预测信息对自身创新投入的增加有利。此外，虽然上游竞争者的存在改变了零售商和制造商的博弈

结构，但是相比于单一供应链，并没有改变制造商的决策规律：当创新能力较强时，制造商不必为零售商共享需求预测信息支付费用；然而，当创新能力较弱时，两个制造商为了获得需求预测信息需向零售商支付一定的信息共享费用。与此同时，在市场需求波动较小并且零售商的随机需求预测准确性较低的情形下，上游制造商能够通过支付较低的信息共享费用激励下游零售商共享需求预测信息。

第6章 创新驱动的下游竞争型供应链中零售商需求预测信息共享

在下游竞争型供应链中，制造商通过多个相互竞争的零售商向市场销售产品，并且每个零售商都拥有各自的需求预测信息。虽然制造商获取需求预测信息的渠道增加，但是由于竞争对手的存在，零售商原来的信息共享意愿发生变化，供应链原有的均衡状态被打破。多个信息共享主体（即零售商）的存在使上游制造商的创新投入决策变得较为复杂。下游零售商不同的需求信息共享策略（所有零售商均共享各自的需求信息、部分零售商共享需求信息、所有零售商均不共享需求信息）直接决定了上游制造商能够获得的需求信息，从而影响了制造商的创新投入决策。对于进行创新活动的制造商而言，何种需求信息共享策略是最优的？制造商开展的创新活动会对竞争型零售商的信息共享产生怎样的影响？更为重要的是，如果零售商之间关于信息共享的博弈陷入囚

徒困境，制造商如何激励零售商共享需求信息?

关于下游竞争型供应链中的需求预测信息共享研究主要关注信息共享效应[38, 108]、制造商的批发价格决策[39]、零售商的信息共享策略[111]、信息隐藏[110]和保密性[28]。这些研究主要基于事前视角分析了零售商的信息共享价值，忽视了当制造商开展创新活动时，竞争型零售商信息共享价值的变化。与此同时，下游竞争型供应链中的成员企业创新研究匮乏。现有研究主要考虑了下游竞争型零售商的创新[104-106]，忽视了上游制造商的创新投入决策。更为重要的是，尚未有研究将竞争型零售商的需求预测信息共享和制造商创新二者联系起来，分析制造商开展的创新活动对竞争型零售商需求预测信息共享的影响。在下游竞争型供应链中，虽然存在两个零售商，制造商获取需求预测信息的渠道增加，但由于竞争对手的存在改变了零售商原有的信息共享意愿，此时制造商面临的零售商信息共享决策较为复杂，自身的创新投入决策也会随之改变。因此，在下游竞争型供应链中，分析上游制造商的创新投入决策，探讨竞争型零售商的需求预测信息共享价值的变化具有重要的理论和现实意义。

基于此，本章后续部分首先构建由单个（进行成本降低创新的）制造商和两个（拥有需求预测信息的）竞争型零售商构成的供应链决策模型，分析单个制造商和两个竞争型零售商在不同信息共享情形下的均衡决策；然后，通过比较单个制造商和两个竞争型零售商在不同信息共享情形下的事前利润，分析各主体的需求预测信息共享价值；最后探寻基于制造商创新投入的需求预测信息共享激励机制。

6.1　基于制造商创新投入的竞争型零售商需求预测信息共享模型的构建

6.1.1　问题描述及模型假设

考虑由一个上游制造商 M 和两个下游竞争型零售商 R_i、R_j 组成的供应链（其中，$i=1$ 或 2，$j=3-i$），且供应链各主体为风险中性。两个零售商 R_i、R_j 销售同一个制造商 M 的产品进行竞争。产品 i 的逆需求函数为

$$p_i=a+\theta-q_i-rq_j \tag{6-1}$$

式中，r 表示下游竞争强度（r 越大表明两个零售商之间的竞争越激烈，$0<r<1$）。制造商 M 进行以降低生产成本为目标的创新活动，创新投入为 e。零售商 R_i、R_j 都有能力对随机需求进行预测，预测量分别为 Y_i 和 Y_j。存在竞争型零售商的供应链结构如图 6-1 所示。

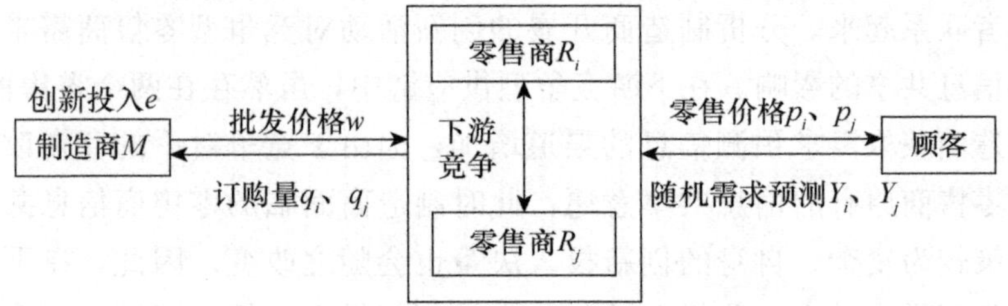

图 6-1　存在竞争型零售商的供应链模型结构

在进行后续分析之前，对该模型做出以下假设：

假设 6-1：多重线性期望信息结构。

假设随机变量 θ 和随机需求预测量 Y_i、Y_j 满足以下条件[111]：

(1) $E(Y_i \mid \theta)=\theta$；

(2) $E(\theta \mid Y_i, Y_j)=\alpha_0+\alpha_i Y_i+\alpha_j Y_j$，其中，$\alpha_0$、$\alpha_i$ 和 α_j 是常数；

(3) 随机需求预测量 Y_i、Y_j 是独立同分布。

条件 (1) 表明随机需求预测量 Y_i、Y_j 是随机变量 θ 的无偏估计量。条件 (2) 表明随机变量 θ 的条件期望是随机需求预测量 Y_i、Y_j 的线性组合。条件 (1) 和条件 (2) 涵盖了大部分常见的共轭分布族，如正态——正态分布、伽马——泊松分布和贝塔——二项分布等[140]。条件 (3) 表明两个零售商 R_i、R_j 在概率分布上是对称的。定义预测准确性为 $t_i=\dfrac{1}{E(\mathrm{Var}(Y_i \mid \theta))}$，它表示零售商 R_i 预测

随机需求的能力。并且令 $t_i=t_j=t$。由随机需求预测信息的非完美性可得 $E(\mathrm{Var}(Y_i\mid\theta))>0$。Ericson（1969）[128] 在其研究中得出

$$E(\theta|Y_i)=E(Y_i|Y_j)=\frac{t\sigma^2}{1+t\sigma^2}Y_i$$

$$E(\theta|Y_i,Y_j)=\frac{t\sigma^2}{1+2t\sigma^2}(Y_i+Y_j)$$

$$E[(Y_i)^2]=\frac{t\sigma^4}{1+t\sigma^2},E(Y_iY_j)=\sigma^2$$

与第3章关于随机变量 θ 和随机需求预测量的假设类似，只要标准差 σ 相对基准需求 a 较小，博弈均衡解总是存在于总需求 $a+\theta$ 为正的区间。

假设6-2：$k>\frac{1}{2+r}$。

与第3章和第5章关于创新能力的假设类似，该假设保证了制造商 M 和零售商 R_i、R_j 的利润函数是关于决策变量的凹函数。

其他假设与第3章和第5章类似，此处不再赘述。在下游竞争型供应链中，制造商 M 的创新投入决策、批发价格决策和两个竞争型零售商 R_i、R_j 的需求预测信息共享决策、订购量决策存在如图6-2所示的先后顺序。

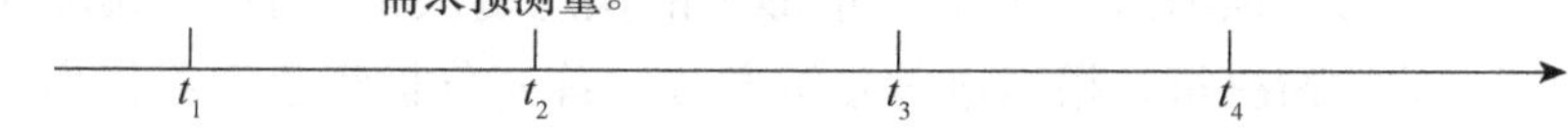

图6-2　单个制造商与两个竞争型零售商的决策顺序

（1）在预测随机需求之前，两个竞争型零售商 R_i、R_j 决定是否与制造商 M 共享需求预测信息。其中，NN 表示两个竞争型零售商 R_i、R_j 都不与制造商 M 共享需求预测信息，SN（NS）表示仅有零售商 R_i（或零售商 R_j）与制造商 M 共享需求预测信息，SS 表示两个竞争型零售商 R_i、R_j 同时与制造商 M 共享需求预测信息。

(2) 两个零售商 R_i、R_j 分别预测随机需求后，如果它们之前都决定不共享需求预测信息（NN），则不向制造商 M 共享随机需求预测量；如果仅有一个零售商决定与制造商共享需求预测信息（SN 或 NS），则仅有零售商 R_i 或零售商 R_j 如实共享随机需求预测量 Y_i 或 Y_j；如果两个零售商 R_i、R_j 之前都决定与制造商共享需求预测信息（SS），则两个零售商 R_i、R_j 如实共享随机需求预测量 Y_i 和 Y_j。

(3) 制造商 M 根据自身的信息状态和成本结构，制定批发价格 w 和创新投入 e。

(4) 零售商 R_i 根据上游制造商 M 的批发价格 w 和随机需求预测量 Y_i，制定订购量 q_i。

通过分析上述决策过程可知，制造商 M 通过在 t_3 阶段制定批发价格 w 和创新投入 e 来最大化自身利润，其利润函数为

$$\Pi_M=(w-c+e)(q_i+q_j)-\frac{1}{2}ke^2 \tag{6-2}$$

零售商 R_i 通过在 t_4 阶段制定订购量决策来最大化自身利润，其条件期望利润函数为

$$E(\Pi_{R_i}|Y_i)=(a+\theta-q_i-rE(q_j|Y_i)-w)q_i \tag{6-3}$$

下面将分别构建零售商 R_i、R_j 与制造商 M 不共享需求预测信息（NN）情形下、部分共享需求预测信息（NS 或 SN）情形下和完全共享需求预测信息（SS）情形下的供应链决策模型，求解供应链三方的均衡决策。根据逆向分析方法，首先分析竞争型零售商 R_i 的均衡订购量决策，最后分析制造 M 在不同信息共享情形下的均衡批发价格决策和均衡创新投入决策。

6.1.2 模型分析及均衡决策求解

分析竞争型零售商 R_i 的决策行为——在制造商 M 的批发价格 w 和创新投入 e 给定，并且观测到随机需求预测量 Y_i 的条件下，结

合式（6-3）可得零售商 R_i 的优化问题为

$$\underset{q_i \geqslant 0}{Maximize}\ E(\Pi_{R_i}|Y_i) = (a + E(\theta|Y_i) - q_i - rE(q_j|Y_i) - w)q_i \tag{6-4}$$

通过分析零售商 R_i 的优化问题，可得引理 6-1。

引理 6-1：在给定批发价格 w 和创新投入 e，并且观测到随机需求预测量 Y_i 的条件下，零售商 R_i 的条件期望利润函数 $E(\Pi_{R_i}|Y_i)$ 是关于订购量 q_i 的凹函数，其均衡订购量反应函数为 $q_i(w) = \frac{a-w}{2+r} + BY_i$，其中 $B = \frac{[(r-2)t\sigma^2 - 2]t\sigma^2}{(1+t\sigma^2)^2(r^2-4)}$。

证明：在制造商 M 给定批发价格和创新投入的条件下，首先分析零售商 R 的条件期望利润函数 $E(\Pi_{R_i}|Y_i)$ 关于订购量 q_i 的凹凸性。求解 $E(\Pi_{R_i}|Y_i)$ 关于 q_i 的二阶导数可得，$\frac{\partial^2 E(\Pi_{R_i}|Y_i)}{\partial q_i^2} = -2 < 0$，所以零售商 R_i 的条件期望利润函数 $E(\Pi_{R_i}|Y_i)$ 是关于订购量 q_i 的凹函数。

根据零售商 R_i 的条件期望利润函数 $E(\Pi_{R_i}|Y_i)$ 关于订购量 q_i 的一阶条件可得

$$q_i(w) = \frac{1}{2}(a - w + E(\theta|Y_i) - rE(q_j|Y_i))$$

联立 $q_i(w)$ 与 $q_j(w)$，可得

$$\begin{aligned}4q_i(w) = 2a - 2w + 2E(\theta|Y_i) - r[&a - w + E(E(\theta|Y_j)|Y_i) \\ &- rE(E(q_i|Y_j)|Y_i)]\end{aligned}$$

因　$$E(\theta|Y_i) = \frac{t\sigma^2}{1+t\sigma^2}Y_i$$

$$\begin{aligned}E(E(\theta|Y_j)|Y_i) &= E\left(\frac{t\sigma^2}{1+t\sigma^2}Y_j|Y_i\right) \\ &= \frac{t\sigma^2}{1+t\sigma^2}E(Y_j|Y_i)\end{aligned}$$

$$=\left(\frac{t\sigma^2}{1+t\sigma^2}\right)^2 Y_i$$

$$E(E(q_i|Y_j)|Y_i)=E(q_i(E(Y_i|Y_j))|Y_i)=q_i(E(E(Y_i|Y_j)|Y_i))$$

$$=q_i\left(E\left(\frac{t\sigma^2}{1+t\sigma^2}Y_j|Y_i\right)\right)=\frac{t\sigma^2}{1+t\sigma^2}q_i(E(Y_j|Y_i))$$

$$=q_i\left(\left(\frac{t\sigma^2}{1+t\sigma^2}\right)^2 Y_i\right)$$

$$q_i\left(\left(\frac{t\sigma^2}{1+t\sigma^2}\right)^2 Y_i\right)=\left(\frac{t\sigma^2}{1+t\sigma^2}\right)^2 q_i(Y_i)+\left[1-\left(\frac{t\sigma^2}{1+t\sigma^2}\right)^2\right]q_i(0)$$

可得

$$q_i(w)=\frac{a-w}{2+r}+BY_i \tag{6-5}$$

式中，$B=\frac{[(r-2)t\sigma^2-2]t\sigma^2}{(1+t\sigma^2)^2(r^2-4)}$。证毕。

通过分析引理 6-1 可知，在给定制造商 M 的批发价格 w 和创新投入 e，并且观测到随机需求预测量 Y_i 的条件下，由于 $\frac{1}{2+r}>0$，零售商 R_i 的均衡订购量关于批发价格 w 单调递减，关于随机需求预测量 Y_i 单调递增。此外，均衡订购量反应函数 $q_i(w)$ 还受到零售商之间竞争强度 r 的影响。引理 6-1 表明，虽然竞争对手的存在会影响制造商的订购量决策，但是并不会改变订购量决策关于批发价格和随机需求预测量的变化规律。即当制造商制定的批发价格较高时，或预测的市场需求较大时，理性的零售商会增加订购量从而保证获得更多的利润。

与第 3 章和第 5 章类似，下面将对单个制造商和竞争型零售商在不同信息共享情形下（NN、NS、SN 和 SS）的均衡决策分别进行分析。

1. 两个零售商均不共享需求预测信息情形

当两个零售商都不与制造商共享需求预测信息时，制造商无法获知随机需求预测量 Y_i 或 Y_j，结合式（6-5）可知制造商面对的总

订购量为 $E(q_i(w)+q_j(w))=\dfrac{2(a-w)}{2+r}$。因此，制造商 M 的优化问题为

$$\underset{w\geqslant 0,e\geqslant 0}{Maximize}\ E(\Pi_M^{NN})=(w-c+e)E(q_i(w)+q_j(w))-\frac{1}{2}ke^2 \tag{6-6}$$

综合分析制造商 M 和零售商 R_i、R_j 的决策行为，可得供应链各主体在 NN 情形下的均衡决策，如命题 6-1 所示。

命题 6-1：当两个零售商 R_i、R_j 都不与制造商 M 共享需求预测信息时，制造商 M 存在唯一均衡批发价格决策 w^{NN*} 和唯一均衡创新投入决策 e^{NN*}，零售商 R_i 存在唯一均衡订购量决策 q_i^{NN*}。其中，$w^{NN*}=\dfrac{(2+r)(a+c)k-2a}{2[(2+r)k-1]}$，$e^{NN*}=\dfrac{a-c}{[(2+r)k-1]}$，$q_i^{NN*}=\dfrac{(a-c)k}{2[(2+r)k-1]}+BY_i$。

证明：利用两步优化法[135] 求解制造商 M 的期望利润函数 $E(\Pi_M^{NN})$ 关于批发价格 w 和创新投入 e 的联合最优解。

(1) 因 $\dfrac{\partial^2 E(\Pi_M^{NN})}{\partial w^2}=-\dfrac{4}{2+r}<0$，则由一阶条件 $\left(\dfrac{\partial E(\Pi_M^{NN})}{\partial w}=0\right)$ 可得

$$w(e)=\frac{a+c-e}{2} \tag{6-7}$$

(2) 再将 $w(e)$ 代入 $E(\Pi_M^{NN})$，求解 $E(\Pi_M^{NN}(w(e)))$ 关于 e 的二阶导数，可得 $\dfrac{\partial^2 E(\Pi_M^{NN}(w(e)))}{\partial e^2}=\dfrac{1}{2+r}-k<0$。因此，$E(\Pi_M^{NN}(w(e)))$ 是关于 e 的凹函数，则由一阶条件可得

$$e^{NN*}=\frac{a-c}{2k+r-1} \tag{6-8}$$

再将 e^{NN*} 代入 $w(e)$，可得 $w^{NN*}=\dfrac{(2+r)(a+c)k-2a}{2(2k+r-1)}$。最

后，将 w^{NN*} 代入零售商 R_i 的反应函数式（6－5），可得 $q_i^{NN*}=\frac{(a-c)k}{2[(2+r)k-1]}+BY_i$。证毕。

通过分析命题 6－1 可知，零售商 R_i 的均衡订购量 q_i^{NN*} 与随机需求预测量 Y_i 正相关。然而，由于两个零售商都不与上游制造商共享需求预测信息，因此，制造商的均衡批发价格决策和均衡创新投入决策不受随机需求预测因素的影响，并且制造商的均衡批发价格和均衡创新投入与下游竞争强度 r 有关。由于 $\frac{\partial w^{NN*}}{\partial r}>0$，制造商的均衡批发价格与下游竞争强度正相关，即两个零售商之间的竞争越激烈，制造商制定的批发价格越高；由于 $\frac{\partial e^{NN*}}{\partial r}<0$，制造商的均衡创新投入与下游竞争强度负相关，即两个零售商之间的竞争越激烈，制造商的创新投入越低。简而言之，当两个零售商都不与制造商共享需求预测信息时，下游竞争使得制造商的批发价格增加、创新投入减少。此外，比较下游竞争型供应链与单一供应链中制造商的均衡创新投入决策，可得 $e^{NN*}-e^{N*}=\frac{k(a-c)(2-r)}{(kr+2k-1)(4k-1)}>0$，由此可见，竞争型零售商的出现增加了制造商在未获得需求预测信息情形下的创新投入。

从供应链实践来看，在下游供应链中，竞争对手的存在会影响零售商的订购量决策，进而对上游制造商的批发价格决策和创新投入决策产生影响。当下游两个零售商之间的竞争加剧时，制造商可以通过制定较高的批发价格或者进行较少的创新投入来获得更高的利润。

2. 仅有一个零售商共享需求预测信息的情形

当仅有零售商 R_i 与制造商 M 共享需求预测信息时，制造商 M 可以获知零售商 R_i 的随机需求预测量 Y_i，结合式（6－5）可知制造商 M 面对的订购量为 $E(q_i(w)+q_j(w)\mid Y_i)=\frac{2(a-w)}{2+r}+\left(1+\frac{t\sigma^2}{1+t\sigma^2}\right)BY_i$。因此，制造商 M 的优化问题为

$$\underset{w\geqslant 0,e\geqslant 0}{Maximize}\ E(\Pi_M^{SN}|Y_i)=(w-c+e)E(q_i(w)+q_j(w)|Y_i)-\frac{1}{2}ke^2 \tag{6-9}$$

综合分析制造商 M 和零售商 R_i、R_j 的决策行为，可得供应链各主体在 SN 情形下的均衡决策，如命题 6－2 所示。

命题 6－2：当仅有零售商 R_i 与制造商 M 共享需求预测信息时，制造商 M 存在唯一均衡批发价格决策 w^{SN*} 和唯一均衡创新投入决策 e^{SN*}，两个竞争型零售商 R_i、R_j 分别存在唯一均衡订购量决策 q_i^{SN*} 和 q_j^{SN*}。其中：

$$w^{SN*}=\frac{(a+c)k(2+r)-2a}{2[k(2+r)-1]}+\frac{(2+r)(1+2t\sigma^2)[k(2+r)-2]BY_i}{4[k(2+r)-1](1+t\sigma^2)}$$

$$e^{SN*}=\frac{a-c}{k(2+r)-1}+\frac{(2+r)(1+2t\sigma^2)BY_i}{2[k(2+r)-1](1+t\sigma^2)}$$

$$q_i^{SN*}=\frac{(a-c)k}{2[(2+r)k-1]}+\frac{[3k(2+r)+2(2+r)kt\sigma^2-2]BY_i}{4[(2+r)k-1](1+t\sigma^2)}$$

$$q_j^{SN*}=\frac{(a-c)k}{2[(2+r)k-1]}+BY_j$$

证明：因制造商 M 的条件期望利润函数关于批发价格的二阶导数 $\frac{\partial^2 E(\Pi_M^{SN}|Y_i)}{\partial w^2}=-\frac{4}{2+r}<0$，则由一阶条件可得

$$w(e)=\frac{a+c-e}{2}+\frac{(2+r)(1+2t\sigma^2)BY_i}{4(1+t\sigma^2)} \tag{6-10}$$

再将 $w(e)$ 代入 $E(\Pi_M^{SN}\mid Y_i)$，求解 $E(\Pi_M^{SN}(w(e))\mid Y_i)$ 关于创新投入 e 的二阶导数，可得

$$\frac{\partial^2 E(\Pi_M^{SN}(w(e))|Y_i)}{\partial e^2}=\frac{1}{2+r}-k<0$$

则由一阶条件可得

$$e^{SN*}=\frac{a-c}{k(2+r)-1}+\frac{(2+r)(1+2t\sigma^2)BY_i}{2[k(2+r)-1](1+t\sigma^2)} \tag{6-11}$$

再将 e^{SN*} 代入 $w(e)$，可得

$$w^{SN*}=\frac{(a+c)k(2+r)-2a}{2[k(2+r)-1]}+\frac{(2+r)(1+2t\sigma^2)[k(2+r)-2]BY_i}{4[k(2+r)-1](1+t\sigma^2)}$$

最后，将 w^{SN*} 和 $E(w^{SN*})$ 分别代入零售商 R_i 和零售商 R_j 的反应函数中可得均衡订购量决策分别为 $q_i^{SN*}=\frac{a-c}{2[(2+r)k-1]}+\frac{[3k(2+r)+2(2+r)kt\sigma^2-2]BY_i}{4[(2+r)k-1](1+t\sigma^2)}$ 和 $q_j^{NS*}=\frac{(a-c)k}{2[(2+r)k-1]}+BY_j$。证毕。

随机需求预测量 Y 的正负会直接影响供应链各方均衡决策，以 $Y>0$（即市场不确定信息显示需求增加）为例来分析仅有一个零售商 R_i 与制造商 M 共享需求预测信息对供应链各方均衡决策的影响。

(1) 对于制造商 M 而言，由于获得了零售商 R_i 的随机需求预测量 Y_i，其均衡批发价格决策 w^{SN*} 和均衡创新投入决策 e^{SN*} 发生了变化。由 $w^{SN*}-w^{NN*}=\frac{(1+2t\sigma^2)[(2+r)k-2]BY_i}{4(2+r)[(2+r)k-1](1+t\sigma^2)}$ 可知：当 $k>\frac{2}{2+r}$ 时，$w^{SN*}>w^{NN*}$；当 $\frac{1}{2+r}<k\leqslant\frac{2}{2+r}$ 时，$w^{SN*}\leqslant w^{NN*}$。从制造商的生产实践来看，在下游竞争型供应链中，下游某个零售商共享需求预测信息并不一定能够降低制造商的批发价格。当制造商的创新能力较弱时，其批发价格会因信息共享而上升；当制造商的创新能力较强时，其批发价格会因信息共享而降低。

(2) 对于共享需求预测信息的零售商 R_i 而言，其均衡订购量增加（由 $q_i^{SN*}-q_i^{NN*}=\frac{[3k(2+r)+2(2+r)kt\sigma^2-2]BY_i}{4[(2+r)k-1](1+t\sigma^2)}>0$ 易证）。

与上游竞争型供应链不同，在下游竞争型供应链中，均衡订购量 q_i^{SN*} 与均衡订购量 q_i^{NN*} 的差值关于随机需求预测量 Y_i 是单调递增的。由此可知，零售商 R_i 的随机需求预测量越大，其因向上游制造商 M 共享需求预测信息所增加的订购量越多。

（3）对于未共享需求预测信息的零售商 R_j 而言，其均衡订购量不变，即 $q_j^{NS*}=q_j^{NN*}$。但由于零售商 R_i 与制造商 M 共享需求预测信息，零售商 R_j 面对的批发价格发生了变化。尤其当制造商 M 的创新能力较弱时，其制定的批发价格较高，零售商 R_j 的利润较低。

结合（2）和（3）可知，对于零售商的生产实践来说，当制造商的创新能力较强时，零售商能够通过共享需求预测信息来降低制造商的批发价格、增加自身的订购量，从而实现更高的利润。而当制造商的创新能力较弱时，零售商共享需求预测信息会增加制造商的批发价格、增加自身的订购量。在市场需求不变的条件下，零售商的利润受损。此时为了减少利润损失，零售商不会向上游制造商共享需求预测信息。

此外，由于零售商 R_i 与零售商 R_j 对称，制造商 M 在 NS 情形下的均衡决策可根据 SN 情形下的均衡决策得出，如下所示：

$$e^{NS*}=\frac{a-c}{k(2+r)-1}+\frac{(2+r)(1+2t\sigma^2)BY_j}{2[k(2+r)-1](1+t\sigma^2)}$$

$$w^{NS*}=\frac{(a+c)k(2+r)-2a}{2[k(2+r)-1]}+\frac{(2+r)(1+2t\sigma^2)[k(2+r)-2]BY_j}{4[k(2+r)-1](1+t\sigma^2)}$$

3. 两个零售商均共享需求预测信息情形

当两个零售商 R_i、R_j 均与制造商 M 共享需求预测信息时，制造商 M 可以获知随机需求预测量 Y_i、Y_j，结合式（6-5）可知制造商 M 面对的订购量为 $E[q_i(w)+q_j(w)\mid Y_i, Y_j]=\frac{2(a-w)}{2+r}+B(Y_i+Y_j)$。因此，制造商 M 的优化问题为

$$\underset{w\geqslant 0,e\geqslant 0}{Maximize}\ E(\Pi_M^{SS}|Y_i,Y_j)=(w-c+e)E(q_i+q_j|Y_i,Y_j)-\frac{1}{2}ke^2 \tag{6-12}$$

综合分析制造商 M 和零售商 R_i、R_j 的决策行为，可得供应链各主体在 SS 情形下的均衡决策，如命题 6-3 所示。

命题 6-3：当两个零售商 R_i、R_j 同时与制造商 M 共享需求预测信息时，制造商 M 存在唯一均衡批发价格决策 w^{SS*} 和唯一均衡创新投入决策 e^{SS*}，零售商 R_i 存在唯一均衡订购量决策 q_i^{SS*}。其中：

$$w^{SS*}=\frac{k(a+c)(2+r)-2a}{2[k(2+r)-1]}+\frac{(2+r)[k(2+r)-2]}{4[k(2+r)-1]}B(Y_i+Y_j)$$

$$e^{SS*}=\frac{a-c}{k(2+r)-1}+\frac{2+r}{2[k(2+r)-1]}B(Y_i+Y_j)$$

$$q_i^{SS*}=\frac{(a-c)k}{2[k(2+r)-1]}+\frac{[3k(2+r)-2]}{4[k(2+r)-1]}BY_i+\frac{[2-k(2+r)]}{4[k(2+r)-1]}BY_j$$

证明：因制造商 M 的条件期望利润函数关于批发价格的二阶导数 $\frac{\partial^2 E(\Pi_M^{SS}|Y_i,Y_j)}{\partial w^2}=-\frac{4}{2+r}<0$，则由一阶条件可得

$$w(e)=\frac{a+c-e}{2}+\frac{2+r}{4}B(Y_i+Y_j) \tag{6-13}$$

再将 $w(e)$ 代入 $E(\Pi_M^{SS}\mid Y_i,\ Y_j)$，求 $E(\Pi_M^{SS}(w(e))\mid Y_i,\ Y_j)$ 关于创新投入 e 的二阶导数，可得

$$\frac{\partial^2 E(\Pi_M^{SS}(w(e))|Y_i,\ Y_j)}{\partial e^2}=\frac{1}{2+r}-k<0$$

则由一阶条件可得

$$e^{SS*}=\frac{a-c}{k(2+r)-1}+\frac{2+r}{2[k(2+r)-1]}B(Y_i+Y_j) \qquad (6-14)$$

再将 e^{SS*} 代入 $w(e)$，可得

$$w^{SS*}=\frac{k(a+c)(2+r)-2a}{2[k(2+r)-1]}+\frac{(2+r)[k(2+r)-2]}{4[k(2+r)-1]}B(Y_i+Y_j)$$

最后，得零售商 R_i 的均衡订购量决策为

$$q_i^{SS*}=\frac{(a-c)k}{2[k(2+r)-1]}+\frac{[3k(2+r)-2]}{4[k(2+r)-1]}BY_i+\frac{[2-k(2+r)]}{4[k(2+r)-1]}BY_j$$

证毕。

命题 6 - 3 展示了当两个竞争型零售商 R_i、R_j 同时与制造商 M 共享需求预测信息时，供应链各主体的均衡决策。由于制造商 M 拥有两个零售商 R_i、R_j 的随机需求预测量 Y_i、Y_j，原博弈的均衡结果发生了变化。制造商 M 的均衡批发价格 w^{SS*}、均衡创新投入 e^{SS*} 和零售商 R_i 的均衡订购量 q_i^{SS*} 均与随机需求预测量 Y_i、Y_j 以及下游竞争强度 r 有关。将供应链各主体在该情形下的均衡决策与其他信息共享情形下（NN 和 SN）的均衡决策进行对比可知，在 $Y_i>0$ 且 $Y_j>0$ 的条件下，有以下结论：

1. 均衡批发价格比较

将制造商 M 在四种信息共享情形下的均衡批发价格进行比较，可得

$$\begin{cases}\max(w^{SN*},w^{SS*})\leqslant w^{NN*}, & \dfrac{1}{2+r}<k\leqslant\dfrac{2}{2+r}\\ \min(w^{SN*},w^{SS*})>w^{NN*}, & k>\dfrac{2}{2+r}\end{cases} \qquad (6-15)$$

上式由 $w^{SN*}-w^{NN*}=\dfrac{(2+r)(1+2t\sigma^2)[(2+r)k-2]BY_i}{4[(2+r)k-1](1+t\sigma^2)}$ 和 $w^{SS*}-w^{NN*}=\dfrac{(2+r)[(2+r)k-2]}{4[(2+r)k-1]}B(Y_i+Y_j)$ 易证。当创新能力

较强时，制造商在获得需求预测信息情形下（SN 或 SS）的批发价格较低；当创新能力较弱时，制造商在获得需求信息情形下的批发价格较高。由此可见，当制造商的创新能力较弱时，信息共享将会提高制造商的均衡批发价格。这是因为如果制造商的创新能力较弱，其需要通过制定较高的批发价格来与零售商分担因获得需求预测信息所增加的创新投入成本，故而此条件下零售商面对的批发价格较高。对于制造商的生产实践而言，制造商获得需求预测信息的难易程度与其创新能力的强弱有关。当创新能力较强时，制造商在获得需求预测信息情形下制定的批发价格较低，下游零售商会因较低的批发价格而愿意共享需求预测信息。然而，当创新能力较弱时，信息共享会增加上游制造商制定的批发价格进而损害零售商利益，故而制造商难以获得需求预测信息。

2. 均衡零售价格比较

根据零售商的均衡订购量反应函数式（6－5）可知，均衡订购量与相应产品的批发价格成反比，可得零售商在不同信息共享情形下的均衡订购量存在以下关系：当 $\frac{1}{2+r}<k\leqslant\frac{2}{2+r}$ 时，$\min(q_i^{SN*},\ q_i^{SS*})\geqslant q_i^{NN*}$；当 $k>\frac{2}{2+r}$ 时，$\max(q_i^{SN*},\ q_i^{SS*})<q_i^{NN*}$。从零售商的生产实践来看，共享需求预测信息并不一定能够增加自身的订购量。只有当制造商的创新能力较强时，信息共享才能够增加零售商的订购量。

3. 均衡创新投入比较

将制造商 M 在四种信息共享情形下的均衡创新投入进行比较，可得

$$e^{SN*}-e^{NN*}=\frac{(2+r)(1+2t\sigma^2)BY_i}{2[k(2+r)-1](1+t\sigma^2)} \tag{6-16}$$

$$e^{SS*}-e^{NN*}=\frac{(2+r)B(Y_i+Y_j)}{2[(2+r)k-1]} \tag{6-17}$$

$$e^{SS*}-e^{SN*}=\frac{(2+r)B[Y_j-t\sigma^2(Y_i-Y_j)]}{2(1+t\sigma^2)[(2+r)k-1]} \tag{6-18}$$

综合分析式（6－17）和式（6－18）可知，相比于不共享需求预测信息情形，制造商 M 的创新投入增量与（从一个或两个零售商处获得的）随机需求预测量 Y_i 和 Y_j 正相关。由于制造商 M 在 NS 情形下的创新投入决策可根据 SN 情形下的创新投入决策得出，结合式（6－19），若随机需求预测量 Y_i 和 Y_j 均为正，可得

$$\begin{cases} e^{XS*} > e^{XN*}, \ Y_i > Y_j \\ e^{SX*} \geqslant e^{NX*}, \ Y_i \leqslant Y_j \end{cases} \tag{6-19}$$

式中，上标 $X=S$ 或 N。上式表明，在下游竞争型供应链中，制造商从随机需求预测量较高的零售商处获得需求信息时，自身创新投入较高。通常，在随机需求预测准确性相同的条件下，随机需求预测量的高低在一定程度上反映了企业所占有的市场份额。随机需求预测量较高的零售商往往占有较大的市场份额，在市场中占据主导地位，故可将其看作市场主导零售商。因此，在下游竞争型供应链中，若未来市场随机需求增加，制造商从市场主导零售商处获得需求预测信息时，自身创新投入较高。

此外，可以通过比较下游竞争型供应链和单一供应链中制造商在不同信息共享情形下的均衡创新投入，分析下游竞争对制造商创新投入决策的影响。制造商在不同信息共享情形下的均衡创新投入难以直接比较，我们通过数值分析来探讨下游竞争对制造商创新投入决策的影响，如图 6－3 所示。其中，下方的两条曲线分别表示单一供应链中的制造商在 S 情形下和 N 情形下的创新投入，上方的四条曲线分别表示下游竞争型供应链中的制造商在 NN 情形下、SN 情形下、SS 情形下和 NS 情形下的创新投入。

图 6－3 验证了制造商在不同信息共享情形下均衡创新投入的大小关系。如图 6－3（a）所示，NS 曲线依次高于 SS 曲线、SN 曲线和 NN 曲线，由此表明 $e^{NS*} > e^{SS*} > e^{SN*} > e^{NN*}$，即当 $Y_i > Y$ 时，$e^{XS*} > e^{XN*}$。如图 6－3（b）所示，SN 曲线依次高于 SS 曲线、NS 曲线和 NN 曲线，由此表明 $e^{SN*} > e^{SS*} > e^{NS*} > e^{NN*}$，即当 $Y_i < Y_j$ 时，$e^{SX*} < e^{NX*}$。更为重要的是，图 6－3 展示了下游竞争

对制造商创新投入的影响：(1) 由 SS 曲线、NS 曲线和 SN 曲线均高于 S 曲线可得 $e^{SS*}>e^{S*}$、$e^{NS*}>e^{N*}$ 且 $e^{SN*}>e^{S*}$，即当制造商获得需求预测信息时（SN 情形、NS 情形或 SS 情形），下游竞争促使制造商增加创新投入；(2) 由 NN 曲线高于 N 曲线可得 $e^{NN*}>e^{N*}$，即当制造商未获得需求预测信息时（NN 情形），下游竞争促使制造商增加创新投入。综合 (1) 和 (2) 可知，无论是否获得需求预测信息，下游竞争均会促使制造商增加创新投入。此外，制造商在四种信息共享情形下的创新投入曲线均随着下游竞争的增加而降低，由此说明，下游竞争越激烈，制造商创新投入增加得越少。

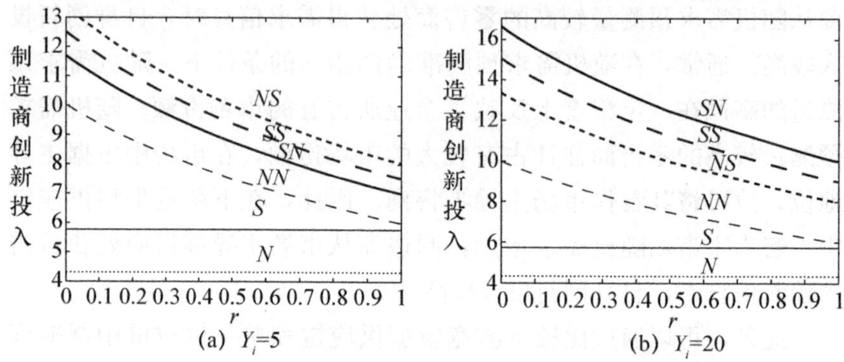

图 6-3　下游竞争对制造商创新投入的影响 ($a=50$, $c=20$, $k=2$, $t=5$, $\sigma=10$, $Y=10$, $Y_j=10$)

6.2　下游竞争型供应链的需求预测信息共享价值分析

上一节通过构建基于两个竞争型制造商创新投入的单个零售商需求预测信息共享模型，分析了供应链各主体在不同信息共享情形下的均衡决策，探讨了下游竞争和信息共享对供应链均衡决策的影响。本节通过求解供应链各主体在不同信息共享情形下的事前利润来探讨制造商和竞争型零售商的需求预测信息共享价值。

由于两个零售商 R_i、R_j 在博弈的第一阶段需要决定是否与制造商 M 共享需求预测信息，而此时随机需求预测量 Y_i、Y_j 尚未实现，故需通过比较供应链各方在不同信息共享情形下的事前利润来分析它们的信息共享价值。

6.2.1　制造商的需求预测信息共享价值

将由命题 6-1、命题 6-2 和命题 6-3 得到的供应链各主体均衡决策代入制造商 M 的利润函数——式（6-2），再分别对其求期望，可得制造商 M 在四种信息共享情形下的事前利润分别为

$$E(E(\Pi_M^{NN}))=\frac{k(a-c)^2}{2[(2+r)k-1]} \tag{6-20}$$

$$E(E(\Pi_M^{SN}|Y_i))=E(E(\Pi_M^{NS}|Y_j))=\frac{k[4t\sigma^2(a-c)^2(1+t\sigma^2)+(2+r)^2(1+2t\sigma^2)^2B^2\sigma^2]}{8t\sigma^2[(2+r)k-1](1+t\sigma^2)} \tag{6-21}$$

$$E(E(\Pi_M^{SS}|Y_i,Y_j))=\frac{k[2t(a-c)^2+(2+r)^2(1+2t\sigma^2)^2B^2]}{4t[(2+r)k-1]} \tag{6-22}$$

比较制造商 M 在四种信息共享情形下的事前利润，可得

$$E(E(\Pi_M^{SN}|Y_i))-E(\Pi_M^{NN})=\frac{kB^2(2+r)^2(1+2t\sigma^2)^2}{8t[(2+r)k-1](1+t\sigma^2)}>0$$

$$E(E(\Pi_M^{SS}|Y_i,Y_j))-E(E(\Pi_M^{SN}|Y_i))=\frac{kB^2(2+r)^2(1+2t\sigma^2)}{8t[(2+r)k-1](1+t\sigma^2)}>0$$

由此可知，$E(E(\Pi_M^{SS}|Y_i,Y_j))>E(E(\Pi_M^{SN}|Y_i))=E(E(\Pi_M^{NS}|Y_j))>E(E(\Pi_M^{NN}))$。利用 Matlab 软件，通过数值分析方法可得制造商在四种信息共享情形下的事前利润如图 6-4 所示。

图 6-4 展示了制造商在四种信息共享情形下事前利润的相对大小。无论创新能力如何变化，粗虚线（表示制造商 M 在 SS 情形下

的事前利润）总是位于细虚线（表示制造商 M 在 SN 情形下或 NS 情形下的事前利润）和实线（表示制造商 M 在 NN 情形下的事前利润）的上方，表明制造商在两个零售商同时共享需求（SS）情形下的事前利润最大。由此可见，在下游竞争型供应链中，制造商从两个零售商处获取需求预测信息的价值最高。

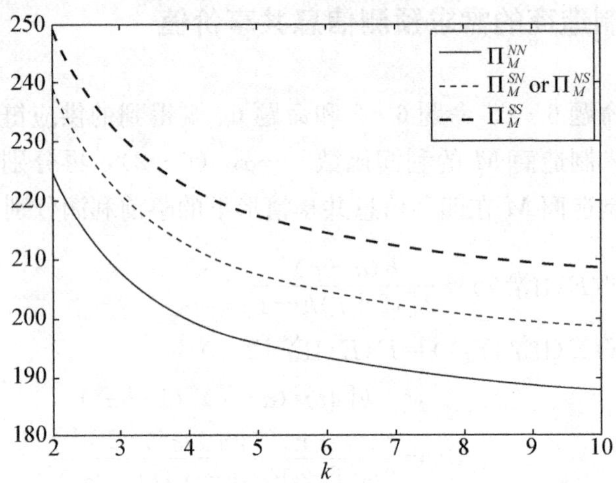

图 6-4　制造商在四种信息共享情形下的事前利润比较
（$a=50$，$c=20$，$r=0.5$，$t=5$，$\sigma=10$）

6.2.2　竞争型零售商的需求预测信息共享价值

将由命题 6-1、命题 6-2 和命题 6-3 得到的供应链各主体均衡决策代入竞争型零售商 R_i 的利润函数——式（6-3），再分别对其求期望，可得竞争型零售商 R_i 在四种信息共享情形下的事前利润分别为

$$E(E(\Pi_{R_i}^{NN}|Y_i))=E(E(\Pi_{R_i}^{NS}|Y_i))=\frac{k^2(a-c)^2}{4[(2+r)k-1]^2}+\frac{B^2(1+t\sigma^2)}{t} \quad (6-23)$$

$$E(E(\Pi_{R_i}^{SN}|Y_i))=\frac{k^2(a-c)^2}{4[(2+r)k-1]^2}+\frac{B^2[2-k(2+r)(2t\sigma^2+3)]^2}{16t(1+t\sigma^2)[(2+r)k-1]^2} \quad (6-24)$$

$$E(E(\Pi_{R_i}^{SS}|Y_i,Y_j))=\frac{k^2(a-c)^2}{4[(2+r)k-1]^2}+\frac{B^2[4(1+t\sigma^2)-2k(2+r)(4+3t\sigma^2)+k^2(2+r)^2(5+2t\sigma^2)]}{8t[(2+r)k-1]^2} \tag{6-25}$$

竞争型零售商 R_i 在四种信息共享情形下的事前利润解析式比较复杂，难以直接进行数理分析，利用 Matlab 软件、通过数值分析可得它们的大小关系如图 6-5 所示。

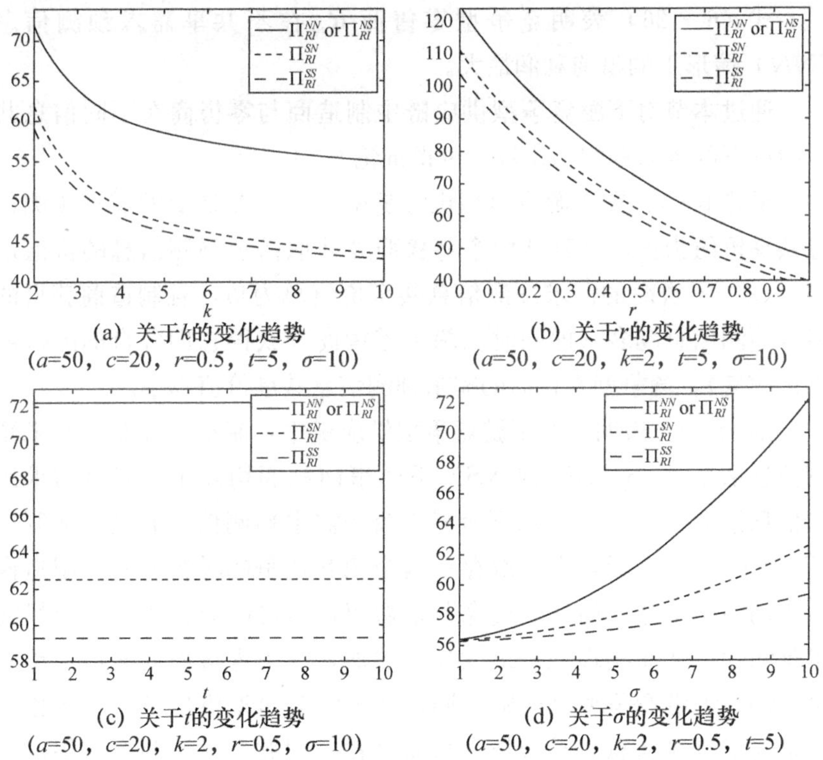

(a) 关于k的变化趋势
(a=50，c=20，r=0.5，t=5，σ=10)
(b) 关于r的变化趋势
(a=50，c=20，k=2，t=5，σ=10)
(c) 关于t的变化趋势
(a=50，c=20，k=2，r=0.5，σ=10)
(d) 关于σ的变化趋势
(a=50，c=20，k=2，r=0.5，t=5)

图 6-5　竞争型零售商在四种信息共享情形下的事前利润关于主要参数的变化趋势

图 6-5 展示了竞争型零售商 R_i 在四种信息共享情形下的事前利润关于主要参数的变化规律。由图 6-5（a）和图 6-5（b）可知，竞

争型零售商 R_i 在四种信息共享情形下的事前利润随着 k 和下游竞争强度 r 的增加而减小；由图 6-5（c）和图 6-5（d）可知，竞争型零售商 R_i 在四种信息共享情形下的事前利润随着预测准确性 t 和随机需求波动性 σ 的增加而增加。虽然竞争型零售商 R_i 在四种信息共享情形下的事前利润关于各主要参数的变化趋势不同，但是通过分析可得竞争型零售商 R_i 在四种信息共享情形下的事前利润存在如下的关系：

$$E(E(\Pi_{R_i}^{NN}|Y_i))=E(E(\Pi_{R_i}^{NS}|Y_i))>E(E(\Pi_{R_i}^{SN}|Y_i))>E(E(\Pi_{R_i}^{SS}|Y_i,Y_j)) \tag{6-26}$$

式（6-26）表明竞争型零售商 R_i 在不共享需求预测信息（NN）情形下的事前利润最大。

通过本节对下游竞争型供应链中制造商与零售商在不同信息共享情形下的事前利润的比较，可得推论 6-1。

推论 6-1：在下游竞争型供应链中，（1）制造商的需求预测信息共享价值为正，且其从两个零售商处获取需求预测信息的价值最高。（2）零售商的需求预测信息共享价值总为负，且制造商获得的需求预测信息越多（即同时从两个零售商处获得它们各自的随机需求预测量），竞争型零售商的需求预测信息共享价值越小。

推论 6-1 表明，在下游竞争型供应链中，制造商在获得需求预测信息情形（SS、SN 或 NS）下的事前利润均高于未获得需求预测信息情形（NN），获取下游零售商的需求预测信息有利。从制造商的生产实践来看，当下游存在两个相互竞争的零售商时，制造商应主动与两个零售商达成信息共享协议，尽可能获得更多的市场需求预测信息从而实现利润最大化。然而，对于零售商而言，与单一供应链、上游竞争型供应链不同，在下游竞争型供应链中，零售商共享需求预测信息总是会损害自身利益。因此，下游两个零售商不可能自发向上游制造商共享需求预测信息。在单一供应链中，制造商进行成本降低创新所增加的供应链利润使得零售商的利润也随之增加，零售商有可能自愿共享私有需求信息。而且，当存在多个上游制造商时，零售商更有可能通过共享需求预测信息获利。然而，

当下游零售商存在竞争对手时，零售商因上游制造商进行成本降低创新所增加的利润无法弥补共享私有需求信息所损失的利润。由此可见，在下游竞争型供应链中，相比于制造商创新，下游竞争对零售商信息共享价值的负向影响较大。

6.3　下游竞争型供应链的需求预测信息共享激励机制

通过分析制造商在不同信息共享情形下的事前利润可知，制造商在两个零售商同时共享需求预测信息情形（SS）下的事前利润最大，然而零售商在不共享需求预测信息情形（NN）下的事前利润最大。由此可见，在下游竞争型供应链中，信息共享促进制造商创新所产生的红利大多被制造商占有，制造商 M、零售商 R_i 和零售商 R_j 三者无法关于需求预测信息共享达成一致，最终供应链陷入无信息共享（NN）的最差状态。

1. 信息共享费用的确定

由于制造商可以从信息共享中受益，因此，考虑将制造商的一部分收益通过信息共享费用的形式让渡给两个零售商以激励它们共享私有需求信息。

（1）对于供应链整体而言。考虑在博弈的第一阶段，制造商 M 通过向两个零售商 R_i、R_j 支付信息共享费用 T 以获得后续阶段的需求预测信息。如果零售商 R_i（零售商 R_j）接受制造商 M 的信息共享费用 T，则其在博弈的第二阶段获得随机需求预测量 Y_i（随机需求预测量 Y_j）后必须向制造商 M 如实共享需求预测信息。只有当供应链在完全信息共享状态下（SS）的整体收益较大时，制造商向两个零售商支付的信息共享费用才能弥补它们共享私有需求信息所造成的利润损失，即

$$\begin{aligned}\Delta=&[E(E(\Pi_M^{SS}\mid Y_i,Y_j))-E(E(\Pi_M^{NN}))]\\&-2[E(E(\Pi_{R_i}^{SS}\mid Y_i,Y_j))-E(E(\Pi_{R_i}^{NN}\mid Y_i))]>0\end{aligned}\tag{6-27}$$

如果式（6-27）不成立，则表明信息共享对供应链上游制造商产生的收益小于对供应链下游两个竞争型零售商造成的损失。制造商M没有足够的收益增量支付信息共享费用，两个零售商R_i、R_j都不愿与制造商M共享需求预测信息，最终供应链陷入无信息共享状态（NN）。

（2）对于制造商M而言，其支付信息共享费用T的条件是

$$E(E(\Pi_M^{SS}|Y_i,Y_j))-2T>E(E(\Pi_M^{NN})) \tag{6-28}$$

只有当信息共享费用T满足式（6-28）时，制造商M向两个竞争型零售商支付信息共享费用并获得需求预测信息后，其收益才会增加。在此条件下信息共享费用T越小，制造商M通过获取需求预测信息所增加的收益越多，其获取需求预测信息的意愿越强。

（3）对于两个竞争型零售商R_i、R_j而言，构建存在信息共享费用情形下两个竞争型零售商R_i、R_j关于共享需求预测信息的完全信息静态博弈。因零售商R_j与零售商R_i对称，双方的收益矩阵如图6-6所示。

		零售商R_j	
		不共享需求预测信息（N）	共享需求预测信息（S）
零售商R_i	不共享需求预测信息（N）	$(E(E(\Pi_{R_i}^{NN}\|Y_i))$, $E(E(\Pi_{R_i}^{NN}\|Y_i)))$	$(E(E(\Pi_{R_i}^{SN}\|Y_i))$, $E(E(\Pi_{R_j}^{SN}\|Y_j))+T)$
	共享需求预测信息（S）	$(E(E(\Pi_{R_i}^{SN}\|Y_i))+T$, $E(E(\Pi_{R_j}^{SN}\|Y_j)))$	$(E(E(\Pi_{R_i}^{SS}\|Y_i,Y_j))+T$, $E(E(\Pi_{R_j}^{SS}\|Y_i,Y_j))+T)$

图6-6　存在信息共享费用情形下两个竞争型零售商关于需求预测信息博弈的收益矩阵

为了使两个竞争型零售商R_i、R_j达到完全共享信息的状态（SS），需满足以下条件：

①对于零售商R_i而言，其愿意接受信息共享费用T并单独向制造商M共享需求预测信息的条件是

$$E(E(\Pi_{R_i}^{SN}|Y_i))+T>E(E(\Pi_{R_i}^{NN}|Y_i)) \qquad (6-29)$$

②对于零售商 R_i 而言，其愿意接受信息共享费用 T 并同时与竞争对手（零售商 R_j）向制造商 M 共享需求预测信息的条件是

$$E(E(\Pi_{R_i}^{SS}|Y_i))+T>E(E(\Pi_{R_i}^{SN}|Y_i)) \qquad (6-30)$$

结合制造商 M 和两个竞争型零售商 R_i、R_j 支付/接受信息共享费用 T 的条件——式（6-27）、式（6-28）、式（6-29）和式（6-30），可得推论 6-2。

推论 6-2：在下游竞争型供应链中，制造商可以通过支付一定的信息共享费用 $2T$ 来激励两个零售商共享需求预测信息。T 的取值区间为

$$\max(T_{d1},T_{d2})<T<T_u \qquad (6-31)$$

式中，$T_{d1}=E(E(\Pi_{R_i}^{NN}|Y_i))-E(E(\Pi_{R_i}^{SN}|Y_i))$，$T_{d2}=E(E(\Pi_{R_i}^{SN}|Y_i))-E(E(\Pi_{R_i}^{SS}|Y_i))$，$T_u=\dfrac{E(E(\Pi_M^{SS}\mid Y_i,\ Y_j))-E(\Pi_M^{NN})}{2}$。

推论 6-2 表明，与单一供应链、上游竞争型供应链不同，由于存在下游两个竞争型零售商，制造商必须让渡部分收益才能获得市场需求预测信息。这是因为在下游竞争型供应链中，相比于制造商创新，下游竞争对零售商信息共享价值的负向影响较大。零售商的信息共享价值总是为负，零售商不会无偿共享私有需求信息。对于制造商的生产实践而言，为了获得需求预测信息、最大化自身利润，制造商需要分别向两个零售商支付一定的信息共享费用来弥补零售商共享需求预测信息的损失。

2. 信息共享费用的变化规律

制造商 M 向两个竞争型零售商 R_i、R_j 支付的信息共享费用形式比较复杂，难以直接进行数理分析，利用 Matlab 软件，采用数值分析方法来探讨信息共享费用取值区间存在的可能性及其关于主要参数的变化规律（如图 6-7 所示）。其中，实线表示 Δ——供应链收益净增量；粗虚线表示 T_u——制造商 M 获得需求预测信息后的利

润增量，该曲线代表制造商愿意提供的信息共享费用上限；细点线表示 max(T_{d1}，T_{d2})[①]——零售商 R_i 共享私有需求信息的利润损失，该曲线代表零售商 R_i 共享需求预测信息时愿意接受的信息共享费用下限；粗虚线 T_u 之下和细点线 max(T_{d1}，T_{d2})之上的阴影部分面积表示转移支付 T 的取值区间。

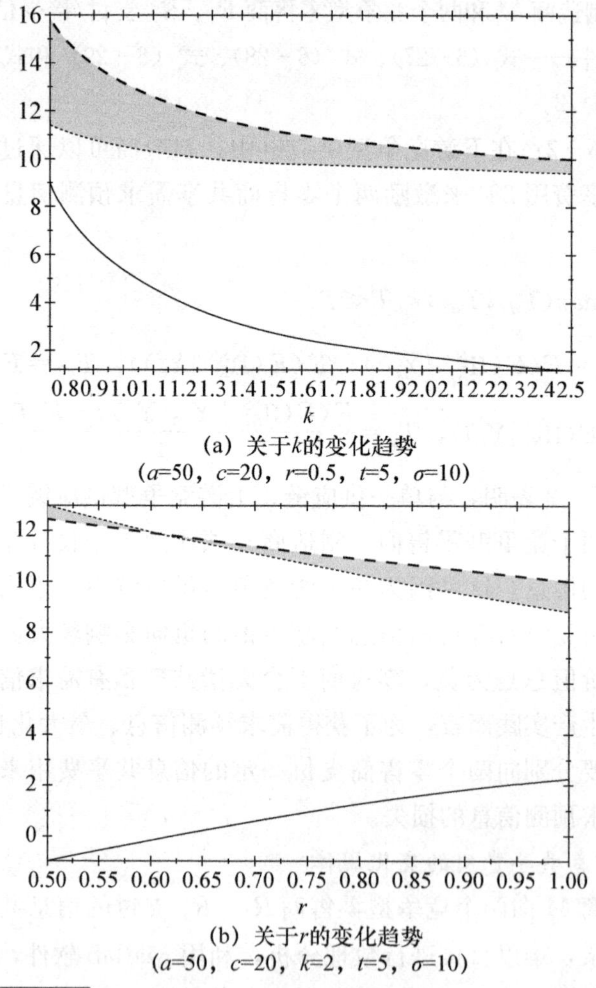

(a) 关于k的变化趋势

(a=50，c=20，r=0.5，t=5，σ=10)

(b) 关于r的变化趋势

(a=50，c=20，k=2，t=5，σ=10)

---

① 由于 T_{d1} 与 T_{d2} 相差较大，如果在图形中同时显示 T_{d1} 和 T_{d2} 两条曲线，将难以展示其他曲线的变化趋势。为了图形整体的简洁、美观，用细点线表示 T_{d1} 与 T_{d2} 中的较大者。

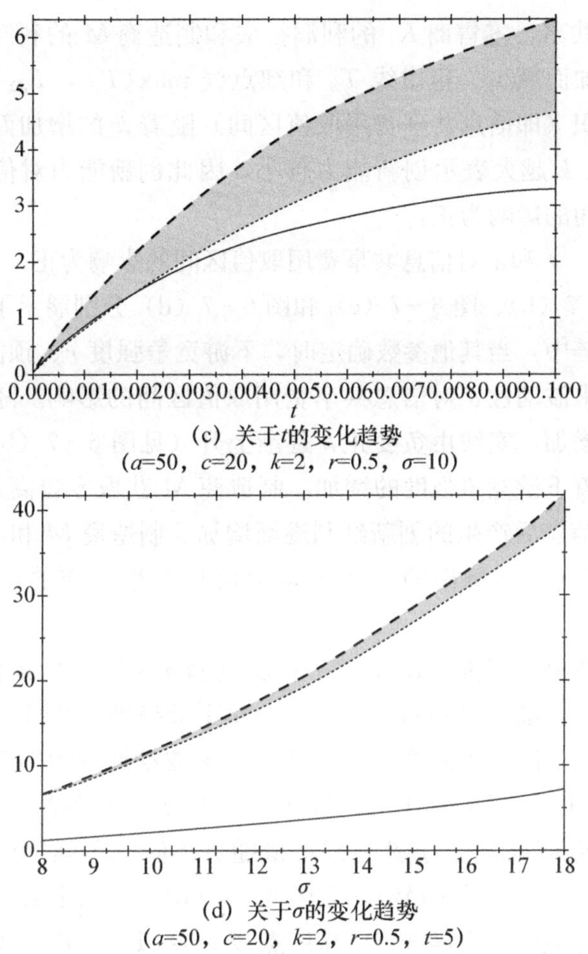

(c) 关于t的变化趋势
(a=50，c=20，k=2，r=0.5，σ=10)

(d) 关于σ的变化趋势
(a=50，c=20，k=2，r=0.5，t=5)

图 6－7　在下游竞争型供应链中，信息共享费用取值区间关于主要参数的变化趋势

(1) k 对信息共享费用取值区间的影响为负。

图 6－7 (a) 展示了在下游竞争型供应链中，当其他参数确定时，k 对信息共享费用取值区间的影响。随着 k 的增加，实线逐渐下降，意味着制造商 M 和零售商 R_i、R_j 通过共享需求预测信息所获得的创新红利逐渐减少。制造商 M 和两个竞争型零售商 R_i、R_j 通过信息共享费用的方式来实现信息共享合作的可能性逐渐减小。

细点线 $\max(T_{d1}, T_{d2})$ 和粗虚线 T_u 均呈下降趋势，由此说明由于信息共享，零售商 R_i 的利润损失和制造商 M 的利润增量均随着 k 的增加而减少。粗虚线 T_u 和细点线 $\max(T_{d1}, T_{d2})$ 相夹的阴影部分面积（即信息共享费用取值区间）随着 k 的增加而不断缩小直至为零。k 越大表示创新能力越小，因此创新能力对信息共享费用取值区间的影响为正。

（2）r、t 和 σ 对信息共享费用取值区间的影响为正。

图 6－7（b）、图 6－7（c）和图 6－7（d）分别展示了在下游竞争型供应链中，当其他参数确定时，下游竞争强度 r、预测准确性 t 和随机需求波动性 σ 对信息共享费用取值区间的影响。随着下游竞争强度的增加，实线由负变正，逐渐上升（见图 6－7（b））。由此说明，随着下游竞争强度的增加，制造商 M 获取零售商 R_i、R_j 的需求预测信息后产生的创新红利逐渐增加。制造商 M 和零售商 R_i、R_j 通过信息共享费用的方式来实现信息共享合作的可能性逐渐增加。

对于竞争型零售商 R_i 而言：①其利润损失随着下游竞争强度的增加而减小，细点线 $\max(T_{d1}, T_{d2})$ 呈下降趋势（见图 6－7（b））；②其利润损失随着预测准确性和随机需求波动性的增加而增加，细点线 $\max(T_{d1}, T_{d2})$ 呈上升趋势（见图 6－7（c）和图 6－7（d））。对于制造商 M 而言：①其利润增量随着下游竞争强度的增加而减小，虚线 T_u 呈现下降趋势（见图 6－7（b））。当下游竞争强度超过某一临界值时，粗虚线 T_u 和细点线 $\max(T_{d1}, T_{d2})$ 相夹的阴影部分面积（即信息共享费用取值区间）随着下游竞争强度的增加而不断增加。②其利润增量随着预测准确性和随机需求波动性的增加而增加，粗虚线 T_u 呈现上升趋势（见图 6－7（c）和图 6－7（d））。粗虚线 T_u 总是处于细点线 $\max(T_{d1}, T_{d2})$ 之上，并且阴影部分的面积（即信息共享费用取值区间）随着预测准确性和随机需求波动性的增加而不断增加。综合以上分析可知，在下游竞争型供应链中，下游竞争强度 r、预测准确性 t 和随机需求波动性 σ 对信息共享费用取值区间的影响为正。

从供应链实践来看，在下游竞争型供应链中，虽然获取下游一

个或两个零售商的需求预测信息有助于上游制造商制定更为合理的创新投入决策，但是当创新能力不断减弱时，上游制造商没有足够的收益增量来激励下游零售商共享需求预测信息。然而，当零售商之间的竞争加剧、市场需求波动较大、零售商预测随机需求的准确性较高时，制造商获取需求预测信息后的收益增加较多，此时，上游制造商会支付较高的信息共享费用来激励下游零售商共享需求预测信息。

6.4　案例分析

在智能手机行业，蓝思科技是全球消费电子产品功能视窗及外观防护零部件行业领先企业，公司成立以来，始终致力于技术创新，先后成为苹果、三星、华为、vivo、OPPO、小米、特斯拉、亚马逊等大客户新品的核心供应商。

曾经的蓝思科技因为苹果在其客户群中有着独一无二的地位，被许多人打上了“苹果专属供应商”的标签。不过随着行业内竞争加剧，苹果公司不希望一家独大，因此，在与蓝思科技保持合作关系的同时，又将部分订单分给其竞争对手——伯恩光学，并扶持其他的玻璃面板制造商。而在中国市场，华为持续保持较高的市场占有率，且增速远超其他品牌。因而华为在 2019 年第一季度已经成为蓝思科技的最大客户。数据显示，苹果手机 2020 年一季度出货量同比下滑超过 30%，仅为 3 640 万台，仅占全球智能手机销量的 11.7%。与苹果的低迷相比，华为保持高速增长。尽管在美国市场缺席，华为在今年第一季度以 5 800 万台的出货量成为全球第二大智能手机厂商，市场占有率达到了 15.7%的新高。蓝思科技作为华为的重要核心战略一级供应商，公司的新技术、新工艺、新设备等已大量应用于其中高端智能手机终端、智能可穿戴设备以及智能电脑终端等不同种类的每一代新产品，双方历经多年的战略合作，在技术创新、研发储备和规模生产等领域一直深度互信合作，双方拥有广阔的合作前景。

2020年是全球5G大规模商用第一年，面对新冠肺炎疫情造成的不利影响，蓝思科技以技术创新提升核心竞争力，靠产品创新抢占发展先机，在市场环境整体低迷情况下实现了“智造+5G”的企业愿景。目前，蓝思科技通过工业互联设备的技术和视觉改造，实现了深度学习在工业领域的成功应用，通过人工智能找到最优工艺曲线和最优工艺管控，在节约生产资源的同时，有效提高产品质量、降低成本和加速交付，大幅提升了企业的资产资源管理与运营能力。蓝思科技领先于竞争对手的工艺能力也使其能够满足客户大批量交货的需求。蓝思科技与华为公司在技术创新、研发储备和规模生产等领域深度互信合作，注重技术创新与市场需求的有效衔接，考虑自身所在行业领域的市场需求，注重华为在未来5G市场的领先地位。通过及时掌握市场需求与发展趋势，快速响应客户需求变化，大幅提升了企业的资产资源管理与运营能力。虽然一季度行业受到疫情影响，但公司凭借高效、稳定的运营保障了复工复产的有序开展，公司在行业的地位进一步提升。

而在2013年，苹果公司投资蓝宝石厂商GTAT，由于没有准确预测市场需求，GTAT缺乏与苹果公司的有效沟通。市场普遍预期iPhone 6将采用蓝宝石屏幕，大批中国厂商也闻风而动，斥巨资投入蓝宝石行业，蓝思科技也是跟风者之一。然而，苹果最终并没有采用蓝宝石外屏，只有手机镜头和Apple Watch采用了蓝宝石材料。这让蓝宝石厂商很受伤，GTAT随即申请破产。蓝思科技投建的蓝宝石项目耗资巨大，在创建巨大产能的同时，也让公司负债压力倍增。

因此，下游竞争零售商利用信息技术收集数据预测未来需求，上游进行创新投入的制造商积极掌握需求预测信息，快速响应客户需求，可以有效地提升自身优势。目前，苹果和华为根据其销售渠道数据来预测需求，它们的供应商JDI、LG和Sharp等通过向第三方数据服务商Statista支付一定的费用来购买它们的需求预测信息，进而快速响应市场需求以实现利润最大化。

6.5　本章小结

本章在第 3 章模型基础上，引入了一个竞争型零售商从而构建了由单个（进行成本降低创新的）制造商和两个（拥有需求预测信息的）竞争型零售商构成的两级供应链模型，分析了单个上游制造商和两个下游竞争型零售商在不同信息共享情形下的均衡决策。该部分研究克服了 Li 和 zhang（2008）[28]，Li（2002）[38] 关于竞争型零售商需求预测信息共享研究中未考虑制造商创新的不足，他们的研究主要探讨了多个下游零售商之间的竞争对零售商信息共享的影响。我们在此基础上，引入了上游制造商的创新投入决策，分析了下游竞争对零售商信息共享的影响。通过研究得到以下结论：

（1）竞争对手的存在降低了零售商的需求预测信息共享价值，竞争型零售商不愿与制造商共享私有需求信息。而且制造商获得的需求预测信息越多，竞争型零售商的利润损失越大。因此，在下游竞争型供应链中，虽然信息共享对上游制造商有利，但是会损害下游零售商的利益，此时零售商不会共享需求预测信息。

（2）为了获得需求预测信息、制定更为合理的创新投入决策，制造商可以通过信息共享费用的形式将信息共享产生的部分创新红利让渡给两个零售商以激励它们共享私有需求信息，从而实现供应链三方的帕累托改进。信息共享费用取值区间随着制造商的创新能力、下游竞争强度、预测准确性和随机需求波动性的增加而增加。

本章的研究结论对下游竞争型供应链的管理具有一定的实践启示，指导了供应链中两个竞争型零售商如何与单个制造商共享私有需求信息、单个制造商如何制定创新投入决策和如何激励两个竞争型零售商共享需求预测信息。具体来说：对于零售商而言，下游竞争对手的出现，改变了其原有的信息共享意愿，此时两个竞争型零售商均不会与上游制造商共享需求预测信息；对于制造商而言，由于从市场主导零售商处获得需求预测信息对自身创新投入的制定最有利，因此，与市场主导零售商建立良好的合作关系，确保获得需求预测信息对其显得尤为重要。此外，下游竞争削弱了零售商的信息共享意愿，上游制造商为了获得下游零售商的需求预测信息需要向它们支付信息共享费用。

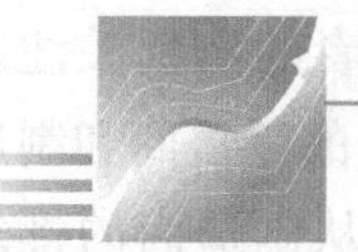

第 7 章 考虑信息泄露和创新驱动的竞争型供应链需求预测信息共享

在供应链上下游企业间进行需求信息共享，是实现供应链高效运转、增强供应链创新能力的有效手段。然而，需求信息共享过程中信息泄露的发生不仅削弱了零售商作为信息拥有方的信息优势，而且影响了供应链整体运作效率[141-142]。在上游竞争型供应链中，制造商原本可以独占的需求预测信息有可能泄露给竞争对手，这将影响制造商创新投入决策的制定。与此同时，在下游竞争型供应链中，信息泄露极大地削弱了零售商的信息共享意愿。比如，虽然服装制造商 Liz Claiborne 公司要求零售商提供有关流行产品的销售及市场预测信息，但由于担心这些信息被泄露给竞争者，零售商坚持不和 Liz Claiborne 公司共享信息[18]。因此，在竞争型供应链中，当存在信息泄露时，零售商的信息共享意愿会发生什么变化？信息泄露会对制造商的创新投入决策产生怎样的影响？

信息共享过程中的信息泄露问题已引起了学者的广泛关注。如有学者[37-39]指出当两个进行数量竞争或价格竞争的零售商和制造商共享需求信息时，没有参与信息共享的零售商会从制造商的批发价格推断出共享信息的内容，从而造成信息泄露。学者们分别研究了信息泄露对零售商的信息共享意愿[40]、交易行为与市场效率[41]、拍卖价格[42]、差别定价[43]、零售商的信息隐藏策略[44]和供应链协调契约[45-46]等的影响。Shamir（2013）[119]研究了在不确定需求环境下，为了规避反托拉斯法规，多个零售商通过与同一个制造商共享私有信息，然后利用制造商制定的批发价格推断出市场状况，从而形成卡特尔联盟。现有相关研究缺乏对供应链成员企业创新投入决策的探讨，仅是在原有供应链模型基础上考虑信息泄露对供应链传统决策的影响（如信息共享意愿、价格策略和供应链契约等），并且局限于下游竞争型的供应链结构中，分析多个下游零售商之间的信息泄露问题，尚未考虑存在多个上游制造商的供应链信息泄露。在上游竞争型供应链中，信息泄露不仅改变了零售商的信息共享意愿，而且由于获得的需求预测信息面临被泄露的风险，制造商获取需求预测信息的意愿也会发生变化，从而影响制造商创新投入决策的制定。在下游竞争型供应链中，零售商的信息共享意愿同时受到竞争对手和信息泄露的影响，并且上游制造商的创新投入决策因零售商信息共享意愿而发生变化。因此，在上游竞争型或下游竞争型供应链中，信息泄露的发生使得制造商的创新投入决策变得更为复杂。分析信息泄露对竞争型供应链中各主体决策的影响，有助于激励下游零售商共享需求预测信息，从而优化上游制造商的创新投入决策，提升供应链整体收益。

本章主要是对上游竞争型供应链和下游竞争型供应链需求预测信息共享过程中的信息泄露问题进行研究。在上游竞争型供应链中，分析两个竞争型制造商之间进行主从博弈时的信息泄露问题，探讨信息泄露对零售商的信息共享意愿和竞争型制造商的创新投入决策的影响；在下游竞争型供应链中，分析竞争型零售商在向制造商共

享需求预测信息时的信息泄露问题，探讨制造商创新投入决策的变化，并分析竞争型零售商的信息共享混合策略。

7.1　考虑信息泄露和创新驱动的上游竞争型供应链需求预测信息共享分析

本节将在上游竞争型供应链中，分析信息泄露对两个竞争型制造商创新投入决策和零售商信息共享的影响。

7.1.1　问题描述及模型构建

在第 5 章研究的基础上，本部分将信息泄露纳入研究范围，考虑由两个竞争型制造商 M_i、M_j 和一个零售商 R 组成的供应链（其中，$i=1$ 或 2，$j=3-i$），并且两个竞争型制造商进行主从博弈，其中，制造商 M_i 是博弈主导制造商，制造商 M_j 是博弈跟随制造商。此外，供应链各主体为风险中性。两个制造商通过同一个零售商销售替代性产品进行竞争，产品 i 的需求函数为

$$q_i=a+\theta-(1+\phi)p_i+\phi p_j \tag{7-1}$$

式中，a 表示确定性需求；θ 表示随机性需求；$\phi>0$，表示上游制造商竞争强度；p_i、p_j 分别表示产品 i 和产品 j 的零售价格。主导制造商 M_i、跟随制造商 M_j 分别进行以降低生产成本为目标的创新活动，创新投入分别为 e_i、e_j。零售商 R 有能力对随机需求进行预测，预测量为 Y。而且，Y 是随机变量 θ 的无偏估计量。跟随制造商 M_j 有可能通过主导制造商 M_i 的批发价格决策和创新投入决策推断出零售商 R 的随机需求预测量 Y。考虑信息泄露的上游竞争型供应链模型结构如图 7 - 1 所示。

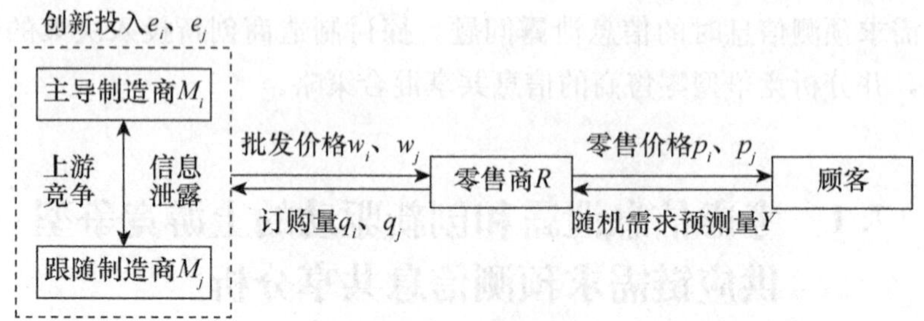

图 7-1　考虑信息泄露的上游竞争型供应链模型结构

在进行后续分析之前，对该模型做出如下假设：

假设 7-1：$k>\dfrac{\phi\sqrt{9\phi^2+16\phi+8}-\phi}{16\phi+16}$。

与第 3 章、第 5 章和第 6 章关于创新能力的假设类似，该假设保证了制造商M_i、M_j和零售商R的利润函数是关于决策变量的凹函数。本节的参数设定和模型其他假设与第 3 章、第 5 章类似，此处不再赘述。此外，为了后续分析、描述的简洁，我们不失一般性地讨论当随机需求预测量Y为正（即未来市场不确定需求增加）时，上游竞争型供应链的均衡决策①。

在考虑信息泄露的上游竞争型供应链中，两个竞争型制造商M_i、M_j的创新投入决策、批发价格决策和零售商R的需求预测信息共享决策、零售价格决策存在如图 7-2 所示的先后顺序。

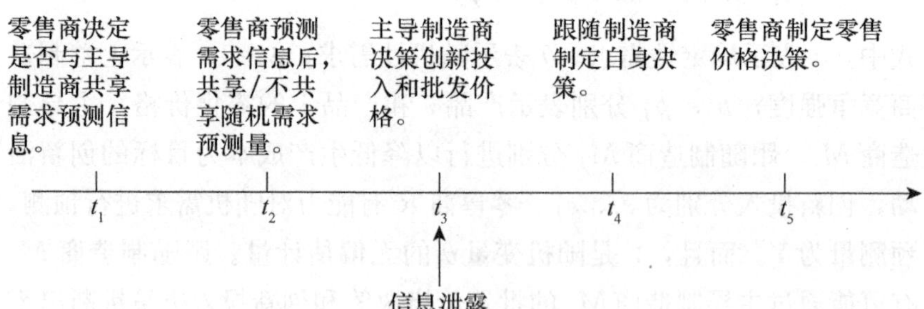

图 7-2　信息泄露情形下两个竞争型制造商与单个零售商的决策顺序

① 随机需求预测量Y的正负不会改变考虑信息泄露的上游竞争型供应链的均衡决策。本章后续部分的分析思路与方法同样适用于随机需求预测量Y为负（即未来市场不确定需求减少）的情形。

(1) 零售商 R 在预测随机需求之前，决定是否仅与主导制造商 M_i 共享需求预测信息。

(2) 零售商 R 预测随机需求后，如果之前决定仅与主导制造商 M_i 共享需求预测信息，则仅向主导制造商 M_i 如实共享随机需求预测量 Y。

(3) 主导制造商 M_i 决定创新投入 e_i 和批发价格 w_i。

(4) 跟随制造商 M_j 观察主导制造商 M_i 的决策后再制定自身的创新投入决策 e_j 和批发价格决策 w_j。因此，如果跟随制造商 M_j 能够获得主导制造商 M_i 的成本等信息，则可以根据主导制造商 M_i 的批发价格决策和创新投入决策推断出零售商 R 的随机需求预测量 Y。

(5) 零售商 R 根据制造商 M_i、M_j 的批发价格 w_i、w_j 和随机需求预测量 Y，制定零售价格 p_i、p_j。

值得注意的是，在博弈的第三阶段，主导制造商 M_i 首先决策，跟随制造商 M_j 观察到主导制造商 M_i 的决策后再制定自身决策。如果主导制造商 M_i 在前一阶段获得了需求预测信息，那么跟随制造商 M_j 有可能根据主导制造商 M_i 的批发价格决策和创新投入决策，推断出零售商 R 的随机需求预测量 Y。由此可见，在供应链上游制造商竞争中，信息泄露只发生在零售商 R 仅与主导制造商 M_i 共享需求预测信息的情形中。

通过分析主导制造商 M_i、跟随制造商 M_j 与零售商 R 的博弈过程可知，主导制造商 M_i（跟随制造商 M_j）通过在 t_3 阶段制定批发价格决策 w_i 和创新投入决策 e_i 来最大化自身利润，其利润函数为

$$\Pi_{M_i}=(w_i-c+e_i)q_i(w_i)-\frac{1}{2}ke_i^{\,2} \tag{7-2}$$

零售商 R 通过在 t_4 阶段制定零售价格决策 p_i、p_j 来最大化自身条件期望利润，其条件期望利润函数为

$$\begin{aligned}E(\Pi_R|Y)=&(p_i-w_i)[a+E(\theta|Y)-(1+\phi)p_i+\phi p_j]\\&+(p_j-w_j)[a+E(\theta|Y)-(1+\phi)p_j+\phi p_i]\end{aligned} \tag{7-3}$$

基于竞争型制造商 M_i 的利润函数（式（7-2））和零售商 R

的条件期望利润（式（7-3）），分别构建不存在信息泄露和存在信息泄露两种情形下的供应链决策模型，并分别求解零售商 R、主导制造商 M_i 和跟随制造商 M_j 的均衡决策。根据逆向分析方法，后续部分首先分析零售商 R 的均衡零售价格决策，最后分析主导制造商 M_i 和跟随制造商 M_j 在不同信息共享情形下的均衡批发价格决策和均衡创新投入决策。

分析零售商 R 的决策行为——在主导制造商 M_i 和跟随制造商 M_j 的批发价格 w_i、w_j 和创新投入 e_i、e_j 给定，并且观测到随机需求预测量 Y 的条件下，根据式（7-3）可得零售商 R 的优化问题为

$$\begin{aligned}\underset{p_i\geqslant 0,p_j\geqslant 0}{Maximize}\ E(\Pi_R|Y)=&(p_i-w_i)[a+E(\theta|Y)-(1+\phi)p_i+\phi p_j]\\&+(p_j-w_j)[a+E(\theta|Y)\\&-(1+\phi)p_j+\phi p_i]\end{aligned}\tag{7-4}$$

通过分析零售商 R 的条件期望利润函数可知，在给定批发价格 w_i、w_j 和创新投入 e_i、e_j 给定，并且观测到随机需求预测量 Y 的条件下，零售商 R 的条件期望利润函数 $E(\Pi_R|Y)$ 是关于零售价格 p_i 和 p_j 的联合凹函数，其均衡零售价格分别为

$$p_i(w_i)=\frac{1}{2}(a+E(\theta|Y)+w_i)\tag{7-5}$$

$$p_j(w_j)=\frac{1}{2}(a+E(\theta|Y)+w_j)\tag{7-6}$$

本节后续部分对不存在信息泄露情形下和存在信息泄露情形下主导制造商 M_i 和跟随制造商 M_j 的均衡决策进行分析。

7.1.2 模型分析及均衡决策求解

1. *不存在需求信息泄露情形*

由于零售商 R 仅与主导制造商 M_i 共享需求预测信息，主导制造商 M_i 可以获知随机需求预测量 Y，其面对的订购量为 $E(q_i(w_i)|Y)$。结合式（7-2）可得主导制造商 M_i 的优化问题为

$$\underset{w_i \geq 0, e_i \geq 0}{Maximize}\ E(\Pi_{M_i}|Y) = (w_i - c + e_i)E(q_i(w_i)|Y) - \frac{1}{2}ke_i^2 \tag{7-7}$$

然而，跟随制造商 M_j 无法获知随机需求预测量 Y，其面对的订购量为 $E(q_j(w_j))$，结合式（7-2）可得跟随制造商 M_j 的优化问题为：

$$\underset{w_j \geq 0, e_j \geq 0}{Maximize}\ E(\Pi_{M_j}) = (w_j - c + e_j)E(q_j(w_j)) - \frac{1}{2}ke_j^2 \tag{7-8}$$

综合分析主导制造商 M_i、跟随制造商 M_j 和零售商 R 的决策行为，可得主导制造商 M_i 和跟随制造商 M_j 的均衡批发价格决策和均衡创新投入决策，如命题 7-1 所示。

命题 7-1：当零售商 R 仅与主导制造商 M_i 共享需求预测信息时，主导制造商 M_i 和跟随制造商 M_j 分别存在唯一均衡批发价格决策 w_i^*、w_j^* 和唯一均衡创新投入决策 e_i^*、e_j^*。其中

$$w_i^* = \arg\max\{E(\Pi_{M_i}^{SN}(e_i^*)|Y)\}$$

$$w_j^* = \frac{\phi(c + w_i^* - e_i^*) + a + c - e_i^*}{2(1+\phi)}$$

$$e_i^* = \arg\max\{E(\Pi_{M_i}^{SN}(w_i(e_i))|Y)\}$$

$$e_j^* = \frac{a - c + \phi(w_j^* - c)}{4k - \phi - 1}$$

证明：根据主从博弈的求解方法，首先分析跟随制造商 M_j 的决策行为，最后分析主导制造商 M_i 的决策行为。

（1）分析跟随制造商 M_j 的决策行为。因跟随制造商 M_j 的期望利润函数关于批发价格 w_j 的二阶导数 $\frac{\partial^2 E(\Pi_{M_j})}{\partial {w_j}^2} = -(1+\phi) < 0$，则由一阶条件可得，$w_j(e_j) = \frac{\phi(c + w_i - e_j) + a + c - e_j}{2(1+\phi)}$。再将 $w_j(e_j)$ 代入 $E(\Pi_{M_j})$，求解其关于创新投入 e_j 的二阶导数，可得

$\frac{\partial^2 E(\Pi_{M_j}^{SN}(w_j(e_j)))}{\partial e_i{}^2}=\frac{\phi+1-4k}{4}<0$，则由一阶条件可得 $e_j=\frac{a-c+\phi(w_j-c)}{4k-\phi-1}$。

(2) 分析主导制造商 M_i 的决策行为。将跟随制造商 M_j 的批发价格决策 $w_j(e_j)$ 和创新投入决策 e_j 代入主导制造商 M_i 的条件期望利润函数，并求解其关于批发价格的二阶导数可得 $\frac{\partial^2 E(\Pi_{M_i}|Y)}{\partial w_i{}^2}=\frac{2(1-k)\phi^2+(3-8k)\phi-4k+1}{(4k-\phi-1)(\phi+1)}<0$，则由一阶条件可得，$w_i(e_i)$ 满足 $\frac{\partial E(\Pi_{M_i}|Y)}{\partial w_i}=0$。再将 $w_i(e_i)$ 代入 $E(\Pi_{M_i}^{SN}|Y)$，求 $E(\Pi_{M_i}(w_i(e_i))|Y)$ 关于创新投入 e_i 的二阶导数，可得 $\frac{\partial^2 E(\Pi_{M_i}(w_i(e_i))|Y)}{\partial e_i{}^2}<0$，则由一阶条件可得 $e_i^*=\arg\max\{E(\Pi_{M_i}(w_i(e_i))\mid Y)\}$。

再将 e_i^* 代入 $w_i(e_i)$，可得 $w_i^*=\arg\max\{E(\Pi_{M_i}(e_i^*)\mid Y)\}$。

将主导制造商 M_i 的均衡创新投入和均衡批发价格代入跟随制造商 M_j 的创新投入决策和批发价格决策中，可得 $e_j^*=\frac{a-c+\phi(w_j^{SN*}-c)}{4k-\phi-1}$ 且 $w_j^*=\frac{\phi(c+w_i^*-e_j^*)+a+c-e_j^*}{2(1+\phi)}$。证毕。

命题 7-1 展示了当两个竞争型制造商进行主从博弈并且供应链上游与下游之间也进行主从博弈时，主导制造商 M_i、跟随制造商 M_j 和零售商 R 的均衡决策。而第 5 章的命题 5-2 展示了当两个竞争型制造商进行纳什同时博弈时，供应链各主体的均衡决策。比较命题 7-1 和命题 5-2 可知，虽然能够得到两个竞争型制造商进行主从博弈时供应链均衡决策的解析解，但其形式相对复杂。由此可见，供应链上游两个竞争型制造商博弈方式的改变对供应链各主体均衡决策产生了较大的影响。

2. 存在需求信息泄露情形

主导制造商 M_i 可以获知随机需求预测量 Y，其面对的订购量为

$E(\tilde{q}_i(\tilde{\omega}_i)|Y)$。结合式（7-2）可得主导制造商 M_i 的优化问题如下（上标～表示信息泄露）：

$$\underset{\tilde{\omega}_i\geqslant 0,\tilde{e}_i\geqslant 0}{Maximize}\ E(\tilde{\Pi}_{M_i}|Y)=(\tilde{\omega}_i-c+\tilde{e}_i)E[\tilde{q}_i(\tilde{\omega}_i)|Y]-\frac{1}{2}k\tilde{e}_i^2 \tag{7-9}$$

然而，跟随制造商 M_j 通过分析主导制造商 M_i 的决策能够推断出零售商 R 的随机需求预测量 Y，故其面对的订购量为 $E(\tilde{q}_j(\tilde{\omega}_j)|Y)$。结合式（7-2）得跟随制造商 M_j 的优化问题为

$$\underset{\tilde{\omega}_j\geqslant 0,\tilde{e}_j\geqslant 0}{Maximize}\ E(\tilde{\Pi}_{M_j}|Y)=(\tilde{\omega}_j-c+\tilde{e}_j)E[\tilde{q}_j(\tilde{\omega}_j)|Y]-\frac{1}{2}k\tilde{e}_j^2 \tag{7-10}$$

综合分析主导制造商 M_i、跟随制造商 M_j 和零售商 R 的决策行为，可得信息泄露情形下主导制造商 M_i 和跟随制造商 M_j 的均衡批发价格决策和均衡创新投入决策，如命题 7-2 所示。

命题 7-2： 在零售商 R 仅与主导制造商 M_i 共享需求预测信息并且存在信息泄露的情形下，主导制造商 M_i 和跟随制造商 M_j 分别存在唯一均衡批发价格决策 $\tilde{\omega}_i^*$、$\tilde{\omega}_j^*$ 和唯一均衡创新投入决策 $\tilde{e}_i^*$、$\tilde{e}_j^*$。其中，$\tilde{\omega}_i^*=\arg\max\{E(\tilde{\Pi}_{M_i}(\tilde{e}_i^*)\mid Y)\}$，$\tilde{\omega}_j^*=\dfrac{\phi(c+\tilde{\omega}_i^*-\tilde{e}_i^*)+a+c-\tilde{e}_j^*+\beta Y}{2(1+\phi)}$，$\tilde{e}_i^*=\arg\max\{E(\tilde{\Pi}_{M_i}(\tilde{\omega}_i(\tilde{e}_i))\mid Y)\}$，$\tilde{e}_j^*=\dfrac{a-c+\phi(\tilde{\omega}_j^*-c)+\beta Y}{4k-\phi-1}$。式中，$\beta=\dfrac{t\sigma^2}{1+t\sigma^2}$。

证明：根据主从博弈的求解方法，首先分析跟随制造商 M_j 的决策行为，然后分析主导制造商 M_i 的决策行为。

（1）分析跟随制造商 M_j 的决策行为。因跟随制造商 M_j 的条件期望利润函数关于批发价格 $\tilde{\omega}_j$ 的二阶导数 $\dfrac{\partial^2E(\tilde{\Pi}_{M_j}|Y)}{\partial\tilde{\omega}_j^2}=-(1+\phi)<0$，则由一阶条件可得 $\tilde{\omega}_j(\tilde{e}_j)=\dfrac{\phi(c+\tilde{\omega}_i-\tilde{e}_j)+a+c-\tilde{e}_j+\beta Y}{2(1+\phi)}$。再将

$\tilde{w}_j(\tilde{e}_j)$代入$E(\tilde{\Pi}_{M_j}\mid Y)$，求解其关于创新投入$\tilde{e}_j$的二阶导数，可得$\frac{\partial^2 E(\tilde{\Pi}_{M_j}(\tilde{w}_j(\tilde{e}_j))\mid Y)}{\partial \tilde{e}_i^2}=\frac{\phi+1-4k}{4}<0$，则由一阶条件可得$\tilde{e}_j=\frac{a-c+\phi(\tilde{w}_j-c)+\beta Y}{4k-\phi-1}$。

（2）分析主导制造商M_i的决策行为。将跟随制造商M_j的批发价格决策$\tilde{w}_j(\tilde{e}_j)$和创新投入决策$\tilde{e}_j$代入主导制造商M_i的条件期望利润函数，并求解其关于批发价格的二阶导可得$\frac{\partial^2 E(\tilde{\Pi}_{M_i}\mid Y)}{\partial \tilde{w}_i^2}=\frac{2(1-k)\phi^2+(3-8k)\phi-4k+1}{(4k-\phi-1)(\phi+1)}<0$，则由一阶条件可得$\tilde{w}_i(\tilde{e}_i)$满足$\frac{\partial E(\tilde{\Pi}_{M_i}\mid Y)}{\partial \tilde{w}_i}=0$。再将$\tilde{w}_i(\tilde{e}_i)$代入$E(\tilde{\Pi}_{M_i}\mid Y)$，求解$E(\tilde{\Pi}_{M_i}(\tilde{w}_i(\tilde{e}_i))\mid Y)$关于创新投入$\tilde{e}_i$的二阶导数，可得$\frac{\partial^2 E(\tilde{\Pi}_{M_i}(\tilde{w}_i(\tilde{e}_i))\mid Y)}{\partial \tilde{e}_i^2}<0$，则由一阶条件可得$\tilde{e}_i^*=\arg\max\{E(\tilde{\Pi}_{M_i}(\tilde{w}_i(\tilde{e}_i))\mid Y)\}$。再将$\tilde{e}_i^*$代入$\tilde{w}_i(\tilde{e}_i)$，可得$\tilde{w}_i^*=\arg\max\{E(\tilde{\Pi}_{M_i}(\tilde{e}_i^*)\mid Y)\}$。

将主导制造商M_i的均衡创新投入和均衡批发价格代入跟随制造商M_j的创新投入决策和批发价格决策中，可得$\tilde{e}_j^*=\frac{a-c+\phi(\tilde{w}_j^*-c)+\beta Y}{4k-\phi-1}$且$\tilde{w}_j^*=\frac{\phi(c+\tilde{w}_i^*-\tilde{e}_j^*)+a+c-\tilde{e}_j^*+\beta Y}{2(1+\phi)}$。

证毕。

命题7-2展示了存在信息泄露情形下，主导制造商M_i、跟随制造商M_j和零售商R的均衡决策。当两个竞争型制造商进行主从博弈时，跟随制造商M_j通过分析主导制造商M_i的决策能够推断出零售商R的需求预测信息，从而导致信息泄露。通过与不存在信息泄露情形下的供应链均衡决策（见命题7-1）对比可知，信息泄露改变了主导制造商M_i和跟随制造商M_j的均衡批发价格决策和创新投入决策。结合对零售商R的分析可知，信息泄露同样改变了零售商的均衡零售价格决策。由于信息泄露情形下的供应链均衡决策形

式较为复杂，后续部分利用数值分析方法来探讨信息泄露对上游制造商创新投入决策的影响。

7.1.3　需求信息泄露对竞争型制造商创新投入决策的影响

为了在上游竞争型供应链中探究信息泄露对制造商创新投入决策的影响，需要对主导制造商 M_i 和跟随制造商 M_j 在不同信息泄露情形下的均衡创新投入决策进行比较分析。本小节利用 Matlab 软件，通过数值分析方法来分别探讨主导制造商 M_i 和跟随制造商 M_j 在不同信息泄露情形下的均衡创新投入决策关于主要参数（k、ϕ、t 和σ）的变化趋势，如图 7－3 所示。其中，粗实线和细实线分别表示不存在信息泄露情形下主导制造商 M_i 和跟随制造商 M_j 的创新

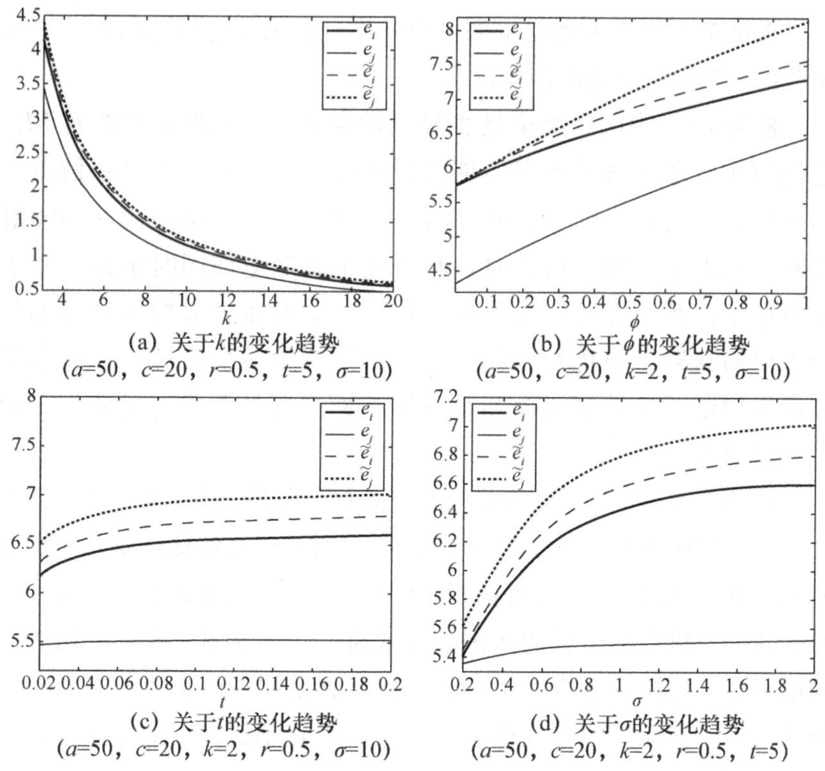

(a) 关于k的变化趋势
(a=50，c=20，r=0.5，t=5，σ=10)

(b) 关于ϕ的变化趋势
(a=50，c=20，k=2，t=5，σ=10)

(c) 关于t的变化趋势
(a=50，c=20，k=2，r=0.5，σ=10)

(d) 关于σ的变化趋势
(a=50，c=20，k=2，r=0.5，t=5)

图 7－3　不同信息泄露情形下，主导制造商和跟随制造商的创新投入变化趋势

投入，细虚线和粗虚线分别表示存在信息泄露情形下主导制造商 M_i 和跟随制造商 M_j 的创新投入。

图 7-3 展示了不同信息泄露情形下，主导制造商 M_i 和跟随制造商 M_j 的创新投入关于主要参数的变化规律。图 7-3（a）表明主导制造商 M_i 和跟随制造商 M_j 的创新投入关于 k 单调递减；图 7-3（b）、图 7-3（c）和图 7-3（d）表明主导制造商 M_i 和跟随制造商 M_j 的创新投入关于上游竞争强度 ϕ、预测准确性 t 和随机需求波动性 σ 单调递增。通过对图 7-3 进一步分析，可得

$$\begin{cases}\tilde{e}_j > e_j \\ \tilde{e}_i > e_i\end{cases}$$

根据以上分析可得推论 7-1。

推论 7-1：在上游竞争型供应链中，需求信息泄露增加了主导制造商和跟随制造商的创新投入。

推论 7-1 表明，无论是主导制造商 M_i 还是跟随制造商 M_j，它们均在信息泄露情形下的创新投入较高。相比于不存在信息泄露的情形，当跟随制造商 M_j 通过主导制造商 M_i 的决策行为能够推断出未来市场需求信息时，两个竞争型制造商同时掌握了需求预测信息，两者之间的竞争程度加剧。双方通过增加各自的创新投入以期获取竞争优势。因此，在上游竞争型供应链中，需求信息泄露加剧了主导制造商和跟随制造商之间的竞争，增加了它们的创新投入。

虽然主导制造商 M_i 和跟随制造商 M_j 的创新投入关于各主要参数的变化规律不同，但是图 7-3 表明，当不存在信息泄露时，主导制造商 M_i 的创新投入总是高于跟随制造商 M_j 的创新投入。这一点符合我们对供应链实践的认识。通常而言，主导制造商拥有相对充裕的资金和较强的技术水平，其占据有利地位，比跟随制造商的创新投入多。然而，当存在信息泄露时，主导制造商 M_i 与跟随制造商 M_j 关于创新投入的大小关系发生反转，如式（7-11）所示：

$$\begin{cases} e_i > e_j \\ \tilde{e}_i < \tilde{e}_j \end{cases} \tag{7-11}$$

式（7-11）表明信息泄露改变了两个竞争型制造商创新投入的大小关系。这是因为主导制造商 M_i 为了获得下游零售商 R 的需求预测信息可能需要支付一定的信息共享费用，而由于信息泄露的存在，跟随制造商 M_j 不需要支付相关费用就能够通过主导制造商 M_i 的决策行为推断出零售商 R 的需求预测信息。因此，主导制造商 M_i 在信息共享上的支出影响了其创新投入的增加，而跟随制造商 M_j 不需要考虑信息共享支出，故而跟随制造商 M_j 的创新投入可能较高。

7.1.4　考虑信息泄露的上游竞争型供应链需求预测信息共享价值分析

由命题7-1和命题7-2可知，供应链各主体在不同信息泄露情形下的均衡决策较为复杂，难以通过直接比较各主体的事前利润来分析信息泄露对主导制造商 M_i 和跟随制造商 M_j 以及零售商 R 的信息共享价值的影响。本小节通过数值分析，探讨在不同信息泄露情形下供应链各主体事前利润的相对大小关系。

1. 主导制造商 M_i 和跟随制造商 M_j 的需求预测信息共享价值

将命题7-1和命题7-2中的均衡决策以及零售商的均衡零售价格决策分别代入式（7-2），并对其求期望，可得主导制造商 M_i 和跟随制造商 M_j 在不同信息泄露情形下的事前利润。对相关参数合理赋值，利用Matlab软件，通过数值分析方法可得主导制造商 M_i 和跟随制造商 M_j 的事前利润关于主要参数（k、ϕ、t 和 σ）的变化趋势，如图7-4所示。其中，实线和点线分别表示不存在信息泄露情形下主导制造商 M_i 和跟随制造商 M_j 的事前利润，虚线和点虚线分别表示存在信息泄露情形下主导制造商 M_i 和跟随制造商 M_j 的事前利润。

图 7－4 展示了存在信息泄露情形下和不存在信息泄露情形下，主导制造商 M_i 和跟随制造商 M_j 的事前利润关于主要参数的变化规律。图 7－4（a）表明主导制造商 M_i 和跟随制造商 M_j 的事前利润关于 k 单调递减；图 7－4（d）表明主导制造商 M_i 和跟随制造商 M_j 的事前利润关于随机需求波动性 σ 单调递增。

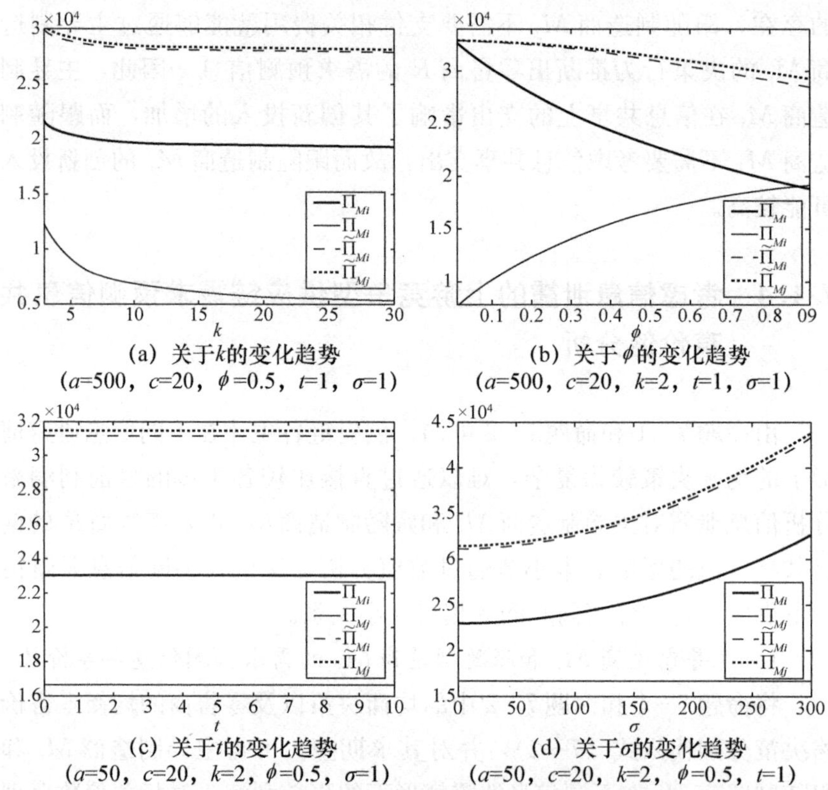

图 7－4　不同信息泄露情形下，主导制造商和跟随制造商的事前利润变化趋势

虽然主导制造商 M_i 在不同信息共享情形下的事前利润关于各主要参数的变化规律不同，但是无论 k、ϕ、t 和 σ 各自如何变化，主导制造商 M_i 和跟随制造商 M_j 在信息泄露情形下的事前利润相对较高，如式（7－12）所示：

$$\begin{cases} E(\tilde{\Pi}_{M_i}|Y) > E(\Pi_{M_i}|Y) \\ E(\tilde{\Pi}_{M_j}|Y) > E(\Pi_{M_j}|Y) \end{cases} \tag{7-12}$$

通过对图 7-4 的进一步分析可知，当不存在信息泄露时，主导制造商 M_i 的事前利润大于跟随制造商 M_j 的事前利润。这一点符合我们对供应链实践的认识。通常而言，主导制造商具有领导者优势，能够先发制人，从而获得比跟随制造商更高的利润。而当存在信息泄露时，主导制造商 M_i 的事前利润小于跟随制造商 M_j 的事前利润。两者大小关系之所以发生反转，是因为：一方面由于跟随制造商 M_j 在信息泄露情形下的创新投入大于主导制造商 M_i，其单位生产成本降低得更多，因而跟随制造商 M_j 能够获得更多的利润；另一方面跟随制造商 M_j 能够通过主导制造商 M_i 的决策行为推断出需求预测信息，从而节省了信息共享支出，提升了自身利润。

2. 零售商 R 的需求预测信息共享价值

将命题 7-1 和命题 7-2 中的供应链均衡决策以及零售商的均衡零售价格决策分别代入式（7-3），并对其求期望，可得零售商 R 在不同信息泄露情形下的事前利润。对相关参数合理赋值，利用 Matlab 软件，通过数值分析方法可得零售商 R 的事前利润关于主要参数（k、ϕ、t 和 σ）的变化趋势，如图 7-5 所示。

图 7-5 展示了存在信息泄露情形下和不存在信息泄露情形下，零售商 R 的事前利润关于主要参数的变化规律。图 7-5（a）表明零售商在不同信息泄露情形下的事前利润关于 k 单调递减；图 7-5（b）、图 7-5（c）和图 7-5（d）表明零售商在不同信息泄露情形下零售商 R 的事前利润关于上游竞争强度 ϕ、预测准确性 t 和随机需求波动性 σ 单调递增。虽然零售商 R 在不同信息泄露情形下的事前利润关于各主要参数的变化规律不同，但是无论 k、ϕ、t 和 σ 各自如何变化，零售商 R 在需求信息泄露情形下的事前利润都相对较小，如式（7-13）所示：

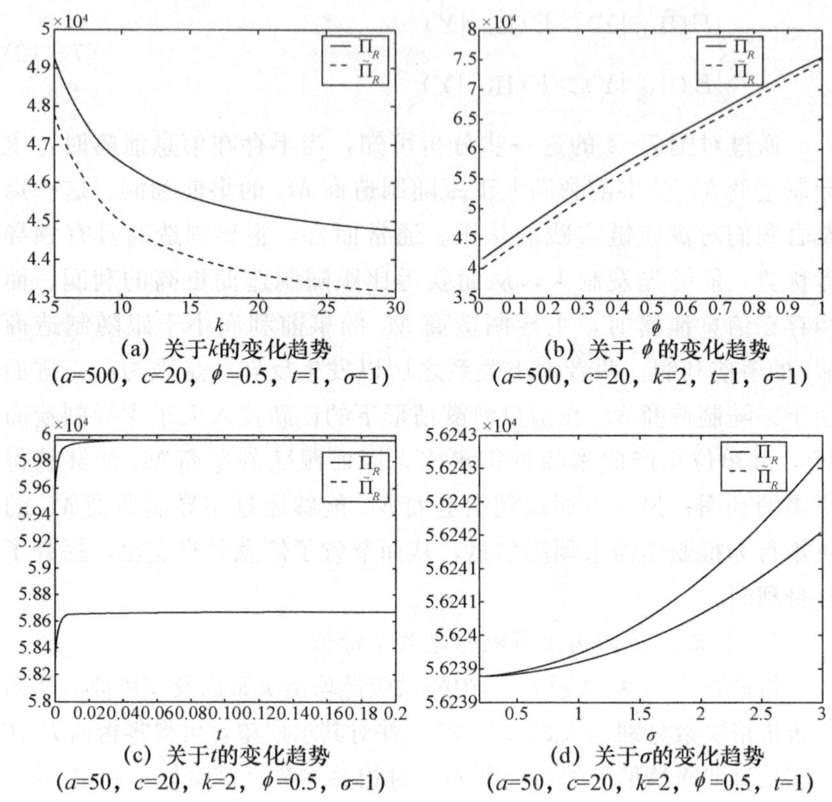

(a) 关于k的变化趋势
(a=500，c=20，ϕ=0.5，t=1，σ=1)

(b) 关于ϕ的变化趋势
(a=500，c=20，k=2，t=1，σ=1)

(c) 关于t的变化趋势
(a=50，c=20，k=2，ϕ=0.5，σ=1)

(d) 关于σ的变化趋势
(a=50，c=20，k=2，ϕ=0.5，t=1)

图 7-5　考虑信息泄露的上游竞争型供应链中零售商事前利润的变化趋势

$$E(\tilde{\Pi}_R|Y)<E(\Pi_R|Y) \tag{7-13}$$

式（7-13）表明需求信息共享过程中产生的信息泄露将会损害零售商的利益。这是因为信息泄露的存在使得跟随制造商能够从主导制造商的决策推断出零售商的私有需求信息，跟随制造商可以据此将需求预测信息纳入自身的决策范围、制定对自身更有利的批发价格，从而使得零售商在与跟随制造商的博弈中因丧失私有需求信息优势而利润受损。

通过本节对信息泄露情形下上游竞争型供应链中各主体事前利润的分析，可得推论 7-2。

推论 7－2： 在上游竞争型供应链中，（1）虽然信息泄露能够增加主导制造商和跟随制造商的信息共享价值，但会削弱博弈主导制造商的领导者优势。（2）信息泄露会降低零售商的信息共享价值。

推论 7－2 揭示了信息泄露对上游竞争型供应链各主体事前利润的影响。从制造商的生产实践来看，作为主导者的制造商为了避免因信息泄露而造成的竞争加剧，应采取有效手段防止自身获得的需求预测信息被竞争对手获知。而作为跟随者的制造商应主动掌握主导制造商的生产运营等方面的信息，从而通过对主导制造商决策行为的分析推断出未来市场需求信息。跟随制造商在获知了需求预测信息后，可以通过增加创新投入，发挥后发优势，实现“弯道超车”，逐渐超越主导制造商。从零售商的生产实践来看，在上游竞争型供应链中，信息泄露会削弱下游零售商的事前利润，零售商的信息共享价值降低。因此，零售商在与两个上游制造商合作时，会采取不共享私有需求信息的保守策略。

通过以上对主导制造商、跟随制造商和零售商在不同信息泄露情形下事前利润的比较可知，信息泄露虽然能够增加主导制造商和跟随制造商的信息共享价值，但是会降低零售商的信息共享价值，所以当存在信息泄露时，零售商不会自愿共享需求预测信息，主导制造商和跟随制造商的创新投入均较低。

7.2　考虑信息泄露和创新驱动的下游竞争型供应链需求预测信息共享分析

上一节对考虑信息泄露的上游竞争型供应链进行了研究，明确了需求信息泄露对上游两个竞争型制造商创新投入决策的影响，以及对下游零售商信息共享意愿的影响。本节将在下游竞争型供应链中，分析信息泄露对单个制造商创新投入决策和两个竞争型零售商信息共享的影响。

7.2.1 问题描述及模型构建

在第6章研究的基础上，将信息泄露纳入研究范围，考虑由一个制造商M和两个竞争型零售商R_i、R_j组成的供应链（其中，$i=1$或2，$j=3-i$），且供应链各主体为风险中性。两个零售商R_i、R_j销售同一个制造商M的产品进行竞争。产品i的逆需求函数如下（上标~表示信息泄露）：

$$\tilde{p}_i=a+\theta-\tilde{q}_i-r\tilde{q}_j \tag{7-14}$$

式中，$r>0$，表示零售商竞争强度。制造商M进行以降低生产成本为目标的创新活动，创新投入为$\tilde{e}$。两个竞争型零售商R_i、R_j都有能力对随机需求进行预测，预测量分别为Y_i和Y_j。零售商R_i（零售商R_j）能够通过制造商M制定的批发价格推断出零售商R_j（零售商R_i）的随机需求预测量Y_i（Y_j）。存在信息泄露的下游竞争型供应链模型结构如图7-6所示。

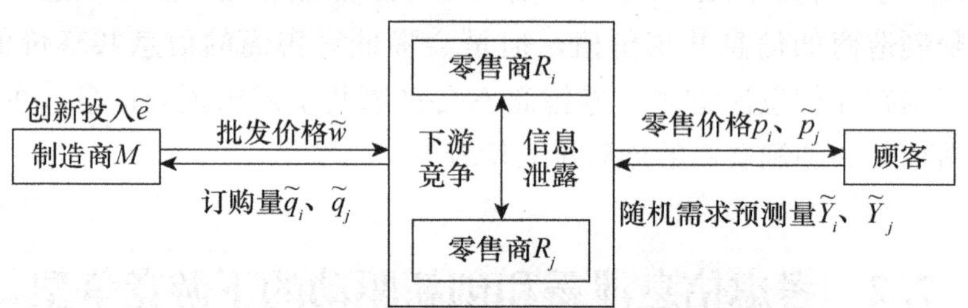

图7-6 考虑信息泄露的下游竞争供应链模型结构

该模型的参数设定和相关假设与第3章、第6章类似，此处不再赘述。此外，为了后续分析、描述的简洁，我们不失一般性地讨论当随机需求预测量Y_i、Y_j为正（即未来市场不确定需求增加）时，下游竞争型供应链的均衡决策①。在考虑信息泄露的下游竞争型

① 随机需求预测量Y_i、Y_j的正负不会改变考虑信息泄露的下游竞争型供应链的均衡决策。本章后续部分的分析思路与方法同样适用于随机需求预测量Y_i、Y_j为负（即未来市场不确定需求减少）的情形。

供应链中，制造商 M 的创新投入决策、批发价格决策和两个竞争型零售商 R_i、R_j 的需求预测信息共享决策、订购量决策存在如图 7-7 所示的先后顺序。

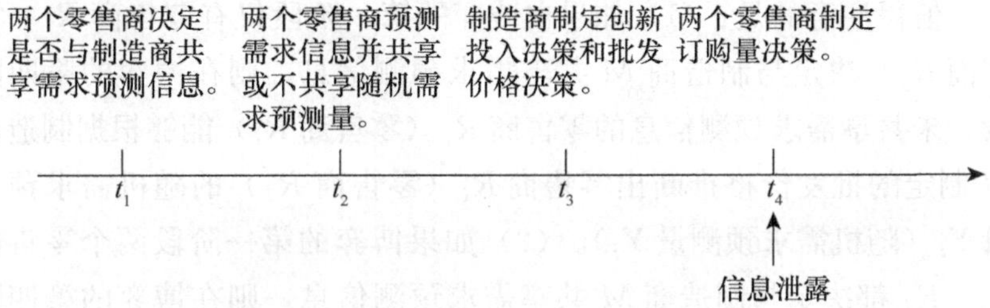

图 7-7　信息泄露情形下单个制造商与两个竞争型零售商的决策顺序

在考虑信息泄露的下游竞争型供应链中，单个制造商和两个竞争型零售商的决策顺序为：

(1) 在预测随机需求之前，两个竞争型零售商 R_i、R_j 决定是否与制造商 M 共享需求预测信息。NN 表示两个竞争型零售商 R_i、R_j 都不与制造商 M 共享需求预测信息，SN（NS）表示仅有零售商 R_i（零售商 R_j）与制造商 M 共享需求预测信息，SS 表示两个竞争型零售商 R_i、R_j 同时与制造商 M 共享需求预测信息。

(2) 两个零售商 R_i、R_j 分别预测随机需求后，如果他们之前都决定不共享需求预测信息（NN），则不向制造商 M 共享随机需求预测量；如果仅有一个零售商决定与制造商共享需求预测信息（SN 或 NS），则仅有零售商 R_i 或零售商 R_j 如实共享随机需求预测量 Y_i 或 Y_j；如果两个零售商 R_i、R_j 之前都决定与制造商共享需求预测信息（SS），则两个零售商 R_i、R_j 如实共享随机需求预测量 Y_i 和 Y_j。

(3) 制造商 M 根据自身的信息状态和成本结构，制定创新投入决策 $\tilde{e}$ 和批发价格决策 $\tilde{w}$。

(4) 如果零售商 R_j 共享自身需求预测信息（NS 情形或 SS 情形），零售商 R_i 通过制造商 M 的批发价格 $\tilde{w}$ 能够推断出零售商 R_j 的随机需求预测量 Y_j，再结合自身的随机需求预测量 Y_i，制定订购

量决策 $\tilde{q}_i$。如果零售商 R_j 未共享自身需求预测信息（NN 情形或 SN 情形），零售商 R_i 则根据制造商的批发价格 $\tilde{w}$ 和自身的随机需求预测量 Y_i，制定订购量决策 $\tilde{q}_i$。

值得注意的是：(1) 如果在博弈的第一阶段仅有零售商 R_i（零售商 R_j）决定与制造商 M 共享需求预测信息，则在博弈的第四阶段，未共享需求预测信息的零售商 R_j（零售商 R_i）能够根据制造商 M 制定的批发价格推断出零售商 R_i（零售商 R_j）的随机需求预测量 Y_i（随机需求预测量 Y_j）。(2) 如果博弈的第一阶段两个零售商 R_i、R_j 都决定与制造商 M 共享需求预测信息，则在博弈的第四阶段，两个零售商均能够根据制造商 M 制定的决策推断出竞争对手的随机需求预测量。此外，通过分析制造商 M 和竞争型零售商 R_i、R_j 的决策过程可知，与上游竞争型供应链不同，在下游竞争型供应链中信息泄露发生在博弈的第四阶段。

制造商 M 通过在 t_3 阶段制定批发价格决策 $\tilde{w}$ 和创新投入决策 $\tilde{e}$ 来最大化自身利润，其利润函数为

$$\tilde{\Pi}_M=(\tilde{w}-c+\tilde{e})(\tilde{q}_i+\tilde{q}_j)-\frac{1}{2}k\tilde{e}^2 \tag{7-15}$$

零售商 R_i 通过在 t_4 阶段制定订购量决策 $\tilde{q}_i$ 来最大化自身利润，其利润函数为

$$\tilde{\Pi}_{R_i}=(a+\theta-\tilde{q}_i-r\tilde{q}_j-w)\tilde{q}_i \tag{7-16}$$

7.2.2 模型分析及均衡决策求解

当两个竞争型零售商都不与制造商共享需求预测信息时，供应链中不存在需求信息的流动，制造商与竞争型零售商 R_i、R_j 的均衡决策均不会发生变化（如命题 6-1 所示）。因而，本部分重点分析供应链各主体在仅有一个零售商与制造商共享需求预测信息（SN）情形下和两个零售商同时与制造商共享需求预测信息（SS）情形下的均衡决策。

1. 仅有一个零售商 R_i 与制造商 M 共享需求预测信息的情形

由于存在信息泄露，当零售商 R_i 与制造商 M 共享需求预测信息时，竞争对手（零售商 R_j）也可以获知零售商 R_i 的随机需求预测量 Y_i，由此可得两个零售商 R_i、R_j 的优化问题为

$$\underset{\tilde{q}_i\geqslant 0}{\text{Maximize}}\ E(\tilde{\Pi}_{R_i}|Y_i)=[a+E(\theta|Y_i)-\tilde{q}_i-rE(\tilde{q}_j|Y_i)-\tilde{w}]\tilde{q}_i \tag{7-17}$$

$$\underset{\tilde{q}_j\geqslant 0}{Maximize}\ E(\tilde{\Pi}_{R_j}|Y_i,Y_j)=[a+E(\theta|Y_i,Y_j)-\tilde{q}_j-rE(\tilde{q}_i|Y_i,Y_j)-\tilde{w}]\tilde{q}_j \tag{7-18}$$

通过分析，可得零售商 R_i 和零售商 R_j 的均衡订购量反应函数分别为

$$\tilde{q}_i(w)=\frac{1}{2+r}\left(a-\tilde{w}+\frac{t\sigma^2}{1+t\sigma^2}Y_i\right) \tag{7-19}$$

$$\tilde{q}_j(w)=\frac{a-\tilde{w}}{2+r}+\frac{1}{2(2+r)}\left\{\frac{[2+(2-r)t\sigma^2]t\sigma^2}{(1+2t\sigma^2)(1+t\sigma^2)}Y_i+\frac{(2+r)t\sigma^2}{1+2t\sigma^2}Y_j\right\} \tag{7-20}$$

零售商 R_i 与制造商 M 共享需求预测信息，制造商 M 可以获知零售商 R_i 的随机需求预测量 Y_i，其面对的订购量为 $E(\tilde{q}_i(\tilde{w})+\tilde{q}_j(\tilde{w})|Y_i)=\frac{2}{2+r}\left(a-\tilde{w}+\frac{t\sigma^2}{1+t\sigma^2}Y_i\right)$。制造商 M 的优化问题为

$$\underset{\tilde{w}\geqslant 0,\tilde{e}\geqslant 0}{Maximize}\ E(\tilde{\Pi}_M^{SN}|Y_i)=(\tilde{w}-c+\tilde{e})E(q_i(\tilde{w})+q_j(\tilde{w})|Y_i)-\frac{1}{2}k\tilde{e}^2 \tag{7-21}$$

综合分析制造商 M 和竞争型零售商 R_i、R_j 的决策行为，可得供应链各主体在 SN 情形下的均衡决策，如命题 7-3 所示。

命题 7-3： 在仅有一个零售商 R_i 与制造商 M 共享需求预测信息并且存在信息泄露的情形下，制造商 M 存在唯一均衡批发价格

ϖ^{SN*} 和唯一均衡创新投入 e^{SN*}，竞争型零售商 R_i、R_j 存在唯一均衡订购量 q_i^{SN*} 和 q_j^{SN*}。其中：

$$\tilde{\varpi}^{SN*}=\frac{(a+c)(r+2)k-2a}{2(kr+2k-1)}+\frac{[(kr+2k-1)t\sigma^2-1]t\sigma^2}{2(kr+2k-1)(1+t\sigma^2)}Y_i$$

$$\tilde{e}^{SN*}=\frac{a-c}{kr+2k-1}+\frac{t\sigma^2Y_i}{(kr+2k-1)(1+t\sigma^2)}$$

$$\tilde{q}_i^{SN*}=\frac{(a-c)(r+2)k}{4(kr+2k-1)}+\frac{[(kr+2k-1)t\sigma^2+1]t\sigma^2}{4(kr+2k-1)(1+t\sigma^2)}Y_i$$

$$\tilde{q}_j^{SN*}=\frac{k(a-c)}{2(kr+2k-1)}+\frac{1-(kr+2k-1)rt^2\sigma^4+(kr+2k+1)t\sigma^2}{2(r+2)(1+t\sigma^2)(1+2t\sigma^2)(kr+2k-1)}Y_i+\frac{t\sigma^2}{2(2t\sigma^2+1)}Y_j$$

证明：因制造商 M 的条件期望利润函数的二阶导数 $\frac{\partial^2E(\tilde{\Pi}_M^{SN}|Y_i)}{\partial\tilde{\varpi}^2}=\frac{-4}{2+r}<0$，则由一阶条件可得 $\tilde{\varpi}(\tilde{e})=\frac{a+c-\tilde{e}}{2}+\frac{t\sigma^2Y_i}{2(1+t\sigma^2)}$。再将 $\tilde{\varpi}(\tilde{e})$ 代入 $E(\tilde{\Pi}_M^{SN}|Y_i)$，求解 $E(\tilde{\Pi}_M^{SN}(\tilde{\varpi}(\tilde{e}))|Y_i)$ 关于创新投入 $\tilde{e}$ 的二阶导数，可得 $\frac{\partial^2E(\tilde{\Pi}_M^{SN}(\tilde{\varpi}(\tilde{e}))|Y_i)}{\partial\tilde{e}^2}=\frac{1}{2+r}-k<0$，则由一阶条件可得

$$\tilde{e}^{SN*}=\frac{a-c}{kr+2k-1}+\frac{t\sigma^2Y_i}{(kr+2k-1)(1+t\sigma^2)} \tag{7-22}$$

再将 $\tilde{e}^{SN*}$ 代入 $\tilde{\varpi}(\tilde{e})$，可得 $\tilde{\varpi}^{SN*}=\frac{(a+c)(r+2)k-2a}{2(kr+2k-1)}+\frac{[(kr+2k-1)t\sigma^2-1]t\sigma^2}{2(kr+2k-1)(1+t\sigma^2)}Y_i$。

最后，将 $\tilde{\varpi}^{SN*}$ 和 $E(\tilde{\varpi}^{SN*})$ 分别代入零售商 R_i 和零售商 R_j 的反应函数——式（7-19）和式（7-20），可得均衡订购量决策分别为

$$\tilde{q}_i^{SN*}=\frac{(a-c)(r+2)k}{4(kr+2k-1)}+\frac{[(kr+2k-1)t\sigma^2+1]t\sigma^2}{4(kr+2k-1)(1+t\sigma^2)}Y_i$$

$$\tilde{q}_j^{SN*}=\frac{k(a-c)}{2(kr+2k-1)}+\frac{1-(kr+2k-1)rt^2\sigma^4+(kr+2k+1)t\sigma^2}{2(r+2)(1+t\sigma^2)(1+2t\sigma^2)(kr+2k-1)}Y_i+\frac{t\sigma^2}{2(2t\sigma^2+1)}Y_j$$

证毕。

命题 7－3 展示了信息泄露情形下制造商 M 和竞争型零售商 R_i、R_j 的均衡决策。仅有一个零售商 R_i 与制造商 M 共享需求预测信息对供应链各方均衡决策的影响主要表现在以下两个方面：

（1）对于制造商 M 而言，由于获得了随机需求预测量 Y_i，其均衡批发价格决策发生了变化。由 $\varpi^{SN*}-w^{NN*}=\frac{t\sigma^2[(r+2)k-1]-1}{2[(r+2)k-1](t\sigma^2+1)}Y_i$ 可知：当 $k>\frac{1-t\sigma^2}{(r+2)t\sigma^2}$ 时，$\varpi^{SN*}>w^{NN*}$；当 $k\leqslant\frac{1-t\sigma^2}{(r+2)t\sigma^2}$ 时，$\varpi^{SN*}\leqslant w^{NN*}$。当制造商的创新能力较弱时，信息共享增加了制造商的均衡批发价格；当创新能力较强时，信息共享降低了制造商的均衡批发价格。

（2）由于零售商 R_i 的需求预测信息泄露，竞争型零售商 R_i、R_j 的均衡订购量发生了变化。尤其是竞争对手（零售商 R_j）的均衡订购量不仅受自身随机需求预测量 Y_j 的影响，还会受零售商 R_i 随机需求预测量 Y_i 的影响。与不存在信息泄露情形相比，此时竞争对手（零售商 R_j）在 SN 情形下和 NN 情形下的均衡订购量不再相等。

此外，由于零售商 R_i 与零售商 R_j 对称，制造商 M 在 NS 情形下的均衡决策可根据 SN 情形下的均衡决策得出，如下所示：

$$\tilde{e}^{NS*}=\frac{a-c}{kr+2k-1}+\frac{t\sigma^2Y_j}{(kr+2k-1)(1+t\sigma^2)}$$

$$\varpi^{NS*}=\frac{(a+c)(r+2)k-2a}{2(kr+2k-1)}+\frac{[(kr+2k-1)t\sigma^2-1]t\sigma^2}{2(kr+2k-1)(1+t\sigma^2)}Y_j$$

2. 两个竞争型零售商 R_i、R_j 同时与制造商 M 共享需求预测信息的情形

由于信息泄露的存在，当两个竞争型零售商 R_i、R_j 同时与制造

商 M 共享各自的需求预测信息时，零售商 R_i（零售商 R_j）可以获知竞争对手的随机需求预测量 Y_j（随机需求预测量 Y_i），由此可得两个竞争型零售商 R_i、R_j 的优化问题为

$$\underset{q_i \geqslant 0}{Maximize}\ E(\widetilde{\Pi}_{R_i} | Y_i, Y_j) = (a + E(\theta | Y_i, Y_j) - \tilde{q}_i - rE(\tilde{q}_j | Y_i, Y_j) - \tilde{w})\tilde{q}_i \tag{7-23}$$

$$\underset{q_j \geqslant 0}{Maximize}\ E(\widetilde{\Pi}_{R_j} | Y_i, Y_j) = (a + E(\theta | Y_i, Y_j) - \tilde{q}_j - rE(\tilde{q}_i | Y_i, Y_j) - \tilde{w})\tilde{q}_j \tag{7-24}$$

进而可知零售商 R_i 的均衡订购量反应函数为

$$\tilde{q}_i(\tilde{w}) = \frac{1}{2+r}\left[a - \tilde{w} + \frac{t\sigma^2}{1+2t\sigma^2}(Y_i + Y_j)\right] \tag{7-25}$$

两个竞争型零售商 R_i、R_j 同时与制造商 M 共享需求预测信息，制造商 M 可以获知随机需求预测量 Y_i、Y_j，其面对的订购量为 $E(\tilde{q}_i(\tilde{w}) + \tilde{q}_j(\tilde{w}) \mid Y_i, Y_j) = \dfrac{2}{2+r}\left[a - \tilde{w} + \dfrac{t\sigma^2}{1+2t\sigma^2}(Y_i + Y_j)\right]$。由此可得制造商 M 的优化问题为

$$\underset{\tilde{w} \geqslant 0, \tilde{e} \geqslant 0}{Maximize}\ E(\widetilde{\Pi}_M^{SS} | Y_i, Y_j) = (\tilde{w} - c + \tilde{e})E(\tilde{q}_i + \tilde{q}_j | Y_i, Y_j) - \frac{1}{2}k\tilde{e}^2 \tag{7-26}$$

综合分析制造商 M 和两个竞争型零售商 R_i、R_j 的决策行为，可得供应链各主体在 SS 情形下的均衡决策，如命题 7－4 所示。

命题 7－4：在两个竞争型零售商 R_i、R_j 同时与制造商 M 共享需求预测信息并且存在信息泄露的情形下，制造商 M 存在唯一均衡批发价格 $\tilde{w}^{SS*}$ 和唯一均衡创新投入 $\tilde{e}^{SS*}$，零售商 R_i 存在唯一均衡订购量 $\tilde{q}_i^{SS*}$。其中：

$$\varpi^{SS*}=\frac{(a+c)(r+2)k-2a}{2[(r+2)k-1]}+\frac{[(r+2)k-2]t\sigma^2}{2(2t\sigma^2+1)[(r+2)k-1]}(Y_i+Y_j)$$

$$e^{SS*}=\frac{a-c}{(r+2)k-1}+\frac{t\sigma^2}{(2t\sigma^2+1)[(r+2)k-1]}(Y_i+Y_j)$$

$$q_i^{SS*}=\frac{k(a-c)}{2[(r+2)k-1]}+\frac{kt\sigma^2}{2(2t\sigma^2+1)[(r+2)k-1]}(Y_i+Y_j)$$

证明：因制造商 M 的条件期望利润函数关于批发价格的二阶导数 $\frac{\partial^2 E(\tilde{\Pi}_M^{SS}\mid Y_i, Y_j)}{\partial \varpi^2}=-\frac{4}{2+r}<0$，则由一阶条件可得 $\varpi(e)=\frac{a+c-e}{2}+\frac{t\sigma^2}{2(2t\sigma^2+1)}(Y_i+Y_j)$。再将 $\varpi(e)$ 代入 $E(\tilde{\Pi}_M^{SS}\mid Y_i, Y_j)$，求解 $E(\tilde{\Pi}_M^{SS}(\varpi(e))\mid Y_i, Y_j)$ 关于创新投入 e 的二阶导数，可得 $\frac{\partial^2 E(\tilde{\Pi}_M^{SS}(\varpi(e))\mid Y_i, Y_j)}{\partial e^2}=\frac{1}{2+r}-k<0$。则由一阶条件可得

$$e^{SS*}=\frac{a-c}{(r+2)k-1}+\frac{t\sigma^2}{(2t\sigma^2+1)[(r+2)k-1]}(Y_i+Y_j) \tag{7-27}$$

再将 e^{SS*} 代入 $\varpi(e)$，可得

$$\varpi^{SS*}=\frac{(a+c)(r+2)k-2a}{2[(r+2)k-1]}+\frac{[(r+2)k-2]t\sigma^2}{2(2t\sigma^2+1)[(r+2)k-1]}(Y_i+Y_j)$$

最后，将 ϖ^{SS*} 代入零售商 R_i 的订购量反应函数——式 (7-25)，进而可得零售商 R_i 的均衡订购量决策为 $q_i^{SS*}=\frac{k(a-c)}{2[(r+2)k-1]}+\frac{kt\sigma^2}{2(2t\sigma^2+1)[(r+2)k-1]}(Y_i+Y_j)$。证毕。

命题 7-4 展示了需求信息泄露情形下，当两个竞争型零售商 R_i、R_j 同时与制造商 M 共享需求预测信息时，供应链各主体的均衡决策。制造商 M 的均衡批发价格 ϖ^{SS*} 和均衡创新投入 e^{SS*}，以及零售商 R_i 的均衡订购量 q_i^{SS*} 均与随机需求预测量 Y_i、Y_j 和下游竞争强度 r 有关。由 $\frac{\partial e^{SS*}}{\partial r}=-\frac{k[a-c+(2a-2c+Y_i+Y_j)t\sigma^2]}{(1+2t\sigma^2)(kr+2k-1)^2}<0$ 可知，制造

商 M 的创新投入随着下游竞争强度的增加而减小。由 $\frac{\partial \tilde{w}^{SS*}}{\partial r}=-\frac{k[a-c+(2a-2c+Y_i+Y_j)t\sigma^2]}{2(1+2t\sigma^2)(kr+2k-1)^2}>0$ 可知，制造商 M 制定的批发价格随着下游竞争强度的增加而增加。由 $\frac{\partial \tilde{q}_i^{SS*}}{\partial r}=-\frac{k^2[a-c+(2a-2c+Y_i+Y_j)t\sigma^2]}{2(1+2t\sigma^2)(kr+2k-1)^2}<0$ 可知，产品 i 的订购量随着下游竞争强度的增加而减小。简而言之，信息泄露情形下，当两个零售商同时与制造商共享需求预测信息时，下游竞争强度的增加将会降低制造商的创新投入、提高制造商的批发价格并且减少零售商的订购量。

此外，将制造商在 SS 情形下和 NN 情形下（命题 6－1）的均衡批发决策比较可得

$$\begin{cases}\tilde{w}^{SS*}\leqslant w^{NN*}\ if\ \frac{1}{2+r}<k\leqslant\frac{2}{2+r}\\ \tilde{w}^{SS*}>w^{NN*}\ if\ k>\frac{2}{2+r}\end{cases}$$

上式由 $\tilde{w}^{SS*}-w^{NN*}=\frac{[(r+2)k-2]t\sigma^2}{2(2t\sigma^2+1)[(r+2)k-1]}(Y_i+Y_j)$ 易证。当创新能力较弱时，制造商在 SS 情形下的均衡批发价格较高；当创新能力较强时，制造商在 NN 情形下的均衡批发价格较高。通过对比无信息泄露的情形可知（式（6－15）），存在下游竞争型零售商时，信息泄露并没有改变制造商在 NN 情形下和 SS 情形下批发价格的相对高低。

7.2.3 需求信息泄露对制造商创新投入决策的影响

为了在下游竞争型供应链中，探究信息泄露对制造商创新投入决策的影响，对制造商 M 在 NN、SN 和 SS 三种不同信息共享情形下的创新投入决策——式（6－8）、式（7－22）和式（7－27）进

行对比分析，可得

$$\tilde{e}^{SN*}-e^{NN*}=\frac{t\sigma^2 Y_i}{(kr+2k-1)(1+t\sigma^2)}>0 \tag{7-28}$$

$$\tilde{e}^{SS*}-e^{NN*}=\frac{t\sigma^2}{(2t\sigma^2+1)[(r+2)k-1]}(Y_i+Y_j)>0 \tag{7-29}$$

$$\tilde{e}^{SS*}-\tilde{e}^{SN*}=\frac{t\sigma^2[t\sigma^2(Y_j-Y_i)+Y_j]_i}{(kr+2k-1)(1+t\sigma^2)(1+2t\sigma^2)} \tag{7-30}$$

由式（7-28）和式（7-29）可知，对制造商 M 而言，从一个或两个零售商处获得需求预测信息有助于增加自身的创新投入。即在考虑信息泄露的下游竞争型供应链中，完全或部分信息共享能够促使上游制造商增加创新投入。由于制造商 M 在 NS 情形下的均衡创新投入决策可根据 SN 情形下的均衡创新投入决策得出，结合式（7-30）可得

$$\begin{cases}\tilde{e}^{XS*}>\tilde{e}^{XN*}, & Y_i>Y_j \\ \tilde{e}^{SX*}\geqslant\tilde{e}^{NX*}, & Y_i\leqslant Y_j\end{cases} \tag{7-31}$$

式（7-31）表明，制造商 M 从占市场主导地位的零售商处获得需求预测信息时，自身创新投入较高。与无信息泄露情形下的式（7-19）比较可知，信息泄露并不会改变下游竞争型供应链中制造商在不同信息共享情形下均衡创新投入的相对大小。

7.2.4　信息泄露下的下游竞争型供应链需求预测信息共享价值分析

由于两个竞争型零售商 R_i、R_j 在博弈的第一阶段需要决定是否与制造商 M 共享需求预测信息，此时需求预测量 Y_i、Y_j 尚未实现，故需通过比较供应链各主体在不同信息共享情形下的事前利润来探讨制造商 M 和竞争型零售商 R_i 的信息共享价值。

1. 制造商 M 的需求预测信息共享价值

将命题 7－3 和命题 7－4 得到的供应链在不同信息共享情形下的均衡决策代入制造商的利润函数——式（7－15），再分别对其求期望可得制造商 M 在不同信息共享情形下的事前利润分别为：

$$E(E(\Pi_M^{NN}))=\frac{k(a-c)^2}{2(2k+r-1)} \tag{7-32}$$

$$\begin{aligned}E(E(\tilde{\Pi}_M^{SN}|Y_i))&=E(E(\tilde{\Pi}_M^{NS}|Y_j))\\&=\frac{k(a-c)^2}{2(2k+r-1)}+\frac{k(1+t\sigma^2+t\sigma^4)}{2(2k+r-1)(1+t\sigma^2)}\end{aligned} \tag{7-33}$$

$$E(E(\tilde{\Pi}_M^{SS}|Y_i,Y_j))=\frac{k(a-c)^2}{2(2k+r-1)}+\frac{kt\sigma^4}{(2k+r-1)(1+2t\sigma^2)} \tag{7-34}$$

比较制造商在四种信息共享情形下的事前利润——式（7－32）、式（7－33）和式（7－34），可得

$$E(E(\tilde{\Pi}_M^{SN}|Y_i))-E(E(\Pi_M^{NN}))=\frac{k(1+t\sigma^2+t\sigma^4)}{2(2k+r-1)(1+t\sigma^2)}>0$$

$$E(E(\tilde{\Pi}_M^{SS}|Y_i,Y_j))-E(E(\tilde{\Pi}_M^{SN}|Y_i))=\frac{kt\sigma^4}{(2k+r-1)(1+2t\sigma^2)}>0$$

由此可知，$E(E(\tilde{\Pi}_M^{SS}\mid Y_i,Y_j))>E(E(\tilde{\Pi}_M^{SN}\mid Y_i))=E(E(\tilde{\Pi}_M^{NS}\mid Y_j))>E(E(\Pi_M^{NN}))$。该式表明，上游制造商在两个下游竞争型零售商同时共享需求预测信息情形下的事前利润最大。通过比较制造商在不同信息共享情形下的事前利润可知，零售商 R_i 私有需求信息的泄露虽然会影响制造商在不同信息共享情形下事前利润的绝对大小，但不会影响它们的相对大小。因此，在下游竞争型供应链中，需求信息泄露不会改变制造商的信息共享价值。

2. 竞争型零售商 R_i 的需求预测信息共享价值

将由命题 7－3 和命题 7－4 得到的供应链在不同信息共享情形下

的均衡决策代入竞争型零售商 R_i 的利润函数——式（7-16），再分别对其求期望，可得竞争型零售商 R_i 在各情形下的事前利润分别为

$$E(E(\Pi_{R_i}^{NN}|Y_i))=\frac{k^2(a-c)^2}{4(2k+r-1)^2}+\frac{(t(r-2)\sigma^2-2)^2t\sigma^4}{(1+t\sigma^2)^3(r^2-4)^2} \tag{7-35}$$

$$E(E(\tilde{\Pi}_{R_i}^{NS}|Y_i,Y_j))=\frac{k^2(a-c)^2}{4(2k+r-1)^2}+\frac{[1+(2t\sigma^2+r^2+4r+5)k^2-2k(r+2)]t^2\sigma^6}{8(2k+r-1)^2(1+2t\sigma^2)(1+t\sigma^2)} \tag{7-36}$$

$$E(E(\tilde{\Pi}_{R_i}^{SN}|Y_i))=\frac{k^2(r+2)^2(a-c)^2}{16(2k+r-1)^2}+\frac{k^2(r+2)^2t\sigma^4}{16(1+t\sigma^2)(2k+r-1)^2} \tag{7-37}$$

$$E(E(\tilde{\Pi}_{R_i}^{SS}|Y_i,Y_j))=\frac{k^2(a-c)^2}{4(2k+r-1)^2}+\frac{t\sigma^4}{2(1+2t\sigma^2)(2k+r-1)^2} \tag{7-38}$$

竞争型零售商 R_i 在四种信息共享情形下的事前利润解析式比较复杂，难以直接比较。利用 Matlab 软件，通过数值分析方法可得竞争型零售商 R_i 的事前利润关于主要参数（k、r、t 和 σ）的变化趋势如图 7-8 所示。其中，细实线表示竞争型零售商 R_i 在 NN 情形下的事前利润，粗实线、细虚线和粗虚线分别表示信息泄露情形下，竞争型零售商 R_i 在 SS 情形下、NS 情形下和 SN 情形下的事前利润。

图 7-8 展示了信息泄露形下，竞争型零售商 R_i 在不同信息共享情形下的事前利润关于主要参数的变化规律。图 7-8（a）和图 7-8（b）表明，竞争型零售商 R_i 在不同信息共享情形下的事前利润关于 k 和下游竞争强度 r 单调递减；图 7-8（c）和图 7-8（d）表明，竞争型零售商 R_i 在不同信息共享情形下的事前利润关于预测准确性 t 和随机需求波动性 σ 单调递增。虽然竞争型零售商 R_i 在不

同信息共享情形下的事前利润关于各参数的变化规律不同，但是各主要参数如何变化，竞争型零售商 R_i 在不同信息共享情形下的事前利润存在如下关系：

$$E(E(\tilde{\Pi}_{R_i}^{SN}|Y_i))>E(E(\tilde{\Pi}_{R_i}^{NN}|Y_i))>E(E(\tilde{\Pi}_{R_i}^{NS}|Y_i,Y_j)) >E(E(\tilde{\Pi}_{R_i}^{SS}|Y_i,Y_j)) \tag{7-39}$$

式（7－39）表明当存在信息泄露时，零售商 R_i 在竞争对手（零售商 R_j）不共享需求预测信息而自身共享需求预测信息情形下的事前利润最大。

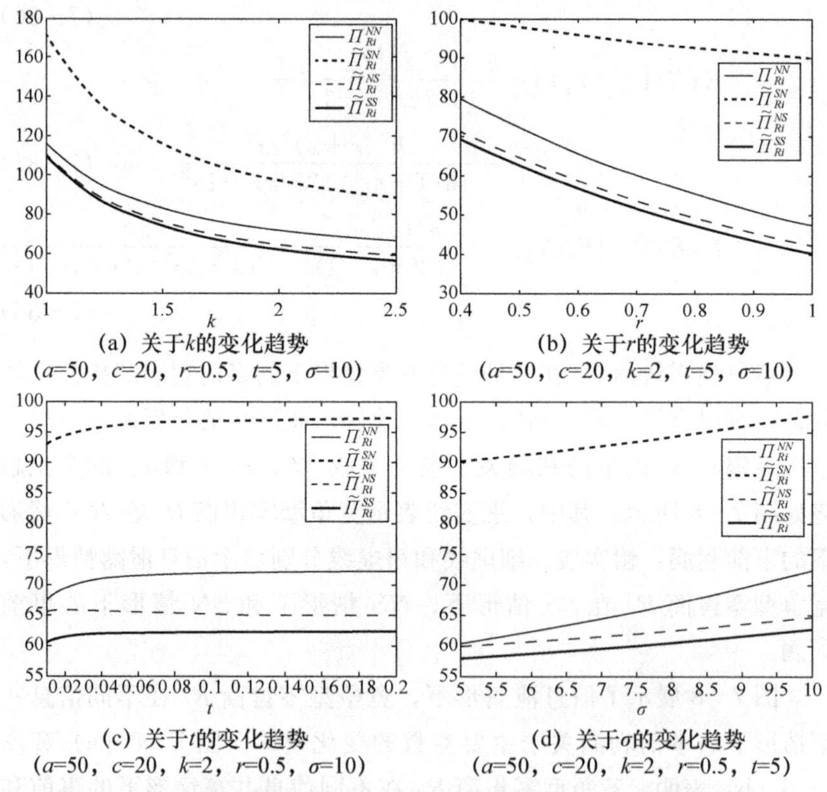

(a) 关于k的变化趋势（a=50，c=20，r=0.5，t=5，σ=10）

(b) 关于r的变化趋势（a=50，c=20，k=2，t=5，σ=10）

(c) 关于t的变化趋势（a=50，c=20，k=2，r=0.5，σ=10）

(d) 关于σ的变化趋势（a=50，c=20，k=2，r=0.5，t=5）

图 7－8　信息泄露情形下，竞争型零售商事前利润的变化趋势

通过本小节对考虑信息泄露的下游竞争型供应链各主体在不同信息共享情形下事前利润的分析，可得推论 7－3。

推论 7－3： 在下游竞争型供应链中，(1) 需求信息泄露不会改变制造商的信息共享价值，(2) 需求信息泄露增加了零售商的信息共享价值。

推论 7－3 表明，在下游竞争型供应链中，信息泄露对各主体的信息共享价值影响不同。对于上游制造商而言，需求信息泄露不会改变其在不同信息共享情形下事前利润的相对大小。由于制造商在两个零售商均共享需求预测信息情形下的事前利润最大，其存在从两个零售商处获取需求预测信息的动机。然而，对于下游竞争型零售商而言，虽然信息泄露增加了零售商的信息共享价值，但是零售商在竞争对手不共享需求预测信息而自身共享需求预测信息情形下的事前利润最大。第 6 章的研究发现在下游竞争型供应链中信息共享会降低零售商的事前利润，所以它们不愿与制造商共享需求预测信息。然而，由于信息泄露的存在，零售商在独自共享需求预测信息情形下的事前利润较高。这是因为，Shamir (2013)[119] 的研究表明零售商可以通过有意泄露自身需求信息，与其他零售商形成卡特尔联盟，从而在与上游制造商博弈中处于有利地位，获得更高的利润。因此，在下游竞争型供应链中，由于存在信息泄露，零售商的信息共享价值增加。然而，信息泄露对两个零售商信息共享价值的增加是以一方共享需求预测信息、另一方不共享需求预测信息为前提的，即他们在同时共享需求预测信息情形下的事前利润并不能够实现最大化，因此，两个零售商关于共享需求预测信息存在一定的竞争。

7.2.5　竞争型零售商的需求预测信息共享均衡策略分析

1. 混合策略纳什均衡求解

虽然零售商 R_i 在 SN 情形下的事前利润最大，但是竞争对手的存在会影响零售商 R_i 的信息共享意愿。两个竞争型零售商将形成关于需求预测信息共享的完全信息静态博弈，博弈的收益矩阵如图 7－9 所示。

		零售商 R_j	
		不共享需求预测信息（N）	共享需求预测信息（S）
零售商 R_i	不共享需求预测信息（N）	$(E(E(\Pi_{R_i}^{NN}\mid Y_i)),$ $E(E(\Pi_{Rj}^{NN}\mid Y_j)))$	$(E(E(\widetilde{\Pi}_{R_i}^{NS}\mid Y_i,Y_j)),$ $E(E(\widetilde{\Pi}_{R_j}^{NS}\mid Y_j)))$
	共享需求预测信息（S）	$(E(E(\widetilde{\Pi}_{R_i}^{SN}\mid Y_i)),$ $E(E(\widetilde{\Pi}_{R_j}^{SN}\mid Y_i,Y_j)))$	$(E(E(\widetilde{\Pi}_{R_i}^{SS}\mid Y_i,Y_j)),$ $E(E(\widetilde{\Pi}_{R_j}^{SS}\mid Y_i,Y_j)))$

图 7-9　存在信息泄露情形下两个零售商之间关于需求预测信息共享博弈的收益矩阵

根据两个竞争型零售商 R_i、R_j 在四种信息共享情形下事前利润的相对大小，利用划线法或箭头法易证该博弈存在（N，S）和（S，N）两个纯策略纳什均衡。但这两个纯策略纳什均衡中前一个对零售商 R_i 有利，后一个对零售商 R_j 有利。显然，两个竞争型零售商 R_i、R_j 都是既不希望让对方单独共享需求预测信息，也不希望同时共享需求预测信息从而两败俱伤。因此，下文将探讨两个竞争型零售商 R_i、R_j 在该博弈中的混合策略纳什均衡。

设零售商 R_i 选择与制造商 M 共享需求预测信息的概率为 ρ，则其不与制造商 M 共享需求预测信息的概率为 $1-\rho$。零售商 R_i 的混合策略必须使竞争对手（零售商 R_j）选择共享与不共享需求预测信息的期望收益相同，即

$$\begin{aligned}&\rho\cdot E(E(\Pi_{R_i}^{NN}\mid Y_i))+(1-\rho)\cdot E(E(\widetilde{\Pi}_{R_i}^{NS}\mid Y_i,Y_j))\\=&\rho\cdot E(E(\widetilde{\Pi}_{R_i}^{SN}\mid Y_i))+(1-\rho)\cdot E(E(\widetilde{\Pi}_{R_i}^{SS}\mid Y_i,Y_j))\end{aligned}\tag{7-40}$$

可解得

$$\rho^*=\frac{E(E(\widetilde{\Pi}_{R_i}^{SS}\mid Y_i,Y_j))-E(E(\widetilde{\Pi}_{R_i}^{NS}\mid Y_i,Y_j))}{\begin{aligned}&E(E(\Pi_{R_i}^{NN}\mid Y_i))+E(E(\widetilde{\Pi}_{R_i}^{SS}\mid Y_i,Y_j))\\&-E(E(\widetilde{\Pi}_{R_i}^{NS}\mid Y_i,Y_j))-E(E(\widetilde{\Pi}_{R_i}^{SN}\mid Y_i))\end{aligned}}$$

零售商 R_i、R_j 完全对称，零售商 R_j 的混合策略概率也为 ρ^*。通过以上分析可得推论 7-4。

推论 7-4： 在下游竞争型供应链中，由于信息泄露的存在，制造商能够以一定的概率 ρ^* 无偿获得零售商的需求预测信息。

推论 7-4 表明，两个竞争型零售商 R_i、R_j 各以（ρ^*，$1-\rho^*$）的概率选择共享与不共享需求预测信息，正是本博弈的一个混合策略纳什均衡。虽然该博弈不存在占优的纯策略纳什均衡，但是混合策略纳什均衡表明了两个竞争型零售商在信息共享博弈中所能实现的均衡状态。零售商 R_i（零售商 R_j）以概率 ρ^* 选择与上游制造商 M 共享需求预测信息，而使竞争对手——零售商 R_j（零售商 R_i）在共享需求预测信息与不共享需求预测信息两种策略下的期望收益相等，此时对方失去改变信息共享策略的意愿，博弈达到均衡状态。因此，当存在信息泄露时，两个竞争型零售商关于信息共享博弈所能达到的均衡状态有可能使上游制造商无偿获得市场需求预测信息。

2. 混合策略概率的变化规律

竞争型零售商 R_i 共享需求预测信息的混合策略概率形式比较复杂，难以直接进行数理分析。因此，通过合理赋值，利用 Matlab 软件，采用数值分析方法来探讨混合策略概率关于主要参数（下游竞争强度 r、预测准确性 t 和随机需求波动性 σ）的变化规律。

图 7-10 展示了存在信息泄露的下游竞争情形下，竞争型零售商 R_i 共享需求预测信息的混合策略概率关于主要参数的变化趋势。通过分析可以发现，零售商 R_i 共享需求预测信息的混合策略概率随着下游竞争强度 r 和预测准确性 t 的增加而减小（如图 7-10（a）和图 7-10（b）所示），随着随机需求波动性 σ 的增加而增加（如图 7-10（c）所示）。因此，对于竞争型零售商而言，当下游竞争较为缓和、随机需求预测准确性较低、随机需求波动较大时，其向上游制造商共享需求预测信息的意愿较高。

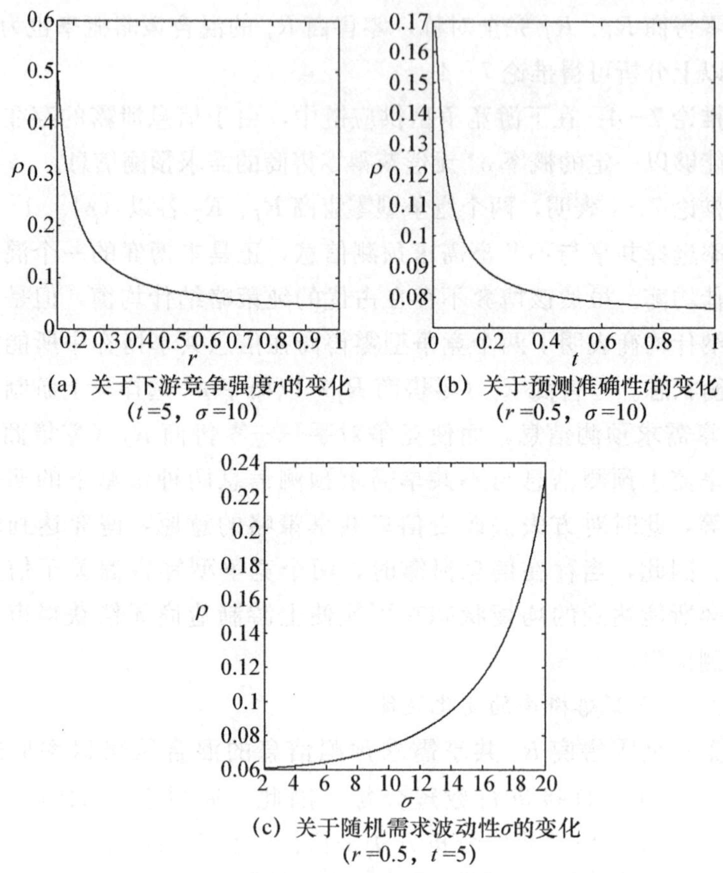

(a) 关于下游竞争强度r的变化
($t=5$，$\sigma=10$)

(b) 关于预测准确性t的变化
($r=0.5$，$\sigma=10$)

(c) 关于随机需求波动性σ的变化
($r=0.5$，$t=5$)

图 7-10　存在信息泄露的下游竞争情形下，混合策略概率关于主要参数的变化趋势（$a=50$，$c=20$，$k=2$）

7.3　案例分析

信息共享可以使得上下游节点企业协同合作，提高供应链服务水平，发挥供应链整体优势。当下游竞争零售商利用信息技术收集数据预测未来需求，上游进行创新投入的制造商积极掌握竞争零售商的需求预测信息，快速响应客户需求，可以有效地提升自身优势。

例如，目前苹果和华为根据其销售渠道数据来预测需求，它们的供应商 JDI、LG 和 Sharp 等通过向第三方数据服务商 Statista 支付一定的费用来购买它们的需求预测信息，进而快速响应市场需求以实现利润最大化。

当下游竞争零售商一方与制造商信息共享时，可以提高其自身利润。例如：2013 年，为了快速满足用户需求，国美积极构建多种供需链协同发展的格局，持续加大供需链建设，与供应商保持紧密的捆绑式合作，通过定制化商品，持续开放 ERP 信息化平台，与供应商在订单、库存、对账、结算等环节信息共享，有效提升对用户需求的响应速度，不仅提升了自身周转效率、降低缺货率，增强了在同行中的竞争力，同时也提升了与供应商的合作效率，增加了供应商的创新投入，降低了交易成本，改善了盈利能力，提升了净利润率。此时，供应商也无偿从零售商处获得需求预测信息进而实现了较高的利润。

在供应链中，零售商往往需要和第三方信息收集公司信息共享以便于更好地把握市场状况并进行决策。然而，也容易引发第三方信息收集公司将自己掌握的信息泄露给信息共享零售商的竞争对手，导致部分零售商不愿与其共享信息。例如，1999 年，美国东北部最大的音乐零售商 Newbury Comics 公司发现，有着长期合作关系的第三方信息收集公司 SoundScan 违背承诺，将共享的销售数据泄露给唱片公司 Handleman，并从中获取利益，使得包括 Tower Records、沃尔玛在内的 Newbury Comics 的竞争对手有机可乘，其市场地位和销售收益在无形之中受到了极大的影响。因此，Newbury Comics 决定中止和 SoundScan 的信息共享。随后，沃尔玛也同样遇到了信息泄露问题。2001 年，沃尔玛对外宣布，不再与 Information Resources 和 ACNielsen 等公司共享销售数据，因为上述公司将沃尔玛的销售信息泄露给其竞争对手，给沃尔玛带来了惨重的损失。将共享信息泄露给下游零售商可以提高制造商对市场需求预测的精度，使制造商的产量更加接近市场需求的真实水平，这样就会减少因缺货或者库存而产生的成本。因为信息泄露可以提高自己的收益，所

以制造商往往会无偿披露零售商共享的信息。

事实上，信息泄露问题遍布各行各业，在企业的实际运作过程中，即使仅在双方达成信息共享的约定的情况下，信息仍然被频繁泄露出去，这使得供应链节点企业间的信任与合作面临巨大的挑战。然而，零售商仍具有一定的信息共享意愿。例如，苹果公司作为业内对供应链控制得最好的厂商，其稳定的订单以及巨大的订单数量深受供应商的喜爱。苹果公司发送给供应商的预测是未来半年甚至一年的供货需求，在某种程度上，预测也等同于订单的效力。而在2019 年，英特尔临时 CEO 在电话会议上称，假期季调制解调器的需求急剧减弱。由于智能手机需求疲软，来自这部分的营收大幅低于预期，当季调制解调器营收较预期少 2 亿美元。而苹果正是英特尔调制解调器的主要客户。根据其销售数据，其竞争对手可以从英特尔的数据中推测出其销量。据 IHS Markit 估算，以苹果用于 iPhone XS Max 芯片单价 17 美元计算，英特尔上季度营收少 2 亿美元，等于苹果第 4 季 iPhone 销量减少 1 180 万部。Tech Insights 估计芯片单价 23 美元，则 iPhone 减少数量为 870 万部。此外，由于英特尔在 5G 研发上的劣势，使得英特尔的主要客户苹果和华为两大公司在手机客户端、电脑 PC 端均采用自主研发的技术，大大降低了对英特尔的产品供应依赖，进而在合作中拥有更大的议价权。这同时也激励英特尔加大对 5G 的研发与创新投入。

7.4 本章小结

本章在第 5 章和第 6 章模型的基础上，引入了需求预测信息共享过程中可能出现的信息泄露问题，分别构建了考虑需求预测信息泄露的上游竞争型供应链模型和下游竞争型供应链模型，分析了供应链各主体的均衡决策，探讨了信息泄露对零售商信息共享的影响。本章的研究克服了 Shamir (2013)[119] 关于供应链需求信息泄露局限于零售商的不足，进一步考虑了制造商之间的竞争和创新。研究

得到以下结论：

（1）在上游竞争型供应链中，对于供应链上游而言，信息泄露能够增加两个制造商的信息共享价值，但会削弱博弈主导制造商的领导者优势；对于供应链下游而言，信息泄露将会降低零售商的信息共享价值，所以零售商不愿共享私有需求信息。

（2）在下游竞争型供应链中，信息泄露的存在使得零售商具有一定的信息共享意愿。两个竞争型零售商在关于共享需求预测信息的博弈中存在混合策略纳什均衡。因此，在信息泄露情形下，制造商能够以一定的概率无偿从市场主导零售商处获得需求预测信息从而实现较高的利润。当下游竞争较为缓和、预测准确性较低、随机需求波动较大时，制造商无偿获得需求预测信息的概率较大。

本章的研究对存在信息泄露的（上游或下游）竞争型供应链的管理具有一定的实践启示。研究结论可用于指导上游竞争型或下游竞争型供应链中的零售商如何与制造商共享私有需求信息、制造商如何制定创新投入决策以及零售商之间或制造商之间如何相互竞争。具体来说：（1）在上游竞争型供应链中，虽然零售商私有需求信息的泄露有利于主导制造商增加创新投入、提升利润水平，但是会削弱主导制造商的领导者优势，因此，主导制造商面临一个两难抉择——将需求信息泄露给跟随制造商以获得较高的创新投入和利润水平却丧失领导者地位；对获得的需求预测信息严格保密以保持领导者地位却导致较低的创新投入和利润水平。（2）在下游竞争型供应链中，信息泄露的存在改变了零售商原有的信息共享策略，增强了其共享私有需求信息的意愿，此时，上游制造商不必向下游竞争型零售商支付信息共享费用也有可能获得它们的需求预测信息从而实现较高的利润水平。

第 8 章 结论与展望

8.1 主要研究结论

新竞争时代下，创新是供应链竞争力的源泉，供应链在激烈的市场竞争中保持竞争优势的方法就是不断进行创新。供应链上游制造商创新依赖下游零售商的信息支撑，准确的市场需求信息无论对零售商自身决策还是对制造商的创新投入决策，都有着极为重要的意义。然而，在分散式决策下，基于个体利润最大化造成的“双重边际效应”，加之竞争对手的出现，供应链成员的均衡决策难以实现整体最优，尤其表现为上游制造商创新投入不足。在此背景下，本研究基于制造商创新投入的视角探讨了竞争型供应链中零售商信息共享，进一步考虑了信息泄露问题。第 3 章作为

本研究的基准，分析了单一供应链中零售商信息共享。第 4 章在其基础上探讨了单一供应链的双向信息共享问题。第 5 章和第 6 章分别研究了在上游竞争型供应链和下游竞争型供应链中各主体的均衡决策，重点分析了零售商信息共享价值的变化。第 7 章分别探讨了在上游竞争型和下游竞争型供应链中信息泄露对零售商信息共享的影响。本研究弥补了竞争型供应链中需求预测信息共享研究中未考虑基于制造商创新投入的不足。本研究的主要工作和创新性成果如下：

（1）通过对单一供应链的研究，发现了制造商开展成本降低创新能够增加零售商的需求预测信息共享价值。制造商的创新投入与其所获得的随机需求预测量、零售商的风险厌恶程度正相关。通过在供应链需求预测信息共享研究中引入制造商创新，我们发现：①制造商和零售商的信息共享价值均为正，供应链能够自发实现信息共享。本研究拓展了 Zhang 和 Chen（2013）[80] 的研究，发现了当制造商进行成本降低创新并且创新能力较强时，信息共享不仅不会降低反而能够提升零售商收益。因此，零售商存在一定的共享私有需求信息的意愿。②当制造商的创新能力较弱时，尽管信息共享能够增加制造商收益，却会降低零售商收益。通过构建广义纳什讨价还价博弈，可以发现制造商可通过支付信息共享费用的方式来激励零售商共享私有需求信息，并且信息共享费用随着制造商议价能力和创新能力的提高而减少，随着零售商的风险厌恶程度的增加而增加。

（2）通过对单一供应链双向信息共享的研究，发现 RI 模式双向需求信息共享情形下和零售商单方共享需求信息情形下，零售商创新投入增量与制造商获取的市场需求信息负相关，其余情形下均与制造商及零售商获取的市场需求信息正相关。在 MI 模式双向需求信息共享情形下，制造商在双向需求信息共享四种情形下的创新投入增量均与市场需求信息正相关，而与创新能力系数负相关；当获取的市场需求信息较多时，与信息精度正相关。RI 模式双向需求信息共享情形下始终存在供应链一方的需求信息共享价值为负，因此供应链自发运行时，无法实现需求信息共享。MI 模式制造商在制造商单方共享需求信息和相互共享需求信息这两种情形下需求信息共享价值为负，因此在供应链自发运行的情形下制造商不会自愿共享需求信息；而在零售商单方共享需求信息的情形下，制造商的信息共享价值始终为正，当制造商创新能力较强时，供应链会自发实现共享需求信息。MI 模式下制造商创新能力较强时，零售商需求信息共享价值为正，零售商愿意共享需求信息；制造商创新能力较弱时，零售商需求信息共享价值为负，零售商不愿意共享需求信息。通过设计需求信息共享激励机制，在 RI 模式与 MI 模式的各种需求信息共享情形下，制造商与零售商均可以通过广义纳什讨价还价博弈确定需求信息费用。

（3）通过对上游竞争型供应链的研究，发现供应链上游竞争增加了下游零售商的需求预测信息共享价值，以及竞争型制造商在不同条件下的均衡创新投入决策。具体来说：①由于竞争对手的存在，制造商的创新投入增加。并且，与竞争对手之间的竞争越激烈，制造商增加的创新投入越多。②与单一供应链相比，在上游竞争型供应链中，由于存在两个制造商，零售商共享需求预测信息的获利条件变宽，其信息共享价值增加。上游竞争型供应链更有可能自发达到完全信息共享状态。3）当创新能力较强时，供应链三方能够自愿达成最优的信息共享状态；而当创新能力较弱时，虽然供应链三方无法自愿达成最优的信息共享状态，但是两个竞争型制造商能够通过向零售商支付信息共享费用来激励其共享私有需求信息，实现供应链三方的帕累托改进。信息共享费用随着创新能力、上游竞争强度、预测准确性和随机需求波动性的增加而增加。该部分研究克服了 Shang，Ha 和 Tong（2016）[92] 关于上游竞争型供应链中零售商需求预测信息共享研究中未考虑制造商创新的不足，进一步探讨了上游竞争型供应链中的需求预测信息共享激励机制。

（4）通过对下游竞争型供应链的研究，发现了竞争型零售商不存在共享需求预测信息的意愿，以及制造商的均衡创新投入决策。

具体来说：①与单一供应链相比，虽然制造商在下游竞争型供应链中的创新投入较高，但是其随着下游竞争强度的增加而减小。②与上游竞争型供应链不同，在下游竞争型供应链中，竞争对手的存在降低了零售商的信息共享价值。制造商获得的需求预测信息越多，竞争型零售商的利润损失越多。因此，在下游竞争型供应链中，虽然信息共享对上游制造商有利，但是会损害下游零售商的利益，供应链无法自发达到完全信息共享状态。制造商需要通过支付信息共享费用的形式将信息共享产生的部分创新红利让渡给两个零售商以激励它们共享私有需求信息。信息共享费用随着创新能力、下游竞争强度、预测准确性和随机需求波动性的增加而增加。该部分研究克服了 Li 和 Zhang（2002）[28]，Li（2008）[38] 关于竞争型零售商信息共享研究中未考虑制造商创新的不足。

（5）通过对信息泄露情形下的研究，发现在上游竞争型供应链中信息泄露降低了零售商的需求预测信息共享价值，而在下游竞争型供应链中信息泄露增加了零售商的需求预测信息共享价值。①在上游竞争型供应链中，对于供应链上游而言，信息泄露能够增加两个制造商的创新投入和事前利润，但会削弱博弈主导制造商的领导者优势；对于供应链下游而言，信息泄露将会削弱零售商的事前利润，所以零售商的信息共享价值降低。②在下游竞争型供应链中，尽管信息泄露不会改变制造商的信息共享价值，却会增加零售商的信息共享价值。两个竞争型零售商在关于共享需求预测信息的博弈中存在混合策略纳什均衡。因此，在信息泄露情形下，制造商能够以一定的概率从市场主导零售商处无偿获得需求预测信息从而实现较高的创新投入。零售商共享需求预测信息的混合策略概率随着随机需求波动性的增加而增加，随着下游竞争强度和预测准确性的增加而减小。该部分研究克服了 Shamir（2013）[119] 关于供应链需求信息泄露局限于零售商的不足，进一步考虑了制造商之间的竞争和创新。

8.2 管理启示

本研究基于制造商创新投入的视角分析了竞争型供应链中零售商的需求预测信息共享，对管理实践具有以下指导作用：

(1) 在单一供应链中，上游制造商进行成本降低创新时：①如果制造商的创新能力较强，下游零售商通过共享需求预测信息能够帮助上游制造商根据未来市场需求状况制定当期的创新投入，进而增加自身及上游制造商的利润。因此，上游制造商可以将自身创新相关信息传递给下游零售商从而获得零售商的支持——共享需求预测信息。②虽然下游零售商共享私有需求信息能够提高上游制造商的利润水平，但是，如果制造商的创新能力较弱，共享需求预测信息的行为会直接损害零售商的利益。在此情形下，制造商需要向零售商支付一定的信息共享费用才能激励其共享需求预测信息，进而增加自身利润，提升供应链整体竞争力。

(2) 在上游竞争型供应链中，对于零售商而言，由于上游竞争者的存在，下游零售商通过共享需求预测信息可以获得部分创新红利，其共享私有需求信息的意愿增强，且上游制造商之间的竞争越激烈，下游零售商共享需求预测信息的意愿越强。对于制造商而言，在未来市场需求增加的条件下：当创新能力较强时，独占需求预测信息对增加自身的创新投入更有利；反之，与竞争对手同时获得需求预测信息对增加自身的创新投入更有利。此外，虽然在上游竞争型供应链中，各主体的博弈结构发生了变化，但是相比于单一供应链，制造商制定信息共享费用决策的规律并没有发生变化：当创新能力较强时，制造商可以无偿获得零售商的需求预测信息；当创新能力较弱时，两个制造商为了获得需求预测信息需要向零售商支付信息共享费用。

(3) 在下游竞争型供应链中，对于零售商而言，由于下游竞争对手的存在，改变了其原有的信息共享策略，两个竞争型零售商均

不会与上游制造商共享需求预测信息；对于制造商而言，由于从市场主导零售商处获得需求预测信息有利于优化自身的创新投入决策，因此，与市场主导零售商建立良好的合作关系，确保获得需求预测信息显得尤为重要。此外，下游竞争削弱了零售商的信息共享意愿，上游制造商为了获得下游多个零售商的需求预测信息需要向它们支付信息共享费用。

（4）考虑信息泄露时：①在上游竞争型供应链中，虽然零售商私有需求信息的泄露有利于增加市场主导制造商的利润，但是会削弱其领导者优势，因此，市场主导制造商面临一个两难抉择——将需求预测信息泄露给跟随制造商以实现较高利润水平却丧失领导者地位或者对获得的需求预测信息严格保密以保持领导者地位却导致较低的利润水平。②在下游竞争型供应链中，信息泄露的存在改变了零售商原有的信息共享策略，增强了其共享私有需求信息的意愿。此时，上游制造商不必对下游竞争型零售商支付信息共享费用也有可能获得它们的需求预测信息。

8.3　展　望

本研究构建了两级竞争型供应链中基于制造商创新投入的零售商需求预测信息共享分析框架，重点讨论了上游制造商如何根据下游零售商共享的需求预测信息制定创新投入决策，分析了制造商开展成本降低创新对零售商需求预测信息共享的影响，进一步探讨了零售商需求预测信息共享过程中存在的信息泄露问题。虽然本研究发现了一些供应链运作的新规律，但是也存在一些不足，还有一些尚待研究的问题。

（1）本研究仅将上游制造商作为供应链创新主体进行研究，虽然在一定程度上反映了供应链创新的特点、符合供应链实践的要求，但是供应链下游企业的创新活动也是需要关注的问题，且上下游企业的合作创新问题在供应链管理中日益重要。此外，本研究仅分析了成本降低创新，而对质量改进创新、新技术开发、新产品开发等创新类型未做研究。不同类型创新也是供应链创新管理需要研究的问题。

（2）在信息共享主体方面，本研究仅考虑了下游零售商拥有需求预测信息的情形，然而对产品质量、性能等方面更为了解的上游制造商也可能拥有一定的需求预测信息。制造商的私有需求信息可以在一定程度上弥补下游零售商的信息短板，有助于零售商制定更为合理的运营决策。因此，可以进一步研究制造商私有需求信息共享对供应链下游企业的影响。

（3）本研究仅对供应链上游和下游水平竞争问题进行了研究，然而供应链上下游纵向竞争也是值得关注的问题。为了增强对市场的掌控力，供应链上游企业可能进行网络直销或者构建自己的分销渠道，如此势必会与下游零售商产生竞争。而供应链下游企业为了更好地控制产品质量，可能构建自己的生产体系，如此必然会与上游制造商产生竞争。因此，对供应链上下游企业之间的纵向竞争进行研究是供应链实践的需要。

（4）在供应链实际运作过程中，上下游企业之间很可能是长期合作的关系。上游企业按照一定的周期重复安排生产计划，下游企业根据周期性销售季节的到来从上游企业处订购产品。而本研究基于单周期供应链模型，没有考虑供应链上下游企业多周期运作问题。因此，后续研究可以结合随机动态规划讨论多周期情形下的制造商创新投入决策和零售商信息共享策略。

参考文献

［1］中共中央文献研究室．习近平关于科技创新论述摘编．北京：中央文献出版社，2016.

［2］王海燕，郑秀梅．创新驱动发展的理论基础、内涵与评价．中国软科学，2017（1）：41－49.

［3］段红彪．创新供需链共赢新生态 国美模式创新惠及产业链．（2013－09－05）．http://finance.chinanews.com/it/2013/09－05/5250947.shtml.

［4］陈静．瑞典伊莱克斯与北京国美战略合作．中国证券报，2011－09－13.

［5］李文君．不朽的诺基亚为什么失败．(2013－10－12)．http://news.hexun.com/2013－10－12/158670461.html.

［6］段红彪．诺基亚手机遭抵制事件升级，经销商或将起诉索赔．（2009－06－16）．http://

www. chinanews. com/it/it-txxw/news/2009/06-16/1735766. shtml.

[7] 钟星，张沈伟. 苹果公司战略三密码. (2010 - 05 - 24). http://www. ceconline. com/strategy/ma/8800055886/01/.

[8] 刘吟. 苹果手机在中国市场营销渠道研究. 湘潭：湘潭大学，2012.

[9] Terry L. Retailer/supplier shared data study. Randolph: RIS News and Consumer Goods Technology，2015.

[10] Zhang D Y，Cao X，Wang L，et al. Mitigating the risk of information leakage in a two-level supply chain through optimal supplier selection. Journal of Intelligent Manufacturing，2012，23 (4): 1351-1364.

[11] Zhang D Y，Zeng Y，Wang L，et al. Modeling and evaluating information leakage caused by inferences in supply chains. Computers in Industry，2011，62 (3)：351-363.

[12] 邱小平，李娜，马丽娜，等. 考虑信息泄露的供应链成员决策研究. 武汉大学学报（理学版)，2016，62 (3)：261-267.

[13] Singer T. Sharer beware. https://www. inc. com/magazine/19990301/4559. html.

[14] Hays C. What Wal-Mart knows about customers' habits. New York Times，2004-01-01.

[15] 李文瑶. XBOX 中国官方定价泄露　微软或清理违规渠道商. (2014 - 07 - 29). http://tech. huanqiu. com/news/2014 - 07/5088742. html.

[16] Zhang C，Li S. Secure information sharing in internet-based supply chain management systems. Journal of Computer Information Systems，2006，46 (4)：18-24.

[17] Murphy T. Protection in question. Wards Auto World，2007.

[18] Adewole A. Developing a strategic framework for efficient and effective optimisation of information in the supply chains of the

UK clothing manufacture industry. Supply Chain Management，2005，54 (5)：357－366.

[19] Bourland K E，Powell S G，Pyke D F. Exploiting timely demand information to reduce inventories. European Journal of Operational Research，1996，92 (2)：239－253.

[20] Chu W H J，Lee C C. Strategic information sharing in a supply chain. European Journal of Operational Research，2006，174 (3)：1567－1579.

[21] Yan R，Wang K Y. Franchisor-franchisee supply chain cooperation：Sharing of demand forecast information in high-tech industries. Industrial Marketing Management，2012，41 (7)：1164－1173.

[22] Jeong I. A centralized/decentralized design of a full return contract for a risk-free manufacturer and a risk-neutral retailer under partial information sharing. International Journal of Production Economics，2012，136 (1)：110－115.

[23] Jeong I，Leon V J. A serial supply chain of newsvendor problem with safety stocks under complete and partial information sharing. International Journal of Production Economics，2012，135 (1)：412－419.

[24] Prajogo D I，Olhager J. Supply chain integration and performance：The effects of long-term relationships，information technology and sharing，and logistics integration. International Journal of Production Economics，2012，135 (1)：514－522.

[25] Chengalur-Smith I，Duchessi P，Gilgarcia J R. Information sharing and business systems leveraging in supply chains：An empirical investigation of one web-based application. Information & Management，2012，49 (1)：58－67.

[26] Lee H L，So K C，Tang C S. The value of information sharing in a two-level supply chain. Management Science，2000，46

(5)：626-643.

[27] Ren Z J, Cohen M A, Ho T H, et al. Information sharing in a long-term supply chain relationship: The role of customer review strategy. Operations Research, 2010, 58 (1): 81-93.

[28] Li L, Zhang H. Confidentiality and information sharing in supply chain coordination. Management Science, 2008, 54 (8): 1467-1481.

[29] Krishnan H, Kapuscinski R, Butz D A. Coordinating contracts for decentralized supply chains with retailer promotional effort. Management Science, 2004, 50 (1): 48-63.

[30] 田巍，蒋侃，王东红. 信息不对称下混合渠道零售商创新投入的供应链影响研究. 运筹与管理，2014，23 (2)：82-88.

[31] 丁斌，李伟，吕世平. 基于供应链合作创新的收益共享契约研究. 合肥工业大学学报（自然科学版），2009，32 (8)：1194-1198.

[32] Sun G, Guo Y. Strategic commitment to price to stimulate downstream innovation under supplier competition. International Conference on Transportation Engineering, 2007.

[33] Li C, Wan Z. Supplier competition and cost improvement. SSRN Electronic Journal, 2015.

[34] Wang J, Shin H. The impact of contracts and competition on upstream innovation in a supply chain. Production and Operations Management, 2015, 24 (1): 134-146.

[35] Chen J. Sourcing for quality: Cooperating with a single supplier or developing two competing suppliers?. Mathematical Problems in Engineering, 2016 (4): 1-13.

[36] Chakraborty T, Chauchan S, Ouhimmou M. Product quality improvement induced by cost-sharing mechanism and competition. 2016.

[37] Lee H L, Whang S. Information sharing in a supply

chain. International Journal of Manufacturing Technology and Management, 2000, 1 (1): 79-93.

[38] Li L. Information Sharing in a Supply Chain with Horizontal Competition. Management Science, 2002, 48 (9): 1196-1212.

[39] Zhang H. Vertical information exchange in a supply chain with duopoly retailers. Production & Operations Management, 2002, 11 (4): 531-546.

[40] Yue X, Liu J. Demand forecast sharing in a dual-channel supply chain. European Journal of Operational Research, 2006, 174 (1): 646-667.

[41] Brunnermeier M K. Information leakage and market efficiency. Social Science Electronic Publishing, 2005, 18 (2): 417-457.

[42] Chen Y, Vulcano G. Effects of information disclosure under first-and second-price auctions in a supply chain setting. Manufacturing & Service Operations Management, 2009, 11 (2): 299-316.

[43] Jain A, Seshadri S, Sohoni M. Differential pricing for information sharing under competition. Production and Operations Management, 2011, 20 (2): 235-252.

[44] Jain A, Sohoni M. Should firms conceal information when dealing with common suppliers?. Naval Research Logistics, 2015, 62 (1): 1-15.

[45] Kong G, Rajagopalan S, Zhang H. Revenue sharing and information leakage in a supply chain. Management Science, 2013, 59 (3): 556-572.

[46] Kong G, Rajagopalan S, Zhang H. Information leakage in supply chains//Ha A Y, Tang C. Handbook of Information Exchange in Supply Chain Management. Springer, 2017: 313-341.

[47] Transactions I. Supply chain management: Strategy, planning and operation. Pearson-Prentice Hall, 2002.

[48] Shen, Max Z J. Fundamentals of supply chain theory. Wiley, 2011.

[49] 李柏勋. 供应链间竞争决策模型与契约选择博弈. 广州: 华南理工大学, 2011.

[50] Chen X, Li L, Zhou M. Manufacturer's pricing strategy for supply chain with warranty period-dependent demand. Omega, 2012, 40 (6): 807-816.

[51] Lee C, Yang R. Supply chain contracting with competing suppliers under asymmetric information. Iie Transactions, 2013, 45 (1): 25-52.

[52] 计国君, 王东. 多边信息不对称下拥有竞争制造商的供应链决策. 统计与决策, 2016, 13 (20): 47-51.

[53] 毕克新, 王禹涵, 杨朝均. 创新资源投入对绿色创新系统绿色创新能力的影响——基于制造业 FDI 流入视角的实证研究. 中国软科学, 2014 (3): 153-166.

[54] Durmusoglu S S. Open innovation: The new imperative for creating and profiting from technology. Journal of Engineering & Technology Management, 2003, 21 (3): 241-244.

[55] 李武威. 外资研发、技术创新资源投入与本土企业创新绩效: 命题与模型. 情报杂志, 2012, 31 (6): 191-196.

[56] 李武威. 外资研发、技术创新资源投入与本土企业创新绩效的关系研究. 情报杂志, 2013, 32 (2): 191-195.

[57] 蔡洪文, 张旭辉. 零售商主导下供应链成员单方面创新期权契约研究. 中国管理科学, 2012, 20 (2): 608-614.

[58] 张红, 陈雪仪, 周智雄. 零售商主导的创新成本共担期权契约研究. 工业技术经济, 2017, 36 (1): 116-123.

[59] Levin R C, Reiss P C. Cost-reducing and demand-creating R&D with spillovers. Rand Journal of Economics, 1988, 19 (4):

538-556.

[60] Katz M L. An analysis of cooperative research and development. Rand Journal of Economics, 1986, 17 (4): 527-543.

[61] Amir R, Evstigneev I, Wooders J. Noncooperative versus cooperative R&D with endogenous spillover rates. Games & Economic Behavior, 2003, 42 (2): 183-207.

[62] Zhang H Y, Wan D F, Shi X K. Bridging demand creating and cost-reducing R&D: Model analysis and simulation. Journal of Industrial Engineering & Engineering Management, 2004 (2).

[63] Spence M. Cost reduction, competition, and industry performance. Econometrica, 1984, 52 (1): 101-121.

[64] Bernstein J I, Nadiri M I. Interindustry R&D spillovers, rates of return, and production in high-tech industries. American Economic Review, 1988, 78 (2): 429-434.

[65] 蒋碧云. 非对称信息下供应链信息泄露的应对策略研究. 上海：东华大学，2015.

[66] Kim B. Coordinating an innovation in supply chain management. European Journal of Operational Research, 2000, 123 (3): 568-584.

[67] Corbett C J, Decroix G A. Shared-savings contracts for indirect materials in supply chains: Channel profits and environmental impacts. Management Science, 2001, 47 (7): 881-893.

[68] Gilbert S M, Cvsa V. Strategic commitment to price to stimulate downstream innovation in a supply chain. European Journal of Operational Research, 2003, 150 (3): 617-639.

[69] Cho R K, Gerchak Y. Supply chain coordination with downstream operating costs: Coordination and investment to improve downstream operating efficiency . European Journal of Operational Research, 2005, 162 (3): 762-772.

[70] 孙国岩，郭耀煌. 供应链合作及制造商创新投资研究. 工

业技术经济，2007，26（12）：41-43.

［71］孙国岩，郭耀煌．两层供应链制造商创新投资协调研究．科研管理，2008，29（4）：64-70.

［72］石岿然，盛昭瀚，马胡杰．双边不确定性条件下制造商质量投资与零售商销售努力决策．中国管理科学，2014，22（1）：37-44.

［73］Gredal P，Panyi Z，Kinra A，et al. What hinders the implementation of the supply chain risk management process into practice organizations? //Freitag M，Kotzab H，Pannek J. Dynamics in Logistics. Springer International Publishing，2017.

［74］Cachon G P，Lariviere M A. Contracting to assure supply：How to share demand forecasts in a supply chain. Management Science，2001，47（5）：629-646.

［75］侯琳琳，邱菀华．基于信号传递博弈的供应链需求信息共享机制．控制与决策，2007，22（12）：1421-1424.

［76］Özalp Ö，Zheng Y，Chen K Y. Trust in forecast information sharing. Management Science，2011，57（6）：1111-1137.

［77］Kurtulus M，Ulku S，Toktay L B. The value of collaborative forecasting in supply chains. Manufacturing & Service Operations Management，2012，14（1）：82-98.

［78］张菊亮，章祥荪．供应商和销售商拥有部分信息的信息共享．中国管理科学，2012，20（1）：109-116.

［79］Choi T，Li J，Wei Y. Will a supplier benefit from sharing good information with a retailer?. Decision Support Systems，2013，56（4）：131-139.

［80］Zhang J，Chen J. Coordination of information sharing in a supply chain. International Journal of Production Economics，2013，143（1）：178-187.

［81］高洁．企业间信息共享的激励问题研究．运筹与管理，2015，24（5）：245-250.

[82] Lee H L, Padmanabhan V, Whang S. The bullwhip effect in supply chains. Sloan Management Review, 1997, 38 (3): 93-102.

[83] Lee H L, Padmanabhan V, Whang S. The bullwhip effect in supply chains. IEEE Engineering Management Review, 2015, 43 (2): 108-117.

[84] Zhu L, Shamir N, Shin H. Strategic communication for capacity alignment with pricing in a supply chain. SSRN Electronic Journal, 2011.

[85] Choi S C. Price competition in a channel structure with a common retailer. Marketing Science, 1991, 10 (4): 271-296.

[86] Victor M D A, Guillaume R. Competing for shelf space. Production & Operations Management, 2011, 20 (1): 32-46.

[87] Cachon G, Rard P, Kök A G, et al. Competing manufacturers in a retail supply chain: On contractual form and coordination. Management Science, 2010, 56 (3): 571-589.

[88] Zhang D. Essays on supply contracts and dynamic pricing. University of Iowa, 2008.

[89] Giri B C, Chakraborty A, Maiti T. Quality and pricing decisions in a two-echelon supply chain under multi-manufacturer competition. The International Journal of Advanced Manufacturing Technology, 2015, 78 (9): 1927-1941.

[90] Wang Y, Jiang L, Shen Z. Channel performance under consignment contract with revenue sharing. Management Science, 2004, 50 (1): 34-47.

[91] Zhang F. Competition, cooperation, and information sharing in a two-echelon assembly system. Manufacturing & Service Operations Management, 2006, 8 (3): 273-291.

[92] Shang W, Ha A Y, Tong S. Information sharing in a supply chain with a common retailer. Management Science, 2016, 62 (1): 245-263.

[93] Dana J D, Spier K E. Revenue sharing and vertical control in the video rental industry. The Journal of Industrial Economics, 2001, 49 (3): 223-245.

[94] Yao Z, Leung S C H, Lai K K. Manufacturer's revenue-sharing contract and retail competition. European Journal of Operational Research, 2008, 186 (2): 637-651.

[95] Shin H, Tunca T I. Do firms invest in forecasting efficiently? The effect of competition on demand forecast investments and supply chain coordination. Operations Research, 2010, 58 (6): 1592-1610.

[96] Adida E, Ratisoontorn N. Consignment contracts with retail competition. European Journal of Operational Research, 2011, 215 (1): 136-148.

[97] Bernstein F, Federgruen A. Pricing and replenishment strategies in a distribution system with competing retailers. Operations Research, 2003, 51 (3): 409-426.

[98] Tian Y, Gong Y X, Sun S C. Two stage competition and supply chain coordination in a distribution system. International Conference on Chinese Control & Decision Conference, 2009.

[99] Bernstein F, Federgruen A. Decentralized supply chains with competing retailers under demand uncertainty. Management Science, 2005, 51 (1): 18-29.

[100] Guan R, Zhao X. Pricing and inventory management in a system with multiple competing retailers under (r, Q) policies. Computers & Operations Research, 2011, 38 (9): 1294-1304.

[101] 黄宗盛，聂佳佳，胡培. 具竞争性零售商的闭环供应链微分对策模型. 系统工程学报，2015，30 (6)：779-789.

[102] Moorthy S. A general theory of pass-through in channels with category management and retail competition. Marketing Science, 2005, 24 (1): 110-122.

[103] Olivares M, Cachon G P. Competing retailers and inventory: An empirical investigation of general motors' dealerships in isolated U.S. Markets. Management Science, 2009, 55 (55): 1586-1604.

[104] 陈树桢，熊中楷，李根道，等. 策略性补偿下混合渠道下游企业创新激励研究. 管理科学，2009，22 (3): 17-26.

[105] 陈树桢，熊中楷，李根道，等. 考虑创新补偿的双渠道供应链协调机制研究. 管理工程学报，2011，25 (2): 45-52.

[106] 李星北，齐二石. 竞争环境下考虑溢出效应的供应链创新协作研究. 西安电子科技大学学报（社会科学版），2013，23 (4): 45-49.

[107] Chen J, Liang L, Yang F. Cooperative quality investment in outsourcing. International Journal of Production Economics, 2015, 162: 174-191.

[108] Li L, Zhang H. Supply chain information sharing in a competitive environment//Song J S, Yao D D. Supply Chain Structures. Springer US, 2002.

[109] Machuca J A D, Barajas R D P. The impact of electronic data interchange on reducing bullwhip effect and supply chain inventory costs. Transportation Research Part E-logistics and Transportation Review, 2004, 40 (3): 209-228.

[110] 张波，黄培清. 横向 Bertrand 垄断竞争下的供应链需求信息纵向共享博弈. 上海交通大学学报，2008，42 (9): 1494-1500.

[111] Shamir N. Strategic information sharing between competing retailers in a supply chain with endogenous wholesale price. International Journal of Production Economics, 2012, 136 (2): 352-365.

[112] Lei M, Liu H, Deng H, et al. Demand information sharing and channel choice in a dual-channel supply chain with multiple retailers. International Journal of Production Research, 2014, 52 (22): 6792-6818.

[113] Zhang S H, Cheung K L. The impact of information sharing and advance order information on a supply chain with balanced ordering. Production & Operations Management, 2015, 20 (2): 253-267.

[114] Stiglitz J E, Grossman S J. On the impossibility of informationally efficient markets. The American Economic Review, 1980, 70 (3): 393-408.

[115] Baccara M. Outsourcing, information leakage, and consulting firms. The RAND Journal of Economics, 2007, 38 (1): 269-289.

[116] Anand K S, Goyal M. Strategic information management under leakage in a supply chain. Management Science, 2009, 55 (3): 438-452.

[117] 张志清，董绍辉，西宝，等. 需求信息泄露条件下供应链零售商订货策略研究. 运筹与管理，2010，19 (1): 80-88.

[118] 田丽娜，但斌，董绍辉. 供应链需求信息共享中信息泄露的机理研究. 华东经济管理，2011，25 (12): 118-121.

[119] Shamir N. Cartel formation through strategic information leakage in a distribution channel. SSRN Electronic Journal, 2013.

[120] 肖群. 成本信息不对称和产能信息不对称下供应链协调研究. 武汉：华中科技大学，2014.

[121] 王文隆，刘新梅，刘祺. 基于信息泄露的研发外包支付机制. 系统工程，2015，33 (7): 25-29.

[122] 史浩，李健. 大数据背景下私有信息泄露对供应链成员企业竞合关系影响的研究. 情报学报，2015，34 (1): 53-65.

[123] Iida T. Coordination of cooperative cost-reduction efforts in a supply chain partnership. European Journal of Operational Research, 2012, 222 (2): 180-190.

[124] Huang S, Fu H, Ma Coordinating a supply chain when manufacturer makes cost reduction investment in supplier. Discrete

Dynamics in Nature and Society，2016（3）：1-8.

[125] Qian Y，Chen J，Miao L，et al. Information sharing in a competitive supply chain with capacity constraint. Flexible Services and Manufacturing Journal，2012，24（4）：549-574.

[126] Taylor T，Xiao W. Does a manufacturer benefit from selling to a better-forecasting retailer?. Management Science，2010，56（9）：1584-1598.

[127] Gal-Or E，Geylani T，Dukes A J. Information sharing in a channel with partially informed retailers. Marketing Science，2008，27（4）：642-658.

[128] Ericson W A. A note on the posterior mean of a population mean. Journal of the Royal Statistical Society. Series B（Methodological，1969，31（2）：332-334.

[129] Rogerson W P. Simple menus of contracts in cost-based procurement and regulation. American Economic Review，2003，93（3）：919-926.

[130] Chu L Y，Sappington D E M. Implementing high-powered contracts to motivate intertemporal effort supply. The RAND Journal of Economics，2009，40（2）：296-316.

[131] Veldman J，Gaalman G J C. Competitive investments in cost reducing process improvement：The role of managerial incentives and spillover learning. International Journal of Production Economics，2015，170，Part B：701-709.

[132] 田巍，张子刚，刘宁杰. 零售商竞争环境下上游企业创新投入的供应链协调. 系统工程理论与实践，2008，28（1）：64-70.

[133] Winkler R L. Combining probability distributions from dependent information sources. Management Science，1981，27（4）：479-488.

[134] 王聪，杨德礼，程兴群. 考虑零售商风险偏好的双渠道供应链信息共享研究. 工业工程与管理，2017，22（2）：83-88.

[135] Law A M, Kelton W D, Kelton W D. Simulation modeling and analysis. McGraw-Hill New York, 1991.

[136] Ha A, Tong S, Zhang H. Sharing demand information in competing supply chains with production diseconomies. Management Science, 2011, 57 (3): 566-581.

[137] Yan R, Pei Z. Incentive information sharing in various market structures. Decision Support Systems, 2015, 76 (2): 76-86.

[138] Nagarajan M, Sošić G. Game-theoretic analysis of cooperation among supply chain agents: Review and extensions. European Journal of Operational Research, 2008, 187 (3): 719-745.

[139] 谢识予. 经济博弈论. 3 版. 上海: 复旦大学出版社, 2007.

[140] Bernardo J M, Smith A F M. Bayesian theory. Wiley, 2008.

[141] Tan K H, Wong W P, Chung L. Information and knowledge leakage in supply chain. Information Systems Frontiers, 2016, 18 (3): 621-638.

[142] 夏海洋. 批发价格与收益共享合约并存下的供应链信息泄露研究. 运筹与管理, 2017, 26 (6): 81-88.

图书在版编目（CIP）数据

创新驱动的供应链信息共享/王文隆，刘天军，朱玉春著. --北京：中国人民大学出版社，2021.7

（管理学文库）

ISBN 978-7-300-28691-4

Ⅰ. ①创… Ⅱ. ①王… ②刘… ③朱… Ⅲ. ①供应链管理-信息管理-研究 Ⅳ. ①F252.1②G203

中国版本图书馆 CIP 数据核字（2020）第 193207 号

管理学文库

创新驱动的供应链信息共享

王文隆　刘天军　朱玉春　著

Chuangxin Qudong de Gongyinglian Xinxi Gongxiang

出版发行　中国人民大学出版社

社　　址　北京中关村大街 31 号　　**邮政编码**　100080

电　　话　010－62511242（总编室）　010－62511770（质管部）

010－82501766（邮购部）　010－62514148（门市部）

010－62511173（发行公司）　010－62515275（盗版举报）

网　　址　http://www. crup. com. cn

经　　销　新华书店

印　　刷　固安县铭成印刷有限公司

开　　本　720 mm×1000 mm　1/16　　**版　　次**　2021 年 7 月第 1 版

印　　张　16 插页 2　　**印　　次**　2025 年 6 月第 2 次印刷

字　　数　218 000　　**定　　价**　98.00 元